吴子精要新解

中国历代兵书精要新解丛书

杨斐 著

新时代出版社

图书在版编目（CIP）数据

吴子精要新解 / 杨斐著 . -- 北京 : 新时代出版社，
2025.2. -- ISBN 978-7-5042-2656-3

Ⅰ . E892

中国国家版本馆 CIP 数据核字第 20241651MY 号

※

新时代出版社 出版发行

（北京市海淀区紫竹院南路 23 号　邮政编码 100048）

雅迪云印（天津）科技有限公司印刷

新华书店经售

*

开本 710×1000　1/16　　印张 17 ½　　字数 200 千字

2025 年 2 月第 1 版第 1 次印刷　　定价 68.00 元

———————————————————————————

（本书如有印装错误，我社负责调换）

国防书店：（010）88540777　　书店传真：（010）88540776
发行业务：（010）88540717　　发行传真：（010）88540762

总　序

中国古代兵书卷帙浩繁、汗牛充栋，据统计，从先秦到清末共有3380部，23503卷，其中存世兵书2308部，18567卷。如此众多的兵书，既是中华优秀传统文化的重要组成部分，又是一座神秘又耀眼的文化宝库。这座宝库历经数千年的沉淀，是由无数兵家战将的鲜血凝成的兵家圣殿，是经过无数思想巨匠之手建筑起来的智慧殿堂。在这座宝库里，珍藏着不可胜数的制胜秘笈，也陈列着不计其数的泣血篇章。由于长期被尘封在石室金匮之中，使其更添一份神秘色彩，一般人难以窥视其貌。随着文明的进步和社会的发展，这座宝库的大门逐渐敞开，人们惊奇地发现，那些朽蚀的简牍、发黄的卷帙上的文字仍然鲜活，仍然充满生命力。如果按照现代军事科学的分类加以解读，其内容涵盖了战争性质及其基本规律、指导战争的战略谋略及战法、国防建设和军队建设、保障和辅助战争行动等各种专门知识的理论。如此广博的思想内容，经过千百年的战争实践检验，以及一代又一代兵家战将的不断补充，日臻完善。这些兵书为中国传统军事文化奠定了坚实的根基，注入了鲜活的灵魂。

在2023年6月2日召开的文化传承发展座谈会上，习近平总书记发表了重要讲话，他强调："中华文明的连续性，从根本上决定了中华民族必然走自己的路。"当今世界，随着军事技术的飞速发展，战争理论、作战方式、建军思想、国防观念、后勤保障都在发生巨大的变化。同时，东西方军事文化日益交融、渗透，互相影响，互相借鉴，大有趋同之势。在此过程中，如果我们掉以轻心，盲目地模仿或照搬西方的模式，必然失去自我，失去中国军事文化的根基和灵魂。如果剑不如人，剑法也不如人，势必每战必殆。毛泽东军事思想充分吸收了中国传统军事文化的养料，其活的灵魂就是"你打你的，我打我的"，绝不按对手的思路打仗，绝不随对手的节奏起舞。在险象环生、强敌如林的当代世界战略格局中，要想在军事上形成有效的威慑力，在战场上稳操胜券，在平时确保国家安全，我们必须做到"两手都要硬"。一手是加速发展先进军事技术和武器装备，提升国家军事硬实力；另一手则是继承中国传统优秀军事文化的根与魂，结合马克思主义军事理论，以习近平强军思想为指导，创新和发展具有中国特色的军事理论，加强军事软实力。思想是行动的先导和指南，吸收前人智慧、创新军事理论十分重要和必要，正是基于这一紧迫的时代要求，我们编写了《中国历代兵书精要新解》丛书，以期为推动军事理论的创新和发展作出贡献。

《中国历代兵书精要新解》丛书，共计14本，300余万字。所谓"历代"，是指所选兵书上至先秦，下至民国，纵跨历朝历代。所谓"精要"，是指对精选的每本兵书择其思想精髓和要点加以评述。所谓"新解"，至少包含三"新"：一是作者队伍以新时代培养出来的具有军事博士学位的教研骨干为主体，思想新、观念新、文笔新；二是写作方法有所创新，突破原文加注释的传统模式，按照兵书逻辑思路，层层提炼要点，再加以理论评述，点、线、面有机结合；三是材料新，基于兵书原典，参照前人学术成果，大量吸收古今战例，甚至社会竞争、企业经营、体育竞赛的案例，以新的视角诠释兵家思想观点。

整套丛书有总有分，纵向排序。第一部《中国历代兵书精要通览》作为总览，总体上介绍了中国古代兵法的发展概况、基本特点和现实价值，并从浩如烟海的兵书宝库中精选约40部有代表性的兵书，提炼其精华，评说其要义。第二部至第十四部则是对各部兵书的细致解析，依次是《孙子兵法精要新解》《吴子精要新解》《司马法精要新解》《孙膑兵法精要新解》《尉缭子精要新解》《鬼谷子精要新解》《六韬精要新解》《三略精要新解》《将苑精要新解》《唐李问对精要新解》《纪效新书精要新解》《三十六计精要新解》《曾胡治兵语录精要新解》。这些兵书基本上涵盖了中国古代军事思想的精髓，各有千秋，颇具代表性。每位作者在深入研究、吃透精髓的基础上，以深入浅出的文笔展现其思想精华，并将古代军事智慧与现实军事斗争、社会竞争相结合，深入剖析其现实价值和借鉴意义。

任何事物都是时代的产物，不可避免地带有时代的印记。古代统治阶级不断把封建迷信、腐败落后的东西强加到社会生活的意识形态领域中，限制着人们的思想进步，阻碍着科学的发展。形成于中国古代社会的兵书，自然会留下一些时代烙印。虽然这套丛书的所有书目都是从中国古代兵书宝库中精心挑选出来的，堪称精品中的精品，作者也尽力展现其思想精要，但某些篇章或段落中难免隐含一些糟粕的内容。因此，我们建议军事领域的广大读者在品读本套丛书时，既要注重取其精华，又要注重去其糟粕，这是我们对包括古代兵书在内的一切传统文化的根本态度。惟有如此，方能从古老悠久的兵书宝库中获得创新中国特色军事理论的启示，方能继承和发展中华民族优秀军事思想的根与魂，为推进当代中国军事文化向前发展做出积极的贡献。对于非军事领域的广大读者而言，也不妨秉持这一根本态度，方可从战争之道领悟竞争之妙，从制胜秘诀寻觅智赢神方，从统军之法发现管理奇招，为追求卓越、实现人生理想提供智慧的启示和方法的指引。

经国防大学出版社原总编刘会民老师举荐，本套丛书由我们团队倾心打造，集结了众多专家和学者的智慧与心血。在选题立项过程中，我们得到了新时代出版社领导的大力支持，他们基于全面弘扬中国传统优秀军事文化的初心，紧扣时代的要求，果断立项，并与我们共同策划选题。在写作过程中，我们得到了新时代出版社诸位编辑的大力协助，他们严谨的工作态度和卓越的专业素养，为本书从构思走向现实提供了坚实的保障。同时，各位社领导和编辑也提出了许多宝贵和中肯的意见，为本书的完善提供了关键的指导。在此，我谨代表整个编写团队，向他们表达最衷心的感谢。

这套丛书的出版，是我们共同努力的成果，也是我们共同智慧的结晶。它不仅仅代表着我个人的努力，更凝聚了整个团队的心血和付出。我深信，这套丛书将会为读者带来新的思考和启示，为繁荣中国特色军事文化增光添彩。

薛国安

2023 年冬至

目录

前言 // 1
    一、吴起其时 // 1
    二、吴起其人 // 16
    三、《吴子》其书 // 28

一、"图国第一"逻辑思路与精要新解 // 001
    （一）"内文外武"，战略思想 // 002
    （二）"先和而立"，战争思想 // 008
    （三）"三五成战"，逐一击破 // 020
    （四）"简募良材"，精兵思想 // 025
    （五）"民心所在"，制胜根本 // 032
    （六）"尊重人才"，知人善任 // 036

二、"料敌第二"逻辑思路与精要新解 // 041
    （一）知己知彼，百战不殆 // 042
    （二）见可而进，知难而退 // 052
    （三）观外知内，察进知止 // 057
    （四）审敌虚实，趋其危势 // 062

三、"治兵第三"逻辑思路与精要新解 // 067

（一）赏罚有信，治军要则 // 068

（二）天下莫当，治军所指 // 073

（三）将帅有素，治军所需 // 076

（四）教戒为先，治军思想 // 079

（五）进止有度，治军有三 // 086

（六）训马有度，治军有备 // 089

四、"论将第四"逻辑思路与精要新解 // 095

（一）文武兼备，刚柔并济 // 096

（二）天时地利，"四机"并重 // 101

（三）三威令下，令行禁止 // 108

（四）因形用权，战而胜之 // 110

（五）相将之法，探敌虚实 // 114

五、"应变第五"逻辑思路与精要新解 // 119

（一）遭遇战 // 120

（二）击众战 // 124

（三）击强战 // 127

（四）近迫战 // 131

（五）峡谷战 // 133

（六）遇水战 // 136

（七）车马战 // 138

（八）反袭战 // 140

（九）城市战 // 142

六、"励士第六"逻辑思路与精要新解 // 149
    （一）有功飨之，无功励之 // 150
    （二）令而不烦，威震天下 // 163

附录一：《孙子兵法》与《吴子》比较 // 169
    （一）从"重战慎战"到"五兵五服" // 171
    （二）从"修道保法"到"内修文德" // 174
    （三）从"知彼知己"到"审敌虚实" // 177
    （四）从"合文齐武"到"以治为胜" // 179
    （五）从"因敌制胜"到"因形用权" // 183

附录二：吴子与《吴子》史料汇编 // 187

前言

吴起（公元前440年~前381年），战国时期卫国左氏（今山东定陶西）人，先后任鲁国将军、魏国将军和西河郡守、楚国令尹等职。在魏国和楚国任职期间，吴起推行改革，经国治军，率军征战，功勋卓著。在中国古代史上，吴起不但是公认的法家代表人物，著名政治改革家；更是著名的军事家和军事理论家，与孙武并称"孙吴"。其著作《吴子》，也被著录为《吴起》或《吴起兵法》。全面了解《吴子》思想，首先要对吴起其时、其人、其书有一个初步认识。

一、吴起其时

吴起生活的时代，正值战国前期。那时，整个中国社会处于大变革和大发展之中，经济、政治、社会、文化、军事等各个领域都涌动着革旧立新的潜在力量。与大变革和大发展相伴的是大动荡，列国之间以封建兼并为主题，以争夺财富、土地和人口为直接目的的战争此伏彼起，连年不绝。

（一）七雄并立的政治格局

西周建立之后，自上而下推行封建政治制度，周王室是天下共主，各诸侯到分封地区建立政权，史称"分封制"，代表周王室统治原有的贵族和民众。"溥天之下，莫非王土，率土之滨，莫非王臣"（《诗经·小雅》），受封的诸侯国对周王室负有定期朝觐、交纳贡赋、出兵以助征伐等义务，这种"礼乐征伐自天子出"的有序局面维持了近三百年。

在公元前771年和前770年这两年中，西周在申侯与缯国、犬戎的联合进攻之下灭亡，周平王在诸侯拥立之下即位，并将都城向东迁往雒邑（今河南洛阳），史称东周，中国历史也由此进入春秋时期。在这一历史剧变的过程中，周王室损失了大量财富和军队，其政治威望更是一落千丈，再也没有实力对各诸侯国进行有效控制。另一方面，自西周封建天下开始至平王东迁，列国封侯久居封地，已与原住民不断融合，形成新的族群，在当地文化及利益的驱使之下，诸侯相继有了"离心倾向"。于是，就出现了春秋时期"礼崩乐坏""礼乐征伐自诸侯出"的混乱局面。诸侯争当周王的替代者，争当政治的中心和主宰者，由此引发了绵延二百余年的春秋争霸战争。

春秋争霸战争的形式大概是高举"尊王"大旗，以周天子作幌子，"挟天子以令诸侯"，目的是夺取号令诸侯的霸主地位，为自己赢取发展势力的有利条件。春秋争霸战争举目可见的结果是中、小诸侯国不断灭亡，诸侯国数量越来越少，西周时有数百之多，见于《春秋》《左传》的也尚有一百四十余，到春秋末、战国初，就仅剩战国七雄和其他十几个中小诸侯国了。进一步的结果则是列国逐渐转变为完整的主权国家，在国家形态上也摆脱了血缘组织的残余，一步步转变为领土国家。历史也相应地从"列国兼并时期"转变为"兼并剧烈时期"。（范文澜，《中国通史简编》）。这种转变，使得战国时期的战争较之于春秋争霸战争更为惨烈。

春秋时期，列国内部形势宛如天下大势的缩影。诸侯受封于周天子后，再将各自封疆分封给卿大夫，卿大夫拥有相当的财政权、行政权和军权，久而久之，就会产生对封君的离心力，这同诸侯离心于周王室是一个道理。卿大夫之间为争权夺利而钩心斗角，直至刀兵相见，也同诸侯争霸天下有异曲同工之处。通过相互兼并而强大起来的卿大夫，渐渐主宰了列国内部政治，"礼乐征伐自诸侯出"的局面再不能维持，逐渐变成"礼乐征伐自大夫出"了。晋国的情况最为典型——最初晋国有十多个卿大夫，经过不断兼并，只剩下了韩、魏、赵、知、范、中行等"六卿"。"六卿"把持了晋国政治，晋君形同虚设。之后，范氏、中行氏被相继兼并，"六卿"只剩下"四卿"。公元前453年，韩、赵、魏联手灭亡了知氏，并瓜分晋国，在事实上完成了从卿大夫擅权到自立为君的嬗变。三家分晋之后，战国七雄并立的政治格局基本形成了。因此，有的学者将该年作为战国时期的起始年代。笔者也同意这一分期方法。

春秋时期，随着生产力的发展，中国社会开始由奴隶社会向封建社会转型，在明枪暗箭、刀光剑影的残酷兼并中胜出的卿大夫，大都是新的封建制生产关系中地主阶级的代表。

（二）蓬勃发展的社会经济

社会的变化和发展是由生产力的发展决定的，生产力的发展则始于生产工具的发展。铁的发现和铁制工具的使用极大促进了中国古代生产力的发展。在西周春秋之际，中国已经开始由青铜时代步入铁器时代，铁器生产由西向东、由北向南逐渐扩展，（顾德融，朱顺龙，《春秋史》）使春秋列国的生产力有了质的飞跃，并最终带动社会生活各方面发生了重大变化。到战国时期，冶铁技术进一步发展，规模进一步扩大，赵国的邯郸、齐国的临淄、韩国的新郑等地都是当时著名的冶铁中心。铁器质量也有了大的提高，种类和数量迅速增多，其使用日趋普遍。出现于春秋时期，与铁器相适应的牛耕方法也迅速推广开来，提高了劳动效率，使农业向着精耕细作的阶段推进。在农业技术上，人们已经注意施肥、除草、灭虫，注意土壤的改良和地力保养，这些对提高粮食单位面积产量都有积极意义。各诸侯国也开始注意兴修水利工程，发展农业灌溉，如魏文侯在位时就曾令西门豹指挥民众开渠引漳水灌溉邺县耕地。随着上述农业生产工具和生产技术的进步，到战国时期农业生产力已经达到了较高水平。战国初期，魏国一名富有经验的农夫，精耕细作一百亩田，可养活九口人。这就使得以家庭为单位的小农经济有了成为社会基础的可能性，为社会各方面的变革奠定了物质基础。在军事上，征兵制的推广、军队数量的增多、战争规模的扩大和时间的延长，都与小农经济的发展密不可分。

农业的发展，使更多的人能够脱离土地从事手工业，从而促进了手工业的发展。到战国时期，由官府垄断手工业生产的局面完全被打破，个体手工业、家庭手工业、私营手工业都蓬勃发展起来，行业涉及冶铁、青铜铸造、纺织、采矿、煮盐、皮革、酿酒等关乎国计民生的领域。采矿和冶铁技术不断进步，使得铁兵器在武器装备中所占比重逐渐增大，从而推动了战争方式的演变。

进入战国时期，奴隶社会时期规定的手工业产品不得进行商品交换的情况也发生了变化，大量产品被投入市场，这又促进了商品经济的发展。商业的发展一方面造就了经济、政治实力较强的商人阶层；另一方面也促进了列国之间的交流沟通，统一货币和统一市场的客观要求也随之产生，从而为历史的车轮驶向大一统提供了重要驱动力。

随着生产力水平的不断提高，人口逐渐增多，加上商品经济的刺激，又促进了城市的发展。春秋前期，城市既小又少，多为"三里之城、七里之郭"(《孟子·公孙丑下》)，到战国时期，已经出现了"今千丈之城，万家之邑相望也"(《战国策·赵三》)的局面。各诸侯国的都城规模都相当可观。例如，齐国都城临淄，当时就有三四十万常住人口，"车毂击，人肩摩，连衽成帷，举袂成幕，挥汗成雨"(《战国策·齐一》)。宋国的定陶、卫国的濮阳、楚国的寿春等商业中心或军事重镇，也都是当时著名的城市。在不断发展的过程中，城市逐渐成为列国争夺的主要目标，从而使城市攻防的作战理论渐趋成熟，为中国古代军事思想添上了浓墨重彩的一笔。

（三）风起云涌的改革大潮

春秋时期，随着铁器和牛耕的推广使用，大片荒地被开垦出来，这就是所谓"开阡陌封疆"。新开垦土地不同于国家所有的"井田"，实际上是开垦者私有的。春秋列国统治者逐渐承认了土地私有的现状，相继推行"履亩而税"，即按土地面积大小和肥沃程度征收赋税的税收制度改革，如鲁国公元前594年开始实行的"初税亩"制度。土地私有化和赋税制度的变化，标志着封建制生产关系已经从奴隶制的母体中脱离出来。土地私有化缔造的新兴地主阶级代表着当时先进生产力的发展方向，他们通过积极发展新兴的封建经济，积聚力量，争取民众，进行政治、经济等方面的改革，客观上适应了社会发展的要求，从而先后在各国夺取政权。例如，公元前481年，齐国新兴地主阶级代表田成子发动政变，自立为相；鲁国新兴地主阶级势力季孙氏、叔孙氏、孟孙氏三桓先后三分公室、四分公室，最终在公元前517年驱逐鲁昭公，夺取了鲁国政权。

进入战国时期之后，西周以来的井田制基本瓦解，新型的封建制剥削关系建立起来。地主阶级凭借国家专政的力量占有绝大部分土地，通过征收地租的方式，占有农民的劳动成果；封建国家则依靠征收赋税的方式占有广大民众的劳动成果，维持政权运转。为了巩固和发展这种新型封建生产关系，加强地主阶级专政，战国列强先后进行了变法改革，希望通过变法实现富国强兵，进而争取封建兼并战争的胜利。

吴起所在的魏国首先拉开了变法改革的大幕。公元前445年，魏文侯即位，任用李悝为相国，主持变法。李悝是法家创始人，主张以法治国。他收集各国现行法律，编成我国历史上第一部有文字可考的刑法法典——《法经》。同时，李悝又是农家代表人物，他在变法时主张"尽地力之教"——派官员督责农民加紧生产，增产者赏，减产者罚，同时注意开垦荒地、兴修水利，大力发展农业生产。同时，又推行"平籴法"，即采用"取有余以补不足"的手段，兼顾士农工商四民的利益，稳定城乡人民的生活，促进经济发展，以求富国强兵。除李悝之外，魏文侯还重用吴起、西门豹、乐羊等文武革新家，坚持推进改革。总的来看，魏国变法的根本原则是废除世袭禄位制度，推行"食有劳而禄有功，使有能而赏必行，罚必当"（《说苑·政理》）的以法治国的理念。在魏文侯君臣的共同努力之下，魏国的变法取得了相当大的成就，魏国各方面都呈现出新的面貌，成为战国七雄中率先强盛起来的国家。

魏国之后，赵、韩、楚、齐、燕、秦等国相继实行变法，进一步消除奴隶制经济和贵族政治残余，巩固地主阶级的政治经济地位，大力发展封建经济，建立健全封建集权的官僚政治体制，创新和推广了一系列符合封建政治、经济特点的军事制度，从而不同程度地实现了富国强兵。强盛起来的诸侯国不断向外扩张势力，东征西战，攻城略地，引发了无休止的兼并战争。

（四）全面发展的国防军事

春秋时期的战争主题是争霸，战争目的往往比较有限，更多的是为了谋取霸主之名，以号令天下诸侯，战争常常以一方表示服从而告终；战国时期的战争主题则是兼并，战争以争夺对方的土地、人口、财富，最终兼并他国为目的，最常见的战争结局是失败一方割让土地城邑。正是因为兼并战争关乎土地、人口等封建诸侯的核心利益，参与战争的无不以命相搏，使战争越来越残酷。引起这种战争主题质变的主要原因有三。其一，春秋列国最初是"点状"的城邦国家，所控制的疆域有限，各国之间存在着大片的中间地带而并非直接接壤，直接的利益冲突并不多。随着生产力发展，人口增长，荒地不断开垦，列国逐步由点成线，由线成面地向外辐射发展，国与国之间的畛域渐渐减少，便产生了领土争端，相互兼并不可避免。其二，西周以降，"灭国绝祀"的战争是被禁止的，而春秋时期各大国打着"尊王"的旗号逐鹿中原，就不能视该传统如无物，否则就会陷于政治上的被动。因此，春秋时期常常出现已经破其都、俘其君，却又允许其复国的战例。随着周王室权威日衰而诸侯势力愈强，列国渐渐卸下包袱，放开了扩张的步伐。到封建制初建的战国之时，列国的封建君主们对代表奴隶主贵族政治的周王室更加不屑一顾，兼并战争的发展也就一日千里了。其三，增多了的人口，增强了的经济实力，提高了的军事技术，也都为兼并战争的发展奠定了物质基础。

战国前期，兼并战争的暴烈性特点十分突出。首先是参战的兵力众多。春秋前期，齐桓公称霸诸侯之时，齐国常备军编为上、中、下三军，每军一万人，总数仅三万余。公元前632年的晋、楚城濮之战是两国争夺中原霸权的空前大战，当时晋国投入战车七百乘，总兵力约五万二千余人，楚国兵力与晋国差不多。后来晋文公称霸诸侯时，每次投入战场的兵力都只在二至三万之间。成书于春秋末期的《孙子兵法》提到"兴师十万，日费千金"，说明当时一些诸侯国已经具备了一次出动十万军队的能力。到战国前期，作战双方投入战场的兵力更多。战国初年秦、魏河西之战，秦军竟投入五十万之众！其次是战场地域广阔。春秋时，投入战场的兵力少，作战方式以车战为主，矛盾双方常常尽量避开不便战车行动的各种复杂地形，而选择平原旷野之地进行会战。进入战国，一方面，众多的参战兵力要求更大的战场容量；另一方面，随着机动灵活的步兵成为战场的主角，骑兵、水军日益成长壮大，山地丘陵、江河沮泽都成为两军角力的场所。其次是战争持续时间长。春秋时期，军需物资生产和后勤补给能力不足，无法支撑旷日持久的战争，因此当时战争持续时间很短，每每不到一天即告结束，如晋楚城濮之战、邲之战、晋齐鞍之战等对春秋大势影响深远的大战都在一天之内便分出了胜负。晋楚鄢陵之战持续时间稍长，也只打了两天。吴楚柏举之战时间更长，前后也不过十几天。进入战国，战争持续时间大大增加了，当一方有坚城深池为依托时尤其如此，如战国之初的晋阳之战一打便是三年。

战争的发展促进了武器装备的革新。战国时期，青铜兵器发展到鼎盛阶段，铁制兵器则在人类战争舞台上扮演着越来越重要的角色。当时，青铜兵器的制造技术日趋完善，工匠们已经能够精确掌握和控制铸造不同兵器所需合金的比例，铸造出性能不同的复合兵器。青铜兵器的生产数量大、产地多，今内蒙古、山西、河北、山东、河南、湖南、湖北、云南、两广都发现了古矿冶遗址和铜铸遗址；此时的武器工艺精湛，许多战国青铜兵器在时隔两千多年出土时仍锋利如新；此时的武器形制完善，如剑身增长，矛体变窄等，从而增强了杀伤力，提高了作战效能。（吴如嵩，《战国军事史》）铁制兵器虽不出现于战国，但其大发展却始于战国。据考古发现，早在商代，先民就能够将子陨铁加以锻打，与青铜铸接成武器。春秋末期，人们已经掌握了生铁冶铸技术，为大量生产铁制兵器创造了条件。1976年，长沙杨家山六十五号墓还出土了春秋末期的钢剑，证明此时钢制兵器也已出现。到战国时，人们发明了铸铁柔化技术，铸铁铸件的强度和韧性大幅度提高，从而推动了铁制兵器的大发展。到战国中期，铁制兵器的使用已经比较普遍。例如，河北易县燕下都四十四号墓出土的大量战国兵器中，铁兵器占出土兵器总数的65%，铜兵器则只占35%。由此可以推知，在相去并不遥远的吴起所处的战国前期，铁兵器应该已经不是什么秘密武器了。战国时期，铁兵器的种类已经十分丰富，有铁剑、铁矛、铁杖、铁箭镞，以及防护性的铁铠甲、铁兜鍪等。由于铁相对于铜难于加工，难以实现制式化规模化生产，因此青铜兵器在战国时期仍大量使用，甚至到战国末年，秦国统一六国之时，仍以铜兵器为主装备部队。

在战国武器装备方面，还必须提及弩。春秋时期，弩在南方的楚、吴、越等诸侯国就已经得到使用。《孙子兵法》中便多次提到"弩"字，如"势如彍弩，节如发机"（《孙子兵法·势篇》）等。战国时期，弩在中原诸侯国军队中得到了比较普遍的应用，并在战争中发挥出巨大作用。吴起在与魏武侯讨论临敌应变的战术战法时，有"守以强弩""进弓与弩"等说法。在公元前340年的齐、魏马陵之战中，齐军在马陵道设伏，待魏军追至，"万弩俱发"，从而大获全胜。弩是由弓演化而来的一种远射兵器，即所谓"弩生于弓"。它主要由弩弓和弩臂两部分组成，弓上装弦，臂上装弩机。弩机有"牙"勾住弓弦，上有用于瞄准的"望山"，下有作为拨机的"悬刀"。拨动悬刀，"牙"即缩下，箭即随弦的回弹而射出。与弓相比，弩可以延时发射，便于较长时间的瞄准，提高射击精度。弓只能以臂力拉开，而弩则可以用脚踏借助全身之力，乃至几人合力上弦，大大增加的弹性势能使箭的射程和侵彻力极大提高。例如，战国时韩国制造的足踏上弦的"蹶张弩"，射程达六百步，配以锋利的铁箭镞，杀伤力惊人。这些优点使弩很适合用于步兵野战布阵、设伏，以及守城等多种作战，成为军中利器。可以说，弩的发明，是兵器发展史上里程碑式的事件。

进入战国时期，列国的军兵种构成发生了新的变化。首先是步兵全面兴起，车兵地位下降。春秋前期和西周，车兵一直是军队的主角。从春秋中期开始，由于同戎狄在山地等复杂地形上作战的需要，步兵日益显得重要起来。春秋后期兴盛起来的吴、越等国同样由于受多江河湖泊的地形限制，车兵并不发达，而步兵则占据重要地位。到了战国，步兵开始在各国全面组建。这是因为，第一，战争规模增大，需要大量兵员，训练和装备一名步兵显然比训练装备一名车兵周期要短，花费要少；第二，战争在各种复杂地形上普遍展开，笨重的战车只适于在平坦地形上驰骋，机动灵活的步兵适用范围更广；第三，弩给车兵以致命的打击，高居战车之上的车兵隐蔽性差，显然是良好的射击目标。因此，步兵地位超过了车兵，车兵不再是战争的宠儿，转而在步、车、骑协同作战中扮演着自己的角色。尽管如此，车兵在战国之时仍是主力兵种之一。事实上，直至明清之际，战车也没有完全退出战争舞台，只是在战争中的作用和在军队中所占比重有变化罢了。军兵种结构的另一个变化是骑兵迅速崛起为独立兵种。春秋之时，骑兵有了初步发展，但那时骑兵数量很少，作战中通常和战车混编。战国之初，骑兵开始向独立兵种过渡。例如，晋阳之战中，赵襄子"乃使延陵生将车骑先之晋阳"（《战国策·赵一》），就已经将车、骑并列了。《吴子·治兵》中也有一段论及战马的训练、饲养和使用等问题，并认为能掌握驯养战马的规律，就能横行天下。这反映出战国前期，骑兵已经以新兵种的面貌出现了。到公元前4世纪末，赵武灵王"胡服骑射"之后，骑兵就更加迅速发展起来。但总的来看，战国时期骑兵地位尚在步兵、车兵之后。骑兵的第一个黄金时代直至西汉武帝时才出现。再次，水师继续发展，战船种类、数量增多，在一些国家有了固定编制，从而成为专门的兵种。战国水师规模不大，在作战中基本是担负配合陆战的任务。

战争的发展、武器装备的革新，以及兵种构成的变化，使战国时期的作战方式呈现出一些新的特点。首先是战术更为灵活。战国时期的战场上，出奇设伏、示形诱敌、迂回包抄、千里奔袭、批亢捣虚、围魏救赵等出其不意的兵法妙计层出不穷，指挥员们料敌如神，因敌制胜，其指挥谋略令人拍案叫绝。其次是多兵种协同作战成为惯用战法。步、车、骑、水四大兵种各施展所长，相互配合，共同完成作战任务。再次是城邑攻防作战愈发重要。战国时的城邑往往是各国政治、经济、文化、交通枢纽和军事重地，使之成为战争中不可不攻的目标。战国时期的人们不再像前人那样视攻城为不得已而为之的下策，而是积极发展、探索攻城作战的技术与战术，凭借性能先进的攻城器械、多样的攻城战法，高城深池在他们面前已不再是难以攻克的障碍。同时，一系列城邑防御作战思想和原则，如军民协力、粮秣储备、争取外援、攻守结合、歼敌有生力量等，也逐渐被人们总结并运用到战争中。

战国时期的军制也发生了巨大的变化。其荦荦大者莫过于君主集权的军事领导体制的普遍建立。进入战国，经过封建制改革之后，列国国君从周天子权威的阴霾之下独立出来，成为各国的最高统治者，封建官僚政治体制建立起来。这种体制在政治上表现为：郡县制取代了奴隶主贵族政治的宗法等级结构，举贤任能的官员任免制取代了任人唯亲的宗法血缘制度，俸禄制取代了采邑制等。在军事上则表现为：军队由国君直接掌控，将帅由国君任免，战争行动和军队调动亦由国君决定。为了有效达成对军权的控制，各国普遍实行兵符制度。兵符，因常为虎形也称"虎符"，上面铸有铭文，内容是发兵的规定。分为左右两半，国君存有右半，领兵将帅持左半，两半相合无误，即证明调兵命令为真，将帅方可依令行事。今人熟知的"信陵君窃符救赵"的故事，生动地反映了兵符制的运行情况。当时各国还普遍实行军功爵制，即按军功大小决定军官的升迁拔擢和品级高低。军功爵制的推行，使官兵能够通过奋勇杀敌获得金银奖赏，凭借军功可以获得功勋爵位，从而跻身上流社会，进入统治阶级行列。赏罚分明的制度，不仅激发了官兵作战的热情，也保证了他们的忠诚勇敢。

除军权集中之外，文武分职也是战国军事体制的一大特色。

春秋中期之前，文武不分，列国卿大夫常常是"出将入相"，政治、军事一肩挑，其后逐渐出现将相分职的现象，至春秋末期文、武之间的职责区分已相当明确。大军事家孙武便是一位专职的将领。进入战国，随着国家规模越来越大，治国理政工作千头万绪，迫切需要专门的行政官员；战争越来越残酷，其筹划、指挥工作日益复杂，也愈发需要具备一定军事专业知识和军事指挥才能的人担任将领。因此，战国时期文武分职，分别作为行政、军事官僚机构的首脑，实是历史发展的必然选择。当然，因为战国时期列国之间政治发展并不平衡，文武分职之制在各国的出现是有先后之别的。文武分职一方面保证了君主集权；另一方面也促进了专职的将帅队伍的组成，从而使战争指挥艺术水平和军事理论水平都得到了提高。

战国兵役制度方面的最大变化是郡县征兵制的普遍推行。春秋前期，列国普遍实行的是"国人兵役制"。当时，贵族及与其有血缘关系的族众居住在都邑及郊区，称为"国人"，居住在郊区之外的民众称为"野人"。国人兵役制的基本精神就是"国人当兵，野人不当兵"。这实际上反映出当时贵族与普通民众政治地位上的区别。春秋中期之后，争霸战争规模越来越大，国人兵役制已不能提供足够的兵源，于是野人也被允许参军入伍，这就为战国征兵制的推行奠定了基础。同时，多数诸侯国开始在新辟领土上设郡立县，以郡县为单位的征兵制萌芽。时至战国，奴隶主贵族政治被推翻，郡县的设置也由边境地区逐步地向各诸侯国内地扩展，郡县征兵制随之推广。简单地说，郡县征兵制就是以郡县为单位，按一定比例在每个小农家庭抽取丁壮人口入伍组军。根据战争需要，征兵既可在局部的某些郡县施行，也可以从全国范围全面征兵。战争格外残酷时，妇孺、老弱也可能被征召入伍，《商君书》《墨子》等典籍都记载了这种情况。郡县征兵制的推行使各诸侯国兵源充足，从而得以组建起庞大的军队。

郡县征兵制的缺点也十分明显，比如成军速度慢，不利于战备；又如农民"三时务农，一时讲武"，军事素质、作战技能难以达到较高水平。因此，战国时期列国在以征兵制为主体的同时，开始选拔精锐士卒组建军队，同时给予入选者以丰厚的报酬，这已经具备了募兵制的基本特点。齐国的"技击"、魏国的"武卒"、秦国的"锐士"都是通过选募组建起来的军队。正规军队的选拔标准很高，如魏国"武卒"的选拔标准是："衣三属之甲，操十二石之弩，负服矢五十个，置戈其上，冠胄带剑，赢三日之粮，日中而趋百里"。（《荀子·议兵》）对入选者，政府或免其全家赋役，或分配好的田宅；对立功者，还赐以"锱金"作为额外奖励，待遇可谓丰厚。因此，以募兵制组建的军队具备职业化常备军的性质，具有较强的战斗力，是各诸侯国军队的主力。

另外，战国时期的军事训练制度也日益完备起来。在训练方式上，废止了奴隶制军队结合田猎进行训练的"春蒐秋狝"方式，代之以经常化、正规化的军事训练。多采取先培训骨干，再逐级施训的方法，以一教十、以十教百，最终全军成以规模。在训练内容上，有单兵格斗技能训练、队列训练、阵法训练和军事演习等。训练方式上更加注重循序渐进，先单兵后部队，先分练后合练，逐层施训，有条不紊。总的来看，战国人对军事训练是高度重视的，《吴子》专设《治兵》一篇论述军事训练问题，《尉缭子》《六韬》等兵书也有谈论军事训练的内容。

（五）不断繁荣的思想文化

春秋战国时期，各种学说蓬勃发展，出现了"百家争鸣"的局面，成为中国历史上思想文化大发展的第一个高峰。要想深入了解和研究吴起其人其书，就必须对春秋至战国前期思想文化的发展情况有所了解。

西周时期，文化事业为统治阶级贵族集团所垄断，他们控制着各种文化典籍，决定着文化教育的内容，把持着传授文化的特权，这一现象史称"学在官府"。进入春秋时期，随着周王室日渐衰微，政治、经济权力下移，深谙各种文化知识的周王室的官员贵族们开始流散各地，自谋发展，文化随之得以传播，是谓"文化下移"。

文化下移，一方面使更多人能够接触到学术文化，另一方面也促进了私人授徒办学之风的兴起。春秋晚期，私学已经初具规模，孔子便是其中最杰出的代表。当时的私学，重视创新，追求系统，注重在知识传授的基础上创立独立的思想流派；关心时事，参议政治，保证文化教育为社会政治服务；自觉地以教士、养士为职能，满足时代的人才需求；同时，又注重广泛的学术传播与交流，扩大文化影响。（黄朴民，《春秋军事史》）这就为思想文化的发展进步创造了必备条件。

春秋时期，哲学思想的发展突出地表现在对"天命观"的初步否定。三代以来，天命观一直占据着意识形态领域的统治地位，认为人世间的一切均是由上天决定的。到春秋时期，随着先民理性思维能力的不断提高和对自然、社会各种问题思考认识的不断深入，天命观受到了越来越多的质疑。在这些质疑声中，有的认为"五行"是物质世界的基本属性，"五行"是超自然的而并非由神灵主宰，朴素的唯物主义思想开始萌芽；有的将"天命"与"民意"结合起来,认为"民,神之主也"(《左传·僖公十九年》),进而能够考虑民众的需求,关心民众的生活,争取民心的归附,从而初步滋生出民本政治思想。这一时期,也产生了朴素的辩证法思想。时人认识到事物之间的普遍联系和矛盾统一规律,又认识到矛盾可以相互转化,同时对事物转化的临界点有了较深刻的认识。

上述种种,都对兵学的发展起到了巨大的推动作用。学术下移和私学兴起使更多的人有条件、有可能参与到军事问题的研究之中;朴素唯物主义思想和朴素辩证法思想为兵学提供了相对科学的基本立场和思想方法;民本思想重视民心向背,看到了民众的伟力,从而在一定程度上保证了军事思想沿着科学、健康的方向发展。旷世兵书《孙子兵法》正是在上述思想的滋养下产生的。

到吴子时代,这种种思想继续深入发展,新思想不断产生,儒、墨、道、法、兵各学派既彼此争鸣,又开始相互借鉴、相互融合,思想文化愈发繁荣,这就为吴起提供了丰富的思想养料。吴起曾师于孔子后学曾申,受儒家思想影响很深,因此强调道、义、礼、仁"四德",认为"四德""修之则兴,废之则衰";又继承了《孙子兵法》中许多思想,主张避实击虚,因形用权,以克敌制胜,决胜千里;还受到了法家思想的影响,主张信赏明罚,以治为胜。可以说,正是学术上百家争鸣,兼容并蓄的时代风貌造就了吴子其人其书。

二、吴起其人

(一)志存高远的青年时代

吴起出生于战国时期卫国左氏(今山东定陶西,一说山东曹县西北），时间已不可详考，大约在公元前440年。《史记·孙子吴起列传》中记载，吴起小的时候，"家累千金"。"千金"是一个颇具文学色彩的说法，很难准确估算"千金"的财富到底是多少。倒是《孙子兵法》中的《作战》及《用间》两篇中曾提到一支十万人规模的军队，一天需要军费"千金"。据李零先生考证，孙子提到的"千金"大概相当于374公斤的铜。（李零，《兵以诈立》）虽然孙子早吴子约100年，两处"千金"不一定具备可比性，但仍可为读者提供一个大概的参考。由此可以推知，吴起的家境是相当富裕的，吴起父母的情况，就更无从考证。但可以想象，吴父吴母应该是有一定社会地位和能力的，否则怎么能操持一个"千金"之家呢？因此，吴起应该有条件接受启蒙教育。另外，《史记·孙子吴起列传》中还记载了吴起"啮臂盟母"一事，由此也可推知吴父很可能在吴起外出求官之前就已去世。

  吴起自少年时代就志存高远，为实现远大志向，遂外出游仕。这既是一个谋职求官的过程，更是一个全面了解社会、学习各种知识、接触各种思想的过程。通过游仕，吴起的才干得到了很大提高。但吴起没有受到任何国家的任用，反而花光了家产，"游仕不遂，遂破其家"（《史记·孙子吴起列传》），乡亲邻里都因此讥笑和诽谤他。吴起一气之下，杀掉了三十余个诽谤侮辱他的人，下定决心，一定要做出一番事业。这种做法虽不可取，但其决心信心也由此可见。在与母亲诀别之时，吴起咬破手臂向母亲发誓，不做到卿、相一级的大官，决不再回卫国家乡。这就是吴起"啮臂盟母"的故事。当然，这个故事来自吴起在鲁国立下战功之后，一些鲁国人的"恶吴起"之说（《史记·孙子吴起列传》），恐怕含有一定的诽谤成分。

吴起从卫国出走后，投身儒家学派曾子门下，攻读儒学。不久，吴母去世，吴起为履行自己"不为卿相，不复入卫"的誓言，没有回家奔丧。这种行为当然是为讲究孝道的儒家所不齿的，曾子遂将吴起逐出门外，断绝了与他的师生关系。约公元前415年，吴起在他25岁左右时来到鲁国，开始效忠于鲁穆公。有一年，强大的齐国出兵进攻弱小的鲁国，鲁穆公有意任用吴起为将抗敌，却又因吴起的妻子是齐国人而心存疑虑，担心吴起作战意志不坚定。于是吴起杀掉了妻子，借此表示忠鲁抗齐的决心。鲁穆公解除了怀疑，拜吴起为将军，令他率兵出击。吴起率领鲁军一举击败了齐军，使鲁国转危为安，他的军事才华也在此次作战中显露无遗。但木秀于林，风必摧之，吴起因其显赫战功而受到一些鲁国人的嫉妒排斥。这些鲁国人振振有词，说鲁国是小国，却击败了强大的齐国，势必会引起其他诸侯国的敌视；说鲁国和卫国是关系良好的兄弟之国，吴起是在卫国杀了人之后逃到鲁国的，如果鲁国重用他，就会影响与卫国的外交关系。鲁穆公听信谗言，随即解除了吴起的兵权。吴起认识到自己在鲁国已经不可能再有所作为，又听说魏国的国君魏文侯礼贤下士，便毅然离开鲁国，投奔魏国。

（二）未尝一败的戎马生涯

这时的魏文侯任李悝为相，推行封建制改革，魏国的政治、经济、军事各个领域一片欣欣向荣。在此基础上，魏文侯积极向四周扩张，大力谋求中原地区的霸权。吴起到魏国后，首先投奔到李悝门下。李悝对吴起有一定的了解，对其军事才能十分欣赏，便向魏文侯举荐吴起。魏文侯问："吴起这个人怎么样？"李悝回答："吴起贪慕功名而且好色，但军事才能出众，带兵打仗，即使司马穰苴也不如他"(《史记·孙子吴起列传》)。司马穰苴是春秋末期齐国名将，精通兵法，"文能附众，武能威敌"(《史记·司马穰苴列传》)，曾率兵击退晋、燕联军对齐国的进攻。

这时，魏国正与秦国争夺河西之地。河西地区指今天陕西东部，黄河以西地区，战略位置十分重要。对魏国来说，如能占据此地，进可以突破秦国洛水防线，深入秦国腹地，威胁秦都泾阳（今陕西泾县西北）；退可以依靠黄河部署防御，阻止秦军东进。魏军通过激战已经攻占了少梁（今陕西韩城南）、繁庞（今陕西韩城东南）二城，控制了河西北部地区。

魏文侯正在用人之际，听了李悝的介绍之后，便拜吴起为将，令其率军向河西南部发展，进一步扩大战果。吴起没有辜负魏文侯的信任，公元前409年，他率军攻陷秦军占据的王城（今陕西大荔县东南），并在此筑起临晋城。同年，他又率军攻占元里（今陕西澄城县南）。公元前408年，又攻取了洛阴（陕西大荔县西南）、郃阳（陕西合阳县东南），并分别筑城。至此，魏国夺占了全部河西之地，并建立起西河郡。这是魏国从未取得的巨大胜利。秦军被迫退守洛水。但河西地区前有洛水，背靠黄河，一旦驻守的魏军受到秦军反攻，便很难迅速得到本国的大规模支援，只能立足独立作战，可谓易攻难守，要想长期占领实属不易。魏文侯鉴于吴起出色的军事才华，便任命他为西河郡守，担负守卫河西这项艰巨任务。由此可见魏文侯对吴起的信任。

吴起赴任之后，随即在西河地区实施改革。他提拔重用廉洁奉公的贤能之士，裁撤庸将，打击贪官污吏，使西河吏治焕然一新；奖励开垦荒地，发展农业生产；重视加强边防建设,严格训练"武卒",从而使西河地区兵精粮足,秦国不敢东向。

为了树立赏信罚明的声誉,取信于民,吴起想出了不少办法。一次,吴起派人在城南门之外竖起一个用来测日影的杆表,然后向城中百姓宣布:"明天中午,谁能把南门外的杆表扳倒,我就封他长大夫的官职。"第二天,百姓纷纷赶往南门,但直至天黑也没有人敢于尝试,人们认为扳倒一个杆表就能做官是不可能的事。终于有一个站出来,说:"我去试一下,这件事很容易做到,最多不过是得不到赏赐而已,对我也没有什么伤害。"接着就扳倒了杆表。吴起随即兑现诺言,任命他做长大夫。当晚,吴起又命人再竖一表,仍与百姓相约能将表扳倒者有重赏。第二天,城中百姓争先恐后地涌向南门,但这次杆表埋入地下很深,谁也没能成功,最终谁也没有得到赏赐(《吕氏春秋·似顺论·慎小》)。吴起因此得到了全城百姓的信任。

吴起还曾用类似的办法激发百姓的作战热情。一次,吴起发现秦国在靠近西河边境的地方修筑了一个军事亭障,用以侦察、监视魏国。如果不攻克它,附近百姓就会时常受到秦兵的袭扰,不能安全地耕种田地。但小小亭障,又不值得征集很多士卒。于是吴起想了这样一个办法。他派人把一辆战车的车辕竖在城北门外,通告全城说:"谁能把车辕从北门搬到南门之外,就赏赐给他最好的田地和住房。"开始百姓犹豫不信,没人行动。不久,有一个人站出来把车辕搬到了南门,吴起很快便赏给此人好田、好房。接着,吴起又命人将一石红豆置于东门之外,发布命令说:"如果有人能把这石红豆搬到西门之外,就能得到上次那样的赏赐。"结果百姓们都争先恐后地去搬。见时机成熟,吴起便宣布:"明天我准备把秦国的那座亭障攻下来,谁能捷足先登，就任命他做像封国大夫那样的官，还可以得到最好的田地和房子。"第二天，很多人积极参加作战，一个早上就把亭障攻破了（《韩非子·内储说上七术》）。

吴起治军有方，能够将以情带兵和从严治军很好地结合起来。吴起爱兵如子，在领兵作战的过程中，他坚持与最下级的士卒穿一样的衣服，吃一样的饭菜，行军时不骑马，背着行装和军粮步行，宿营时从不铺设席子。在一次进攻中山国作战中，有个士卒生了毒疮，吴起便用嘴把毒疮里的脓血吮吸出来。这个士卒的母亲听说此事，不禁大哭起来。有人问她："吴将军对你的儿子如此关爱，亲自为他吮吸脓血，你为什么不感到高兴，反而如此痛苦呢？"这个士卒的母亲回答："以前吴将军也曾为我的丈夫吮吸过毒疮里的脓血，治好了病痛，结果他为了报答吴将军的恩情，在作战中有进无退，最终战死。现在吴将军又为我的儿子吮吸脓血，我的儿子也一定会以死相报，我不知道他又将战死在什么地方，所以禁不住哭起来"（《史记·孙子吴起列传》）。正是因为吴起能与士卒同甘共苦，体惜士卒疾苦，所以得到了将士爱戴，将士们都乐于随他拼死作战，从而使魏军内部关系融洽，团结一致，战斗力极强。同时，吴起坚持赏信罚明，从严治军。一次，吴起率军与秦军对垒，在他还没有击鼓发出进攻命令时，一名魏军士卒按捺不住情绪，冲向敌阵，斩获两个敌人的首级又返回本阵，吴起立刻下令杀掉这个士卒。军吏劝谏吴起说："这是个勇士啊，很有才干，请将军不要杀死他。"吴起回答："他的确勇敢善战，但没有按我的命令行动，就应该处死"（《尉缭子·武议》）。吴起能够取得辉煌的战绩，与其出色的治军带兵能力是分不开的。

公元前396年魏文侯去世，第二年其子魏击即位，是为魏武侯。吴起对魏武侯也是忠心耿耿，常对武侯的不当言行直言劝谏。一次，魏武侯召集群臣商讨国事，大臣们的见解没有一个比他更高明。因此，在退朝时，魏武侯露出得意的神色。吴起见状，马上进谏："春秋五霸之一的楚庄王与群臣商议国事，群臣的意见都不如他高明，退朝之后，楚庄王面带忧色。大夫申公巫臣问他为什么。楚庄王回答：'我谋划国事得当，群臣比不上我，我因此而忧虑。我听说世上不会没有圣人，国家不会缺乏贤能。能得到他们做老师的可以称王，能得到他们做朋友的可以称霸。现在我没有什么才能，而群臣还不如我，楚国可真是危险了！所以我非常忧虑。'楚庄王所忧虑的，而您却感到高兴，我暗地里不能不为主公感到担忧啊！"魏武侯听了这些话，深感惭愧，感谢吴起说："这是上天派将军来教诲寡人，指出我的过错啊！"

还有一次，吴起和其他大臣们陪同魏武侯乘船在黄河上游览视察。魏武侯十分自满地说："多么壮丽险固的山河啊！这是我国的瑰宝啊！"一个名叫王错的宠臣马上附和道："这正是魏国强盛的原因，只要利用好了就可以成就王霸之业。"吴起听后，对王错说："大王的话是'危国之道'，而你随声附和，就是危上加危！"魏武侯听后忿然作色："你这样说道理何在？！"吴起回答："王霸之业，在于君主的德政，而不在山河的险固。从前，三苗氏部落，左边是洞庭湖，右边是彭蠡湖，但部落首领不修仁德礼义，结果被大禹所灭。夏桀统治的地区，左临黄河、济水，右靠泰山，南有华山、伊阙山，北靠羊肠，但治国理政不仁，商汤起兵将他放逐。殷纣王的国家，左傍孟门山，右依太行山，常山在其北，黄河在其南，因修政不仁，周武王杀死了他。从这些历史教训来看，国家兴亡在于是否能实施德政,而不在山河的险固。如果君主不修治德政,船上这些人恐怕都会变成敌国的人了。"魏武侯听后,连连称赞他讲得好(《史记·孙子吴起列传》《战国策·魏一》)。此后,魏武侯仍旧任命吴起镇守西河郡,王错却因遭吴起抢白而怀恨在心。

魏武侯执政后不久,任命魏文侯时的老臣田文为相。吴起心中很不服气,对田文说:"辅佐君主果真是由天命决定的吗?"

田文反问道:"您的话是什么意思呢?"

吴起说:"可以同您讨论比较一下功劳的大小吗?"

"当然可以。"

"统率三军,能使士卒乐于死战,敌国不敢来犯,谁的功劳大?"

"我不如您。"

"治理百官,使万民亲附,府库充实,谁的功劳大?"

"我不如您。"

"防守西河,使秦国不敢向东扩张,韩国、赵国臣服魏国,谁的功劳大?"

"我不如您。"

"这三点,您都比不上我,而职位却在我之上,这是什么原因呢?"

"君主刚刚即位,年纪尚轻,国家还不稳定,大臣们尚未依附,还没有取得百姓的信任,在这种情况下,我俩谁来任相更合适呢?"

吴起沉默良久,说:"相职还是应该由您来担任啊!"

田文说:"这就是我职位居于将军之上的原因。"(《史记·孙

子吴起列传》)

由此，吴起认识到在主少国疑之时，必须由德高望重的老臣主持大局，才能使政权平稳过渡，而并非仅靠军政才干出众，劳苦功高就能胜任。之后，吴起一如既往地恪尽职守，西抗秦、韩，保卫魏国安全。

公元前389年，秦军进攻魏国西河。魏军士卒群情激昂，主动要求出征的有数万人。吴起从中选拔出尚未立过战功的5万人，又配备战车500乘，骑3000匹，迎击秦军。战前，吴起发布命令说："三军将士要坚决听从指挥，明日迎战，如果同敌军展开车战的不能缴获敌人的战车，骑战的不能虏获敌人的骑兵，步战的不能俘虏敌人的步兵，即使打败了敌人，都不算有功。"第二天战幕撕裂，魏军人人奋勇杀敌，秦军抵挡不住，撤军而还。魏军以一当十，以5万人击败秦50万之众，创造了以少胜多的战例。此役堪称吴起作战指挥的巅峰之作。

同在鲁国的情况一样，吴起因其功绩再次受到魏国群小的毁谤攻击。佞臣王错经常在魏武侯面前煽风点火，以阴谋诡计陷害吴起。魏武侯听信谗言，撤去吴起西河郡守之职，将其召回都城。吴起不敢抗命，无奈之中，起程东返。行至黄河边，吴起令仆人停车，遥望西河，感慨良多，不禁潸然泪下。仆人问道："我们私下体会您的旨趣，视放弃天下就像扔掉破鞋子一样。为什么今天离开西河会哭泣呢？"吴起拭去眼泪，回答道："你不知道啊。如果国君能理解我的战略意图，让我施展才能，固守西河，则国君可以称王天下。现在君主听信小人谗言，不能理解我的意图，西河在不久的将来必定被秦国占领，魏国必将日益削弱"(《吕氏春秋·仲冬纪·长见》)。历史证明了吴起的预见。后来，秦国吞并西河，得以全据崤函之险，从而进退有据，不断东出蚕食鲸吞三晋土地，并最终统一了六国。

这时，吴起深为佩服的田文已经去世，公叔担任魏相。公叔出身魏国公族，娶魏公主为妻，十分妒忌吴起的才能。公叔的仆人说："要吴起离开魏国很容易。"

公叔问："你有什么办法呢？"

仆人回答："吴起为人节俭、清廉，但喜好名声。您先对武侯说：'吴起是个有贤德的人，但武侯的国家小，又同强大的秦国接壤，我担心吴起没有长期留在魏国之心。'武侯一定会问该怎么办。您便乘机对武侯说：'可以由公主试探他是否愿意留在魏国。吴起有留在魏国之心就会接受，无留魏之心就会推辞。用这个办法可以推断他有无留心。'您可召见吴起并一同到家里，并故意令公主发怒，以鄙视您。吴起见公主看不起自己的丈夫，那必然会辞去。"于是吴起看到魏公主蔑视魏相，果然辞别魏武侯。魏武侯因此怀疑吴起，不再信任他了（《史记·孙子吴起列传》）。吴起害怕魏武侯加罪，便逃离魏国，来到了南方的楚国。

吴起共在魏国效力约25年，其间率领魏军与诸侯数十次会战，从未打过败仗。魏国向四面扩张，辟地千里，吴起居功甚伟。

（三）南下仕楚的变法历程

春秋时期，楚国是南方一个实力相当强大的诸侯国，楚庄王在位期间还曾在邲之战（公元前597年）中击败晋国，一度称霸中原。进入战国，三晋国家相继通过变法强大起来，而楚国却仍抱残守缺，奉行奴隶主贵族政治不变，腐败不堪的旧贵族专权并把持国政，欺上陵下，导致国势日衰。楚悼王熊类

（公元前401年~前381年在位）即位后，楚国大权操纵在昭、景、屈三大公族手中，楚国在他们的掌控下，贫困凋敝，军队衰弱，致使楚国无力抵抗外国入侵，连续被魏、赵、韩联军击败，丧失了大片土地。楚悼王为了维护自己的统治地位和权力，改变楚国内外交困的局面，决心进行变法改革。正当此时，威震列国的吴起来到了楚国。楚悼王喜出望外，亲自出宫迎接，并大摆筵宴为吴起接风，随后便任命他为楚国北部战略要地的军政长官。

一年之后，楚悼王又任命吴起为令尹。楚国的令尹即相当于中原诸侯国的相，是一人之下、万人之上的官职。据《史记·孙子吴起列传》记载，楚悼王曾向吴起请教导致楚国衰弱的原因，以及如何扭转不利形势的问题。吴起分析说："楚国大臣的权力太大，楚王分封的封君（旧贵族）又太多，他们对上可直接威胁楚王，对下虐待民众，这才导致楚国长期积贫积弱。要想使楚国摆脱这种局面，就应该废除封君世袭的特权，分封的贵族只要世袭了三代的，一律剥夺其爵位俸禄，裁汰冗余官吏，把省下来的经费用于养兵练兵。"吴起一语中的，切中了楚国贫弱问题的要害，楚悼王听后十分赞赏，决定按吴起的主张实施变法。

很显然，吴起的主张虽然切中时弊，符合历史发展大势，但这些措施一旦实施必将极大损害奴隶主旧贵族的利益，也就必将遭其反对。事实正是如此，楚国变法一开始，就遭到屈宜臼等旧贵族的极力反对。屈宜臼指责吴起搞变法是变故易常，不守祖宗之法，阴谋逆德，好用凶器，意图祸乱楚国。吴起则以政治改革家的坚定勇气，申明继续因循守旧楚国就有亡国的危险，只有变法才能使楚国强大起来，进而争霸天下。楚国旧贵族们不断散布反对变法的舆论，要把吴起赶下台，甚至纠集死党，闯入王宫，威逼楚悼王杀掉吴起。吴起在楚悼王的支持下，果断行动，用武力镇压了奴隶主贵族的反抗，继续实施变法。

吴起的改革主要集中在三个方面。首先，改革楚国的分封制、世袭制，废除世卿世禄制。对那些有一定势力而不服从国君管辖，称霸一方，虐待平民百姓的贵族大臣，撤销其官爵，没收其封地，强制其离开都城或其封地，将他们迁往地广人稀的边远地区去开垦荒地，并禁止他们相互勾结、干预朝政和散布有碍变法的言论。其次，裁汰冗官，整理财政。吴起把无关紧要、尸位素餐的官吏一律裁减，设置精干的统治机构，任用贤能担任朝廷及地方的各级官吏。同时，禁止百姓迁徙，稳定农业劳动力，奖励耕战之士，以发展楚国的封建经济，增加财政收入。再次，整军备战。吴起本着"厉甲兵以时争于天下"的目的，把取消贵族俸禄和裁减官员后省下来的钱用来训兵、练兵，扩充军备。他在全国招募了一批年轻力壮的平民百姓，选拔剽悍、勇猛、武艺高强的人做骨干，申明法令，规定赏罚制度，进行严格的训练，终于建立起一支拥有强大战斗力的常备军。

吴起的改革很快使楚国封建经济得到发展，封建政治得到巩固，军事实力得到长足进步。楚国不但初步摆脱了"贫国弱兵"的局面，而且一跃成为当时仅次于魏国的又一军事强国。吴起率领楚军南征北战，吞并了南方五岭地区的百越族部落，向北占领了陈、蔡两国，向西攻伐秦国，还相继击败了韩、赵、魏三国的进攻。公元前381年，吴起率楚军救赵攻魏，一直打到黄河两岸。楚国武功煊赫一时。

公元前 381 年，楚悼王去世。吴起进宫料理后事。旧贵族屈宜臼、阳城君等乘机纠合旧贵族势力发动叛乱，调集封国军队潜入都城，突然包围了王宫，决意要制吴起于死地。吴起一面高喊"群臣乱王"，一面扑卧到悼王尸体之上。叛乱的贵族乱箭齐发，射死吴起，但同时也射中了悼王的尸体。按楚国法令，毁坏国君尸体是犯了夷灭三族的重罪。新王即位后，下令斩杀了参与叛乱的贵族七十余家。此次剧变，使楚国初见成效的变法遭到重大挫折，楚国转向衰落。

吴起之死，是时代造成的。战国前期，整个社会由奴隶制向封建制转型，行将就木的奴隶主贵族与朝气蓬勃的地主阶级正在进行最后的较量，前者疯狂反扑，拼命维持他们最后的利益。吴起站在时代的风口浪尖之上，以法家的明法审令和赏信罚明坚定地推行封建制改革，自然成为旧势力反攻倒算的标靶，他去鲁至魏，又离魏赴楚，最终惨死楚国，皆缘于此。旧势力有形无形的压力是无时不在的，然而吴起却没有丝毫的畏葸动摇，这正是政治家、改革家的本色。历史造就了千千万万吴起一类的优秀人才，也因为他们而加速发展向前。吴起在楚国的变法，是在悼王支持下展开的，一旦悼王去世，即人死法败，这种人在政存、人亡政息的现象，同样令人深思。

三、《吴子》其书

《吴子》一书现存六篇，依次为《图国第一》《料敌第二》《治兵第三》《论将第四》《应变第五》和《励士第六》。不计篇名、标点，共计 4733 字。如将篇名和今人所加标点符号统计在内，则有 5900 余字。《吴子》或是由吴起后学记录、整理、增补而成的，中间或经过了汉人的修订，但其思想观点无疑是出自吴起的。事实上，许多中国古代典籍都存在类似情况。因此，我们说吴起著《吴子》，是没有问题的。

（一）《吴子》的真伪

但是，"吴起著《吴子》"这个命题在历史上是存在过争议的，有一些学者认为《吴子》是后人托吴起之名而作的伪书。

清朝的姚际恒和姚鼐首先提出了"《吴子》乃伪书"之说。姚际恒说《吴子》"其论肤浅，自是伪书"，这一判断也真是简单粗暴。姚鼐说："魏、晋以后乃以筯笛为军乐，彼《吴起》安得云'夜以金鼓筯笛以节'乎？"按姚鼐的逻辑，《吴子》当在魏晋之后方才成书，绝非吴起所撰。郭沫若也认为"今存《吴子》实可断言为伪。以笔调觇之，大率西汉中叶时人之所依托。"王式金、吴如嵩等当代学者已经用无可辩驳的资料指出了上述说法的漏洞，兹择要转述如下，以飨读者。姚际恒之说显系主观臆断，不再徒费笔墨。姚鼐虽然提出了证据，而且根据书中所载器物来推断书之真伪是符合逻辑的，但姚鼐之说的致命伤在于：筯笛是否在魏晋之后才被用作指挥器材？事实上，成书于战国时期的《六韬》就已经有了将筯用于夜间作战指挥的记载："夜设云火万炬，击雷鼓，振鼙铎，吹鸣筯"（《六韬·虎韬·军略》）。《通典》在叙"前代杂乐"时也有记载："应劭汉卤薄图，唯有骑执菰，菰即筯也。"因此，姚鼐之说不攻自破。

郭沫若在《青铜时代·述吴起》中提出《吴子·治兵》所言青龙、白虎、朱雀、玄武"四兽""则显系袭用《曲礼》或《淮南子·兵略训》"，《墨子·贵义》言五方之兽是均为龙而配以青、黄、赤、白、黑之方色。此乃墨家后学所述，当为战国末年之事。若更演化而为四兽，配以方色，则当更在其后。

用知四兽为物，非吴起所宜用"。以此证明《吴子》之伪。但"四兽"之说，不但见于《曲礼》《淮南子》，也见于其他古籍。1978年夏，湖北随县曾侯乙墓出土了战国前期的一件漆器，上面绘有青龙、白虎、二十八宿图像，有力证明了四兽并配以方色的做法在当时甚至更早就已经出现了。因此，郭沫若先生的考据也不能成立。当然，今人也不能因此而指摘先贤，因为《述吴起》是郭沫若先生的早期论著，当时尚无上述考古资料供先生参考。

历史上关于吴起著有兵书《吴子》(《吴起兵法》)的记载颇多。战国末期法家学派的著名思想家韩非在其著作《韩非子》中记述："境内皆言兵，藏孙、吴之书者家有之。"这里的"书"，显然是指孙武和吴起所著的兵书。从这句话我们可以得知，吴起与春秋时期的大军事家孙武一样，都流传下了各自的兵书，而且在战国末期，吴起的兵书同《孙子兵法》一样流传广泛，由此说明吴起的兵书至迟在战国末期以前就已经成书。司马迁的记载或许更有说服力，《史记·孙子吴起列传》中有这样一段话："世俗所称师旅，皆道《孙子》十三篇、《吴起兵法》，世多有……"这说明吴起所著兵书在司马迁撰写《史记》时早已存世，且普遍流传。可惜的是，韩非子和司马迁对吴起所著兵书均只一笔带过，我们无从知悉《吴起兵法》的全部内容。

在成书于战国时期，但要略晚于《吴子》的《孙膑兵法》《尉缭子》《六韬》等兵书之中，明显地继承了许多《吴子》思想，这也可作为吴起著《吴子》的一个佐证。生活年代略晚于吴起的孙膑所著的《孙膑兵法》中的一些思想与《吴子》十分相似。

《孙膑兵法·威王问》：

"齐威王问用兵孙子，曰：'两军相当，两将相望，皆坚而固，莫敢先举，为之奈何？'"

"孙子答曰：'以轻卒尝之，贱而勇者将之，期于北，毋期于得。'"

《吴子·论将》：

"武侯问曰：'两军相望，不知其将，我欲相之，其术如何？'"

"起对曰：'令贱而勇者，将轻锐以尝之。务于北，无务于得。'"

这种情况在《尉缭子》中也有。《尉缭子·武议第八》直接引用吴起的话：

"将专主旗鼓尔，临难决疑，挥兵指刃，此将事也。一剑之任，非将事也。"

《尉缭子·勒卒令第十八》：

"百人而教战，教成合之千人，千人教成，合之万人；万人教成，会之于三军。"

《吴子·治兵》：

"一人学战，教成十人；十人学战，教成百人；百人学战，教成千人；千人学战，教成万人；万人学战，教成三军。"

《六韬·犬韬·武锋》总结了战场上最利于打击敌人的十四种战机：

"敌人新集可击，人马未食可击，天时不顺可击，地形未得可击，奔走可击，不戒可击，疲劳可击，将离士卒可击，涉长路可击，济水可击，不暇可击，阻难狭路可击，乱行可击，心怖可击。"

这基本上是对《吴子·料敌》所归纳的十三种战机的解释：

"敌人远来新至，行列未定，可击；既食未设备，可击；奔走，可击；勤劳，可击；未得地利，可击；失时不从，可击；旌旗乱动，可击；涉长道，后行未息，可击；涉水半渡，可击；险道狭路，可击；陈数移动，可击；将离士卒，可击；心怖，可击。"

《六韬·虎韬·军势》还引用了《吴子》的原话：

"用兵之害，犹豫最大，三军之灾，莫过狐疑。"

《史记·孙子吴起列传》中记载的事迹所反映出的吴起思想与《吴子》的一些思想相吻合，也是吴起著《吴子》的一个证据。

《史记·孙子吴起列传》记载吴起曾在儒家学派的思想家曾申门下学习，又曾以三苗氏、夏桀、商纣因"德义不修""修政不仁""修政不德"而亡国的历史喻谏魏武侯，都可见儒家思想对吴起的影响。这种影响在《吴子》中表现亦十分明显，《吴子·图国》开篇便说"吴起儒服以兵机见魏文侯"，《吴子》5900余字中"仁"字出现3次，"义"字出现9次，"礼"字出现7次，"仁""义""礼"都是儒家思想的基本概念。《史记·孙子吴起列传》记载吴起强调国家安全"在德不在险"，《吴子·图国》中则强调"道""义""理""仁"四德"修之则兴，废之则衰""战胜易，守胜难"，两者如出一辙。《史记·孙子吴起列传》中记载了吴起在楚国变法的概略情况，说他"明法审令，捐不急之官，废公族疏远者，以抚养战斗之士"；而《吴子》主张明法令、重刑赏，两者契合无误。《史记·孙子吴起列传》记载吴起"与士卒最下者同衣食，卧不设席，行不骑乘，亲裹赢粮，与士卒分劳苦"；而《吴子·治兵》主张对待士卒要"与之安，与之危"，要情同父子，两者一脉相通。这些都说明了《吴子》此书较真实地反映了吴起的军事思想，再与《史记·孙子吴起列传》"《吴起兵法》世多有"的记载相结合，即能有力证明吴起著《吴子》之事实。

《吴子》基本反映了吴起所处的战国前期的政治、军事等方面的特征。从大的形势看，当时列国所面临的两大问题，对内是封建制改革，对外是兼并扩张，这两个方面又是相辅相成、不可偏废的，《吴子》"内修文德，外治武备"的思想就是这种时代形势的反映。在兵役制度上，列国普遍以征兵制为主体，辅之以募兵制，《吴子》主张通过"简募良材"组建精锐部队，作为军队骨干，这也符合当时的情况。骑兵在战国前期已经作为一个独立兵种出现了，《吴子》中也较为详细地论及了养马、驯马之法，认为驯养好战马就能"横行天下"。《吴子》中提到吴起以五万之众，车五百乘，骑三千匹，大破秦军五十万的战例，完全符合当时以步兵为主，车、骑为辅，各兵种协同作战的战争特点。

总之，吴起著有《吴起兵法》(《吴子》)是不争的事实，但同时也基本可以断定，今本《吴子》不是当年吴起所著兵法的原貌。一方面，《吴起兵法》成书之后，吴起的门人、幕僚，历代研究者，可能对它进行了增删、修饰、注解。《吴子·图国》中记述吴起在魏国显赫战绩的一段话，即"与诸侯大战七十六……"云云，以及《吴子·励士》所载吴起在与秦争夺西河之战中宣布命令，进行战前动员的一段话，从内容和语气上都与全书不甚相符，显系后人所加，以此表彰吴起功绩，证明吴起军事思想的正确。另一方面，《吴起兵法》在两千多年的流传过程中，有极大可能遗失了部分甚至大部分内容。《汉书·艺文志》著录"吴起四十八篇",而今本则只有六篇。不过,古兵书受到后人修改注释,或佚失部分内容,都是很正常的事情,《孙子兵法》等其他许多兵书均有类似情况,并不能因此而推翻吴起著有《吴子》的基本结论。

(二)《吴子》的流传

吴起的著作在战国末至汉代,在社会上广为流传。《韩非子》《史记》中均有记述,上已提及,不再重复。除了班固所修《汉书·艺文志》中著录"吴起四十八篇"之外,在《汉书·刑法志》以及列传中,也有多处提及"孙吴兵法"。南朝的史学家范晔在《后汉书·冯衍列传》中还提到东汉大将军鲍永"观孙、吴之策"。三国两晋南北朝时期,虽然在史书经籍志中无法查证《吴起兵法》的流传情况,但仍有兵家学习和运用"孙吴兵法"的大量记载。《三国志》注引王沈《魏书》说:曹操"行军用师,大较依孙、吴之法"。《晋书·李玄盛传》记载:"颇习武艺,诵孙吴兵法"。《晋书》还有十六国时期前汉建立者刘渊及其子刘聪研读过"孙吴兵法"的记载。《吴起兵法》可能在该时期的兵荒马乱、连天战火中遗失了许多内容,因此,《隋书·经籍志》《唐书·艺文志》均仅著录《吴起兵法》一卷,但"一卷"与《汉书·艺文志》的"四十八篇"有什么关系,已经无从考据。

时至宋代,《吴起兵法》开始正式被称为《吴子》,受到了官方的高度重视。北宋王朝军事积弱,在与辽、西夏的战争中屡屡受挫。为了扭转这种局面,宋神宗(1068年~1085年在位)即位后,决意振兴武备,其措施之一便是成立"武学",即今天的军事学校,同时令何去非、朱服等编修教材。何、朱等从古代兵书中挑选出最优秀的七本兵书，编为《武经七书》作为武学教材，《吴子》便是其中之一。宋廷规定，武学学生要研读七书，应试武举的天下考生除刀弓石等军事技能之外，也要考试七书。武学和武举制度的确立，《武经七书》的刊刻颁行，极大地推动了包括《吴子》在内的古代兵书的传播。今本《吴子》就是宋代流传下来的《武经七书》本。虽然《宋史·艺文志》兵家类著录吴起《吴子》三卷，又载朱服校定《吴子》二卷，说法不一，但《吴子》由《图国》至《励士》等六篇构成已经确定下来，而宋代著录的《吴子》卷数与《隋书》《唐书》中著录的一卷有何不同，其中有何变化，均无从查考。

马克思主义进入中国之后，引发了中华文明的深刻变革。许多进步学者运用马克思主义这个"伟大的认识工具"进行哲学社会科学研究。在军事学术领域，郭化若将军"首开唯物史观为指导研究孙子的先河"，不仅"对新中国成立后的《孙子兵法》研究产生了重大的影响"（黄朴民，《孙子兵法十八讲》），更确立了古兵法研究的基本范式。改革开放后，随着思想的不断解放，哲学社会科学研究迅速发展，古兵法、古兵书研究也迎来了春天。在《吴子》研究方面，《中国军事史》编写组的《武经七书注译》达到了《吴子》注译的新高峰。李硕之和王式金合著的《吴子浅说》是《吴子》研究的重要专著。吴如嵩的《战国军事史》，姜国柱的《中国军事思想通史》，许保林的《中国兵书通览》等著作，虽不是研究《吴子》的专书，但均设有专门的一节论述吴子及其军事思想。《中国军事史》编写组的《中国历代军事家》《中国历代军事思想》中，也都有涉及吴子及其军事思想的内容。新时代，中华优秀传统文化焕发出史无前例的巨大生机活力。中华书局、岳麓书社等出版社不断推出新版本的《吴子》，种类之多，难以尽数。《吴子》研究随之进入一个新的高潮。

《吴子》在国外也有流传，并受到了外国军事学术界的重视。唐玄宗时，吉备真备把《吴子》带回日本，从此《吴子》开始在日本传播，相继有元佶、山鹿高祐、金谷治等多名历史学家、军事学家、思想家研究并创作吴子兵法相关著作。1772年，法国P·阿米奥神父将《吴子》译为法文，带到欧洲，其后《吴子》在西方渐渐传播开来，现有法、英、俄等多种语言译本流传。西方军事理论界对《吴子》评价甚高，如美国海军上校柏特逊说："在遥远的中国，有两位将军，他们所有关于战争的议论，都可以凝集在一本小册子里，不像克劳塞维茨那样写了九大册，自足地写下了数量有限的箴言。每则箴言都具体表现了他们关于战争行为的信条和重要教义。这两位军事主宰者——孙子和吴子，他们无价的真理，已经长存了两千年"。（许保林，《中国兵书通览》）

（三）《吴子》的军事思想

军事思想是关于军事领域基本问题的理性认识，通常包括战争观、军事问题认识论和方法论、战争指导思想、国防和军队建设思想等。（中国人民解放军军语，2011版）研究《吴子》，重在其军事思想。研究《吴子》军事思想，需要构建其理论体系。

军事学术界对《吴子》军事思想进行了卓有成效的研究探索。《吴子浅说》认为，《吴子》军事思想的核心内容是"内修文德，外治武备"，《吴子》的建军思想强调"以治为胜""教戒为先"，作战思想强调"审敌虚实""因形用权"。（李硕之，王式金,《吴子浅说》)《战国军事史》将《吴子》军事思想概括为以"耕战"为核心的战争观、以法治为核心的建军思想、避实击虚和因形用权的作战原则等三个方面。(吴如嵩,《战国军事史》)许保林先生则从"内修文德,外治武备"的战略思想、随机应变的战术思想、"以治为胜""教戒为先"的治军思想和朴素的军事哲学思想等四个方面进行了总结。(许保林,《中国兵书通览》)姜国柱先生的观点最为新颖独到,他将《吴子》军事思想概括为:文武兼备,军政结合;军争为利,用兵禁暴;料敌审势,因敌制胜;以治为胜,严明赏罚;文武全备,方为良将等五个方面。(姜国柱,《中国军事思想通史》)综而观之,虽然各家说法不尽一致,但《吴子》军事思想理论体系是构建起来了。

在学界前辈时贤的基础上,笔者亦对《吴子》军事思想进行了总结。

第一,多有创见的战争观。

战争观是对战争的总体看法和根本态度,是一定军事思想体系的理论基础和逻辑起点。《吴子》的战争观内容丰富,既有对前人思想的继承,也多有超越前人的独到见解。

一是对待战争持备战和慎战的基本态度。吴子强调要"外治武备"(《吴子·图国》),"先戒为宝"(《吴子·料敌》),鲜明体现了主张备战的思想。同时,吴子认识到"战胜易,守胜难""以数胜得天下者稀,以亡者众"(《吴子·图国》),因此主张慎重地对待战争,即所谓慎战。这种慎战思想,直接源于对战争负面影响的认知;从深层次上看,可能是由好和平、偏保守的农耕文化基因决定的。备战、慎战的基本战争观念,是中国传统兵学文化的重要特征和优秀传统,在当今时代仍然极具启发意义。

二是开创先河的战争起因论和战争性质论。吴子认为战争的起因有五种:"一曰争名,二曰争利,三曰积恶,四曰内乱,五曰因饥"(《吴子·图国》)。"争名",指诸侯列国争夺霸主之名,这是春秋时期许多战争的直接原因。"争利",指争夺土地、人口之利。"积恶",指诸侯列国交恶成仇。"内乱",指列国内部势力之间争权夺利。"因饥",指由于饥荒而导致战争。尽管吴子所列举的战争起因还停留在表面层次,尚未能揭示战争爆发的阶级本质和深刻的社会原因,但其论述已经彻底冲破了"天命观"的阴霾,提出了带有朴素唯物主义特征的观点,具有一定理论意义和学术价值。

吴子在提出五种战争起因之后,又对战争性质作出了分析。他把战争性质区分为五种:

> 其名又有五,一曰义兵,二曰强兵,三曰刚兵,四曰暴兵,五曰逆兵。禁暴救乱曰义,恃众以伐曰强,因怒兴师曰刚,弃礼贪利曰暴,国乱人疲、举事动众曰逆(《吴子·图国》)。

显然,吴起已经注意到了战争的正义性与非正义性,而他支持正义战争、反对非正义战争的基本态度也在字里行间流露无遗。难能可贵的是,吴子在对战争性质做出分析之后,又提出了应对不同性质战争的策略:

> 五者之服,各有其道,义必以礼服,强必以谦服,刚必以辞服,暴必以诈服,逆必以权服(《吴子·图国》)。

吴子之前,尚无人对战争起因、战争性质等问题做出如此全面而深刻的论述。吴子的这一系列论述,在军事思想史上和军事学术史上都应占有一席之地。现代条件下,"五兵五服"思想多有过时之处,但其中蕴含的深入分析战争性质,审慎提出对策的研究方法仍值得借鉴。

第二,"内修文德,外治武备"的大战略思想。

吴子不仅是一位军事家,也是一位政治家。他站在大战略的高度,讨论经国治军的大问题,形成了"内修文德,外治武备"(《吴子·图国》)的大战略思想。这一思想是贯穿《吴子》全书的引线。

"文德"内涵包括"道""义""礼""仁"四个方面。吴子强调,发扬"四德"则国家兴盛;反之,国家就会衰败。"道""义""礼""仁"都是儒家学派所强调的基本理念,曾学习儒学的吴子予以扬弃,站在新兴地主阶级的立场上赋予了它们新的时代内涵。"道"的内涵即顺应奴隶主贵族政治向封建专制政治转变的历史大势,推行新兴地主阶级的法治路线。(吴如嵩,《战国军事史》)《吴子》中,"义"的概念很明确——"禁暴救乱曰义",强调战争正义性。吴子却并不一味徘徊于"义"与"不义"之间,而是进一步提出"五兵五服"的理论,一如前述。"礼"的内涵即通过确立不同阶级、阶层的贵贱等级以及各等级相应的权利义务和行为规范,建立稳定的社会秩序。吴子强调"礼"是希望通过树立新兴封建集权政治的"新礼",以维护新兴地主阶级利益。"仁"是孔子哲学的核心。吴子谈"仁",侧重点似乎在于施仁、行仁带来的良好效应,具有一定的外向性、目的性。他的"吮疽之仁",是为了使士卒战不旋踵;劝谏魏文侯对百姓"抚之以仁",是为了使他们"是吾君而非邻国"。这与孔子首先将"仁"作为个体内在的伦理道德修养是有微妙差异的。总之,吴子提出的"四德"继承了儒家的基本精神,却又处处渗透着法家重法治、重功利、重赏罚的思想观念。吴子"内修文德"思想是以儒家思想为"表",而以法家思想为"里"的。这既适应了战国列强向封建集权制国家转型的客观需要，又体现了长久以来人们对德治、仁政、王道的向往追求，是适应当时历史背景的。

"内修文德"的理想境界是"和"（《吴子·图国》）。"和"就是一个国家所处的稳定有序的状态，表现为政治团结、社会和谐、百姓和睦等。吴子认为，"有道之主，将用其民，先和而造大事"，只有内部形成了"和"的局面，才能动员、征召民众，进行战争。

德不抵力，只"修文德"而不"治武备"，同样无法确保国家安全。因此，吴子又强调"外治武备"。认为："夫安国家之道，先戒为宝"（《吴子·料敌》），就是说保障国家安全，搞好战备最为关键。"要在强兵"（《史记·孙子吴起列传》），即建设一支强大的军队。如何建设强大军队？则属于下文军队建设思想的内容。

总的来看，吴起"内修文德，外治武备"思想吸收融合了儒、法、兵等学术流派的思想精华，将政治与军事紧密结合起来，既深刻阐发了一些新兴地主阶级治国理政的新思想，又在此基础上揭示了一些符合时代大势的建军治军的新规律，达到了时人在国家战略问题认识上所能达到的最高水平。

第三，"审敌虚实而趋其危"的作战指导思想。

"审敌虚实而趋其危"（《吴子·料敌》）是《吴子》作战指导思想的核心，也是吴子取得"与诸侯大战七十六，全胜六十四，余则均解"（《吴子·图国》）的辉煌战绩的秘诀。

一是"审敌虚实"，即找出敌方的虚实强弱之处。在《吴子·料敌》篇，吴子从经济、政治、地理环境、民众群体性格、地域文化传统等的角度入手，对六国军阵的虚实特点进行了虚实分析，得出了六国军队不足为惧的结论。在战争实践中，当面敌情的虚实状况往往千变万化，难以捉摸。因此，吴子又着重从作战的角度总结出八种军情为"虚"和六种军情为"实"的情况。他指出，如果敌军陷于疲惫不堪，军心动摇，内部不和，后勤补给匮乏，援兵不继，或正在遂行某种任务，尚不能立即投入作战等不利境况时，其军情为"虚"，对这样的敌人应"击之勿疑"；如果敌方国力雄厚，政治清明，内部和睦，信赏明罚，任贤使能，兵力众多，装备精良，或有盟国支援等，则其军情为"实"，应"避之勿疑"。总之，就是应该根据敌情虚实状况，"见可而进，知难而退"（《吴子·料敌》）。吴起既能认识到六国军队的"个性缺陷"，又能揭示虚实变化的一般规律，说明他对虚实问题的认识是全面而深刻的。

二是"趋其危"，即打击或威胁打击敌人的虚弱之处。吴子在分析六国军阵虚实特点的基础上提出了与其作战的基本指导，如打击齐国军队，"必三分之，猎其左右，胁而从之，其陈可坏"，等等。读者可参阅《料敌》篇精要新解。这些作战指导直指六国军队的弱点，具有非常强的针对性和可操作性。这些预案都是在"趋其危"思想指导下制定的。《吴子·料敌》篇总结的"十三可击"，也充分体现了"趋其危"的思想。

三是"因形用权"，即根据不同情况，灵活采取不同战法。对于弱敌，吴子主张，要针对敌人固有弱点采取相应对策，如针对六国军队固有弱点制定相应作战指导即属此类；要抓住敌人阵形混乱，无力抵御之机发动攻击，如"十三可击"即属此类；要抓住敌人指挥员的失误发动攻击，如《论将》篇总结的诸多战法均属此类。对于强敌，吴子主张，要迅速摸清敌人企图，随时观察敌军的指挥行动，及时察明战场环境，在侦察的基础上，"乃可为奇以胜之"；要审时度势，根据具体情况，活用攻守；要善于示形惑敌，分兵乱敌，持续袭扰，疲敌弱敌；要发挥远射兵器的威力，先发制人；还要善于利用地形，击败强敌。

总的来看，吴子的作战指导思想洋溢着积极进攻的精神，即便在形势非常不利的情况下，吴子也主张以积极的进攻行动，摆脱不利局面，争取主动权。不畏困难、积极进取，正是吴子时代新兴封建地主阶级的性格特点。

第四，"以治为胜"的军队建设思想。

《吴子》中治兵、治军两个概念均有出现，含义相同，大致相当于现代军事科学中的"军队建设"概念。《吴子》军队建设思想十分丰富，核心是"以治为胜"（《吴子·治兵》），包括简募良材、赏罚有信、教戒为先及将帅素养等一系列思想。

一是"简募良材"（《吴子·图国》）的精兵建设思想。吴子在实践和理论上都十分重视组建精锐常备军，精兵思想在其治军理论体系中占有重要的地位。吴子镇守魏国西河地区时，大力训练的"武卒"便是选募组建的精锐常备军。他还主张将或身体素质优秀，或战斗技能突出，或战斗欲望强烈，或战斗意志顽强，或各种特点兼而有之的五种人员编组成精锐的"练锐"部队。主张把"力轻扛鼎，足轻戎马，褰旗斩将"的"虎贲之士"选拔出来，把能够"工用五兵、材力健疾、志在吞敌"的士卒选拔出来，给予充分的尊重和优厚的待遇，编组成精锐的"军命"部队。简单地说，就是坚持选才的高标准，给予入选者优厚的待遇，将战斗力强悍的人员编组成精锐部队，以便在作战中发挥骨干作用。

二是"教戒为先"的教育训练思想。吴子主张治军要将军队的教育和训练放在首位。在思想政治教育方面，吴子主张要"教之以礼，励之以义"，通过"礼义"教化，使百姓"有耻"，形成"进死为荣，退生为辱"的荣辱观，进而满足"在大足以战，在小足以守矣"的作战需要。

吴子军事训练思想甚为丰富，较为系统。在训练内容上，主张先进行兵器使用、格斗技巧、指挥信号识别等单兵技能训练，然后进行"圆而方之，坐而起之"（《吴子·治兵》）等基本战术的训练，再授予其兵器，进行结合武器装备的综合训练。吴子还主张进行战法谋略训练，把"以近待远，以佚待劳，以饱待饥"（《孙子兵法·军争篇》）等谋略纳入训练内容之中。这是古代军事训练思想的一大突破，对我军当前的实战化训练具有一定启发意义。在训练方法上，主张要由点到面，由单兵到多兵，由小分队到大部队，逐步推广；由浅入深，循序渐进，先技术后战术，先分队战术后全军战术，即"一人学战，教成十人；十人学战，教成百人；百人学战，教成千人；千人学战，教成万人；万人学战，教成三军"（《吴子·治兵》）。在训练理念上，主张因材施训，使"短者持矛戟，长者持弓弩，强者持旌旗，勇者持金鼓，弱者给厮养，智者为谋主"（《吴子·治兵》），扬长避短，使不同类型的人才在各自适合的岗位上发挥特长。

三是赏罚有信的治军原则。认为用刑罚和纪律来统一全军的思想和行动，就可以使"三军服威，士卒用命，则战无强敌，攻无坚阵矣"（《吴子·应变》）。主张治军要做到"进有重赏，退有重刑，行之以信"，认为"审能达此，胜之主也"。（《吴子·治兵》）赏罚有信的思想是对奴隶社会"礼不下庶人，刑不上大夫"传统的否定，它不仅具备维持军纪、激励士气、提高战斗力的非凡军事意义，同时也具备加速奴隶主贵族政治衰亡和封建集权政治确立的积极政治意义。

四是"总文武""兼刚柔"的将帅观。吴子高度重视将帅在战争中的重要作用，对将帅提出了"总文武""兼刚柔"的总要求。具体来说，要求将帅做到"理""备""果""戒""约"。

故将之所慎者五：一曰理，二曰备，三曰果，四曰戒，五曰约。理者，治众如治寡。备者，出门如见敌。果者，临敌不怀生。戒者，虽克如始战。约者，法令省而不烦（《吴子·论将》）。

"五慎"论涉及将帅治军才能、指挥才能、思想修养等多个方面，内涵甚丰；后学将帅拿来即可作为行动准则，具有较强的实践指导价值。

需要指出的是，要表述《吴子》军事思想并使其适合现代人学习借鉴，用现代军事理论概念体系搭建一个表述或写作的框架是必要的，但这更多地代表了现代研究人员对《吴子》军事思想的一种理解和把握。事实上，《吴子》有其自身的逻辑体系。

吴子时代，"战国七雄"并立的格局已经成型，七雄相互攻伐兼并，战乱频仍。《吴子》根植并服务于这种时代大势，认为欲成就王霸大业，首先要具备强大的综合实力，故以《图国》为第一篇，计议强国大事；"不知彼而知己，一胜一负"，仅自身强大是不够的，还必须了解对手，故以《料敌》为第二篇；称霸诸侯离不开战争，仅了解敌人尚不足以战而胜之，还需要强大军队，故以《治兵》为第三篇；强大军队需要优秀将帅来指挥，故以《论将》为第四篇；兵将两全则可用兵，而战争形势、作战样式、战场情况千变万化，必须结合具体实际正确指挥，故以《应变》为第五篇；指挥再高明，官兵缺乏战斗精神也难以取胜，故以《励士》为第六篇。《吴子》六篇前后衔接，浑然一体，充分反映出吴子对军事问题的深刻见解。

一

"图国第一"
逻辑思路与精要新解

【篇题解析】

本篇题名中的"图国"二字源自本篇"昔之图国家者……"一句。根据《辞源》的解释,"图"字有计议、谋划之意,如《尚书·太甲上》:"慎乃俭德,惟怀永图",大意是:你要谨慎地保持节俭的品德,要深谋而远虑;"图"字又有设法对付、谋取之意,如《战国策·秦四》:"韩、魏从,而天下可图也"。"国"字,指的是国家大事。综合上述说法,"图国"就是计议谋划国家大事的意思。《吴子》认为,欲称霸诸侯,首先自身要具备强大的综合实力,故以本篇为首。本篇较为集中地展现了吴子的战争观军事观,是《吴子》全书的总纲和核心,也是其他各篇的基础。依据文意,本篇可分为六节,各节的核心思想依次为"内修文德,外治武备"的大战略思想、"先和而造大事"的战争指导、"三·五"战争观、"简募良材"的精兵建设思想、制胜根本在于能否赢得民心、"尊重人才,知人善任"的用人观。这些思想观点,至今仍然对认识及思考政治、军事、战争等问题具有启发意义。

(一)"内文外武",战略思想

【原文】

吴起儒服,以兵机见魏文侯[①]。

文侯曰:"寡人不好军旅之事。"

起曰:"臣以见②占隐,以往察来,主君何言与心违?今君四时使斩离皮革③,掩④以朱漆,画以丹青,烁⑤以犀象。冬日衣之则不温,夏日衣之则不凉。为长戟二丈⑥四尺,短戟一丈二尺。革车奄户⑦,缦轮⑧笼毂⑨,观之于目则不丽,乘之以田⑩则不轻,不识主君安用此也?若以备进战退守,而不求能用者,譬犹伏鸡之搏狸、乳犬之犯虎,虽有斗心,随之死矣。昔承桑氏⑪之君,修德废武,以灭其国。有扈氏⑫之君,恃众好勇,以丧其社稷。明主鉴兹,必内修文德,外治武备。故当敌而不进,无逮⑬于义矣;僵尸而哀之,无逮于仁矣。"

于是文侯身自布席,夫人捧觞⑭,醮⑮吴起于庙,立为大将,守西河⑯。与诸侯大战七十六,全胜六十四,余则钧解。辟土四面,拓地千里,皆起之功也。

【注释】

①魏文侯(公元前472年~前396年):姓姬,名斯,战国初期魏国的建立者。

②见:通"现"。

③斩离皮革:意为制造各种皮制作战装具。皮革,是古代制造战争工具的重要材料。甲、胄、盾及革车的防护都以皮革涂漆制成。

④掩:遮盖,引申为涂饰。

⑤烁:通"铄",熔化,引申为烫烙。

⑥丈:先秦时的一丈约等于现在的六尺。

⑦革车奄护:奄,通"掩",覆盖;户,通"护"。革车奄户,即用皮革掩护覆盖战车之意。

⑧缦轮：没有纹彩的车轮。缦，没有花纹的丝织品。

⑨笼毂：用皮革包着车轴中心的圆木。毂，车轮中心的圆木，插车轴的部位。

⑩田：通"畋"，打猎。

⑪承桑氏：相传是神农氏时东夷部落之一，又叫穷桑氏。

⑫有扈氏：夏禹时的部落之一，禹不遵守禅让制度，传位于子夏启，有扈氏不服，兴兵讨伐，为启所灭。

⑬逮（dài）：达到。

⑭觞（shāng）：盛有酒的酒杯。

⑮醮（jiào）：古代斟酒敬神或主人向客人敬酒。

⑯西河：今陕西东部黄河以西地区，亦称河西。

【译文】

吴起身着儒生的服饰，带着自己对治军打仗的谋略想法，觐见魏文侯。

魏文侯说："我对治军打仗的事情不感兴趣。"

吴起说："臣从表面现象推测您内心的想法，从您过去的行为观察未来的志向，君主您为什么言不由衷呢？现在您一年四季派人宰杀牲畜，剥皮制革，涂上红漆，涂上各种颜色，烙上犀牛和大象的图案。这些东西冬天穿着不暖和，夏天穿着不凉爽。您又令人制造二丈四尺的长戟，一丈二尺的短戟；用皮革蒙住战车，车轮和车毂包上铁皮，看上去不美观，乘坐打猎也不轻便。不知道您打算用它来干什么呢？如果准备用来进攻或防守，但又不去寻求善于使用它们的人，那就好像孵卵的母鸡跟野猫搏斗，喂奶的母狗触犯老虎一样，虽然有拼命的决心，但失败却是必然的。从前，承桑氏的君主只讲文德而废弛了武备，国家因而灭亡。有扈氏的君主，依仗兵多而凶狠好战，国家因而丧失。英明的君主有鉴于此，必须对内修明政治，对外加紧战备。所以，遭到敌军侵犯而不应战，这不叫义；看见死伤的将士才哀怜，这也算不了仁。"

于是，魏文侯亲自安排席位，夫人捧着酒杯，在祖庙里宴请吴起，任命他为大将，主持西河地区的防务。此后，吴起率军与各诸侯国大战七十六次，大获全胜六十四次，其余十二次不分胜负，从未失败过。魏国因此向四面开疆拓土达上千里之广，这些都是吴起的功劳。

【新解】

这段话是《图国》的第一节，也是《吴子》全书开篇的一节。本节，吴子开宗明义地提出了"内修文德，外治武备"的著名思想。这八个字不仅是本章、本篇的核心，也是《吴子》全书的总纲。军事学术界也多有以其作为《吴子》军事思想核心的情况。笔者认为，应该从战略高度审视"内修文德，外治武备"，可将其视为经国治军的大战略思想。

本节作为全书开篇可谓别开生面。吴起穿着儒生的服饰，带着自己对治军打仗的思想觐见魏文侯。吴起为什么这样做？虽然已经不可能有确凿的答案，但可以做一点分析。吴起年轻时曾经师从曾门学习儒学，后来因为"母丧不归"而被开除，然后改学军事。他身着儒服，表明自己一直心向儒学，也算说得过去。更为重要的是，"是时独魏文侯好学"（《史记·儒林列传》），以大儒子夏为师。子夏，是孔子的杰出弟子，孔子去世后，到魏国西河地区传授学问，开创儒学西河学派，被后世尊为孔门"十哲"和七十二贤之一。因此，吴子身着儒服的动机应该是为了"投其所好",暗示魏文侯:两人都有儒门学习经历,有相似的政治理念。如此看来,吴子一出场,就展现出军事家必备的"知彼知己"的功夫。

另据《史记·儒林列传》记载:"如田子方、段干木、吴起、禽滑釐之属,皆受业于子夏之伦,为王者师"。魏文侯生于公元前472年,即位于公元前445年,而吴起约生于公元前440年,从时间上看,崇尚儒学的魏文侯向子夏学习应该早于吴起。吴起很可能是在得到魏文侯重用,镇守西河期间,以地利之便"受业于子夏之伦"的。至于吴起是真正倾心子夏之学,还是政治作秀,就难以揣测了,大概两者兼而有之吧。

更加令人叫绝的是,吴起没有利用儒门"同学"情谊去套近乎,所谓"此处无声胜有声",点到即止,儒服就足够了。哪怕再多一句,都有巧言令色之嫌,必然在境界格局上落于下乘。他的儒学修养将在后面游说之辞中充分展现。觐见之初,吴起只谈"兵机",希望以他的军事见地打动魏文侯。儒服无声,兵机有声,无声有声相结合,实在是高明之极!

然而,魏文侯却说他对军事不感兴趣。对于善于从表面现象推知事物本质的军事家吴起来说,这样的"谎言"只是给了他一个开始其议论的由头。吴起"以见占隐,以往察来",一针见血地指出魏文侯积极制造甲胄、兵器、战车,是为了"以备进战退守",但不重视寻找任用善于使用这些精良装备的人,无异于伏鸡搏狸、乳犬犯虎。吴起的言外之意,自是说他就是魏国所需要的善于治兵打仗的人。

接着,吴起又举出承桑氏修德废武而亡国、有扈氏恃众好勇而亡国两个史例,进而在一正一反两个例证的基础上,指出:"明主鉴兹,必内修文德,外治武备。故当敌而不进,无逮于义矣；僵尸而哀之，无逮于仁矣。"这才是真正打动魏文侯的一段话。

魏文侯即位后励精图治，重用贤臣，推行改革，说明他是一个有政治雄心的国君。吴起用"明主鉴兹"四个字，看似在泛泛而谈一般规律，实则表达了对魏文侯的敬佩。把魏文侯摆在"明主"的位置上，魏文侯就不得不认真考虑吴起的意见了，否则怎能当得起一个"明"字呢？

"内修文德，外治武备"八个字的重点是"文""武"二字。简单地说，文，即政治；武，即军事。内修明政治，外加强武备，内外兼顾，文武兼修，才能真正成就强大的国家。吴起显然是学到了儒家思想的精髓，掌握了孔子"有文事者，必有武备；有武事者，必有文备"（《史记·孔子世家》）的思想。接着，吴起又对儒家"义""仁"两个概念进行了解读，指出"当敌而不进"达不到"义"的境界，不符合"义"的要求；"僵尸而哀之"达不到"仁"的境界，不符合"仁"的要求。魏文侯作为崇尚儒学的明君，怎么可能允许自己不能做到"义"和"仁"呢？

这样，魏文侯最终被吴起说服，拜其为大将，令其镇守西河。吴起也终于得到了施展才华的舞台。第一章"说文侯"有理有据，分析透彻，逻辑严密，论从史出，极具说服力，同时又能抓住魏文侯的心理，堪称游说之辞中的上品。

吴起应该很清楚，他谋求的职位不是要教给魏文侯"应该做什么"，而是要拿出"应该怎么做"的思路举措。因此，他在本章掷出"内修文德，外治武备"的强国方针，解决了"应该做什么"的问题之后，接下来就开始论述"应该怎样做"的问题。

(二)"先和而立",战争思想

【原文】

吴子曰:"昔之图国家者,必先教百姓而亲万民①。有四不和:不和于国,不可以出军;不和于军,不可以出陈②;不和于陈,不可以进战;不和于战,不可以决胜。是以有道之主,将用其民,先和而造大事。不敢信其私谋,必告于祖庙,启于元龟③,参之天时,吉乃后举。民知君之爱其命,惜其死,若此之至,而与之临难,则士以进死为荣,退生为辱矣。"

吴子曰:"夫道④者,所以反本复始⑤。义⑥者,所以行事立功。谋者,所以违害就利。要⑦者,所以保业守成。若行不合道,举不合义,而处大居贵,患必及之。是以圣人绥之以道,理之以义,动之以礼,抚之以仁⑧。此四德者,修之则兴,废之则衰。故成汤⑨讨桀⑩而夏民喜悦,周武⑪伐纣⑫而殷人不非。举顺天人,故能然矣。"

吴子曰:"凡制国治军,必教之以礼,励之以义,使有耻也⑬。夫人有耻,在大足以战,在小足以守矣。然战胜易,守胜难。故曰,天下战国,五胜者祸,四胜者弊,三胜者霸,二胜者王⑭,一胜者帝。是以数胜得天下者稀,以亡者众。"

【注释】

①百姓万民:百姓,先秦时对贵族、官吏的通称;万民,亦称黎民、庶民。约从春秋后期起,百姓与万民通用。

②陈:通"阵",下同。

③元龟:大龟。古人认为龟有神灵,故出战前先用龟甲占

卜吉凶。

④道：一般指法则、规律。《老子》用以指宇宙万物的本源。

⑤反本复始：《汇解·直解》："反本，反于根本也；复始，复还其所禀也。"

⑥义：指符合封建社会伦理道德的行为。

⑦要：纲要、信条，指政治上的主要问题。

⑧仁：仁爱。

⑨成汤：子姓，卜辞称大乙、高祖乙，又称武汤、商汤。

⑩桀：即夏桀，夏朝末代君主。

⑪周武：即周武王，姬姓，名发。

⑫纣：即商纣王，又称殷纣王，帝辛，名受，为周武王所灭。

⑬使有耻也：即使人知道羞耻。古人认为"知耻近乎勇"，因此知道羞耻就能鼓起勇气。

⑭王（wàng）：成就王业。

【译文】

吴起说："从前治理国家的君主，必定首先教化百姓，亲近民众。有四种不和睦的情况：国内意志不统一，不能出兵；军队内部不团结，不能上阵；临阵行动不一致，不能作战；战斗动作不协调，不能制胜。因此，贤明的君主，在征召百姓时，必先搞好内部团结，然后再发动战争。他不敢偏信自己的谋略，一定会向祖庙祭告，用龟甲占卜，观察天时，得到吉兆才敢行动。民众都知道君主爱护他们的生命，不忍心看到他们的死亡，直到无微不至的程度，因此在战场上，他们就会以前进拼命为光荣，以退却求生为耻辱了。"

吴起说:"所谓'道',就是用以探求和恢复事物本源的。所谓'义',是用来建立功业的。所谓'谋',是用来趋利避害的。所谓'要',是用来巩固功业的。如果行为不合于道,举动不合于义,而又掌握大权,身居显贵,祸患就必将临头。所以,圣人安定天下用道,治理国家用义,动员百姓用礼,抚慰民众用仁。发扬这四种美德国家就将振兴,废弃了国家就会衰败。因此,成汤讨伐夏桀而夏朝民众高兴,周武王讨伐殷纣王而商朝的民众不反对。就是因为他们的举动顺乎天理、合乎人心,所以才能有这样的结果。"

吴起说:"凡是管理国家、治理军队,必须用'礼'教育民众,用'义'激励民众,使他们懂得羞耻。人们有了羞耻之心,力量强大的就可以出战,力量弱小的也可以防守。然而战胜敌人容易,保住胜利果实却很难。所以说,天下相互征战的国家,取得五次战争胜利的会招致灾祸,取胜四次的会国力疲弊,取胜三次的可以称霸,取胜两次的可以称王,而取胜一次的则可以成就帝业。所以靠频繁的在战争中取胜而取得天下的少,由此而亡国的却很多。"

【新解】

第二节围绕"内修文德"展开讨论。

本节由三段构成。第一段,强调"先和而造大事",是关于为什么要"内修文德"的问题;第二段,论述修"四德"而致"先和",是关于怎样"内修文德"的问题;第三段,指出"战胜易,守胜难",告诫人们,即便实现了"和",可以"造大事"了,也要慎重地对待战争,是关于"内修文德"之后应怎么办的问题。三段紧密衔接,构成逻辑严密的一个整体。

"先和而造大事"是本节的核心。什么是"和"？就吴子的观点来看，"和"就是一个国家所处的稳定有序的状态，表现为政治团结、社会和谐、百姓和睦，等等。"和"是"内修文德"有所成就的重要标志，也是"内修文德"所希望达到最高境界。而什么是"大事"？《左传·成公十三年》中讲："国之大事，在祀与戎"。整个中国古代，国家最重要的事情就是两件，一是祭祀，一是战争。"先和而造大事"的"大事"显然是指战争。军事从属于政治，战争是政治的继续。吴子说文侯以"兵机"，论述"文"而落脚于"武"，他强调"先和"是为了夯实施行战争、是打赢战争的政治基础。因此，"先和而造大事"可以视为吴子在战争指导方面的基本观点。

下面，我们逐段进行一些解读分析。

第一段，吴子提出"有道之主，将用其民，先和而造大事"，认为，只有搞好内部团结，形成了"和"的局面，才能动员、征召民众，进行战争。这是对春秋时期"师克在和，不在众"（《左传·桓公十一年》）思想的继承与发展。他列举了战争不同层面的四种"不和"的情况，反复说明"不和"则不能进行战争。

一是"不和于国，不可以出军"，是说如果国内意志不统一，就不能贸然做出战争决策。在公元383年的淝水之战中，前秦皇帝苻坚就是在"不和于国"的情况下坚持出兵攻打东晋，而导致兵败国亡的。战前决策时，苻坚固执地认为前秦军事实力远远强于东晋，定可一战而胜，成就统一中国的伟业。忠于前秦的王公大臣们都反对出兵，认为东晋"君臣辑睦，内外同心"（《资治通鉴》卷一百零四），又有谢安、桓冲等一批杰出的军政人才；而前秦军队连年征战，军民疲惫不堪，尤其是内部统治尚不稳固，被武力征服的鲜卑、羌、羯等族还没有真心归顺，随时可能发动叛乱。而一直在暗中酝酿摆脱前秦控制的鲜卑族慕容垂等，却竭力怂恿苻坚圣意独裁，坚定攻晋的决心，再加上一些见识短浅、趋炎附势之徒在一旁煽风点火，苻坚终于下令出兵。最终，前秦百万大军战败淝水，政权也随即土崩瓦解。

二是"不和于军，不可以出陈"，意思是在战幕拉开的情况下，如果军队内部意见不一致，就不能与敌对阵。公元前597年春，楚庄王亲率大军伐郑。郑国向自己的"后台"晋国求援。晋国反应迟缓，到几个月之后，郑国都城陷落、被迫降楚的时候，晋军才到达今河南黄河北岸的温县地区。这时晋军内部发生了战与不战的分歧，中军元帅荀林父和上军主帅士会认为郑已降楚，再去救郑已失去意义，主张待楚军退兵之后再进兵郑国，迫其重新归附晋国。中军副将先縠却力主与楚军决战，并不顾荀林父的军令，擅自率领其部属渡河南进。荀林父被迫命令全军南渡黄河，进至邲地（今河南衡雍西南）。楚庄王很快掌握了这一重要情报，为进一步摸清虚实，他派人向晋军求和。荀林父应允。但两名主战的晋将对议和心怀不满，擅自向楚军挑战。楚庄王抓住战机，命令大军倾巢而出，沉重打击了来挑战的晋军分队，并乘胜直逼晋军大营。等待议和的荀林父措手不及，仓皇命令全军渡河北撤，晋军遭受重大损失。楚庄王凭借此役的胜利登上了霸主的宝座。晋军高层内部失和，在与楚军"战"还是"不战"的问题上，自始至终都没能达成一致意见，是导致失败的主要原因。这就是"不和于军，不可以出陈"。

三是"不和于陈，不可以进战"，是指如果临战阵势不整齐，就不能与敌作战。春秋之初，郑国与周王室之间爆发了著名的繻葛之战。是役，周桓王指挥军队排成左、中、右三个方阵，周王室军居中，战斗力较差的陈军和蔡卫联军分居左、右两翼。针对周军的部署特点，郑庄公指挥郑军排出"鱼丽阵"，将军队部署为倒"品"字形，两翼靠前，中军稍后。作战开始后，郑军两翼首先出击，在迅速击溃陈军和蔡卫联军之后，接着配合稍后发起进攻的中军，从两翼横击周中军。周中军在郑军的三面夹击之下，很快便战败。此战，周军"不和于陈"，三个方阵之间战斗力强弱不一，造成全军战斗队形不能维持，结果被郑军各个击破。

四是"不和于战，不可以决胜"，就是说在战斗中部队动作要协调，否则就不能取胜。古代使用冷兵器，依靠排列整齐密集的方阵与敌作战。方阵作战最基本的要求是部队战斗动作要协调一致，唯其如此，才能充分发挥短兵器、长兵器、远射兵器和防护类兵器的作战效能，"长以卫短，短以救长"（《司马法·定爵》），形成对敌打击的整体合力。周武王在灭亡商朝的牧野之战中，要求部队每前进六至七步或每击刺四至七次，都要停止看齐一次，就是为了保持战斗队形的严整，以便于协调战斗动作。《孙子兵法·行军篇》强调作战中"则勇者不得独进，怯者不得独退"，也是同样道理。

可见，"和"在一场战争中的各个层级上都有重要意义。正因为"和"的重要，战场上才出现了异彩纷呈的破坏对方之"和"的奇谋诡计，诸如以迂为直、避实击虚、示形诱敌、以逸待劳，乃至离间计、美人计等，均可从这个角度理解。即使对于指导现代战争，吴起"先和而造大事"的思想也仍然极其启迪意义，值得今人重视。例如，正确处理军队与政府、军队与民众的关系，搞好军政军民团结；又如，强化集体心理的内聚力，使官兵明确集体作战目标的意义和实现目标的方法，增强为集体目标而奋斗的责任感和使命感；再如，改善集体人际关系，使官兵之间、上下之间心理上协调一致，情感上相互融合，增强军人个体的心理相容性，等等。这些问题都涉及"和"的问题，是需要认真研究解决的。

如何通过"内修文德"以实现"和"？吴子在这一段并没有充分展开，只是提到了两点。一是提出了"教百姓而亲万民"总的指导原则。二是"吉乃后举"的具体方法，也就是用祭祀、占卜、观天象等手段，得到吉兆后再行动。在吴子看来，百姓会把战争指导者使用这些手段视作对自己的爱护，因而也就会以"进死为荣，退生为辱"。在遥远的战国时代，乃至整个古代，百姓缺乏科学文化知识而普遍迷信，这一方法具有一定的合理性。

第二段，吴子提出了"四德"的概念。"四德"是"文德"的主要内涵，即"道""义""礼""仁"。吴子强调，发扬"四德"则国家兴盛，反之，废弃"四德"国家就会衰败。"内修文德"就是通过"绥之以道，理之以义，动之以礼，抚之以仁"，达到国家内部政治、军事、社会等各领域全方位的高度的和谐统一。修"四德"是致"先和"的主要实现途径。

"道""义""礼""仁"都是儒家学派所倡导的基本理念，各自均包含着非常丰富的含义，曾在孔子后学曾申门下学习的吴起扬弃了这些思想，顺应整个社会由奴隶制向封建制转型的历史大势，站在新兴地主阶级的立场上赋予了它们新的时代内涵。

儒家谈"道"，很重要的一层内涵是指治国理政的基本法则规律,如《论语》中反复出现的"邦有道""邦无道""天下有道""天下无道"等话语中的"道",就是指此而言。吴起"四德"中的"道",也是从政治角度而言的。吴子认为,"道者,所以返本复始",是用来探究和恢复事物本原的。从政治层面理解,"道"就是用以探究和恢复治国理政的基本法则和规律的。在吴子看来,治国理政的基本规律就是要"举顺天人",适应历史发展大势,能做到这一点,即合乎于道了。整个社会由建立在奴隶制经济基础之上的奴隶主贵族政治,向建立在封建地主经济基础之上的封建专制政治转变,是吴子时代的历史发展大势。吴子至魏之时,魏文侯正在主持推行顺应这一趋势的变法。从吴子的政治、军事实践和《吴子》全书的思想内容看,他所奉行的是信赏明罚的法家思想,所施行的是"食有劳而禄有功"(《说苑·政理》)的法家政策,这些也都是适应当时社会变革大势的。吴子"四德"中的"道",主要内涵便是推行新兴地主阶级的法治路线。(吴如嵩,《战国军事史》)而孔子崇尚的治国理政之"道",则是指西周以降的奴隶主贵族政治体制,所希望的是恢复旧的统治秩序,实现政治上"礼乐征伐自天子出"(《论语·季氏》)的有序局面,与吴子之"道"是有根本区别的。

儒家谈"义",从军事的角度看,就是注重区分战争的性质,提倡以吊民伐罪为宗旨的"义战"。儒家强调对战争的性质加以区分,把历史上和现实中的战争明确划分为正义战争和非正义战争两大类,凡是以吊民伐罪、拯民于水火之中为宗旨而进行的战争,就是正义的,应予拥护;反之,以满足统治者私欲为目的而进行的战争,则是非正义的,应该加以谴责和反对。孔子充分肯定并支持反抗强暴,保卫祖国的战争。公元前486

年，齐国要发兵进犯鲁国，孔子闻讯后即号召其弟子挺身而出，共赴国难，认为即使是为之奉献生命，也是无上光荣的。孔子的学生冉有在对齐军作战中用长矛攻陷敌阵，孔子也称之为"义"。吴子所讲的"义"，意思很清楚——"禁暴救乱曰义"，这与儒家的思想是一脉相承的，但仔细考量两者又有差别之处。总的来看，儒家对战争是持反对态度的，但现实战争却是愈演愈烈，无奈之中，儒家推出其义战思想。儒家所推崇的义战具有明显的理想化色彩，在他们心目中，只有尧伐驩兜、舜伐有苗、禹伐共工、汤伐有夏、文王伐崇、武王伐纣这些远古战争才称得上义战（《荀子·议兵》），而现实战争背后总有这样那样的利益驱动，战争进行的过程中充满着阴谋诡计，是不配一个"义"字的。吴起虽然同样视成汤讨桀、周武伐纣的战争为"举顺天人"的正义战争，字里行间也流露出推崇之意，但他却并不一味徘徊于"义"与"不义"之间，也没有抨击所谓不义之战，而是以现实主义的精神把战争性质区分为五种，并提出了应对不同性质战争的总体方略。

西周立国之后，周公"制礼作乐"，创造出一个等级社会中人际关系的伦理规范体系，即所谓"礼乐"制度。"礼"的本质是"异"，即"差异"，用来确定社会中各等级之间的贵与贱、尊与卑，长与幼、亲与疏的，以显示其间的差异。（樊树志，《国史概要》）孔子之"礼"和吴起"四德"中的"礼"都继承了周公之"礼"的这种基本精神，都是希望通过"礼"确立不同阶级、阶层的贵贱等级以及各等级相应的权利义务和行为规范，从而建立稳定的社会秩序。不同之处在于，孔子是想恢复贵族政治的"旧礼"，吴起则是要树立新兴封建集权的"新礼"，即维护统治阶级（地主阶级）利益的新的规章制度和道德标准。对普通民众来说，耕和战便是"新礼"，是为他们规范的主要义务，而百姓之所以能够欣然接受，根本理由在于他们认识到履行耕战义务是符合自己利益的。"礼"是靠传统而不是有形的权力机构来维持的，是经过教化过程而形成主动服膺于传统的习惯。（费孝通，《乡土中国》）吴起强调经国治军"必教之以礼"，就是要通过教化使百姓养成平时耕耘稼穑、战时带甲出征的习惯，进而使地主阶级的统治得以延续。在讲究教化的同时，吴起还注重用法家的手段促进"新礼"的建立，因为"法"带有强制性，比教化更易于操作，也更易于收到成效。不论是卿大夫还是平民百姓，遵守封建集权政治新秩序的一律赏之，反对、破坏新秩序的一律罚之。例如，在楚国主持变法时，吴起就曾在楚悼王的支持下，用武力镇压了奴隶主贵族的反抗。

"仁"是孔子思想的核心。"仁者爱人"（《论语·颜渊》）。"爱人"是表示人我关系的十分广泛的概念，其含义极为丰富，具体可包括对他人的关心、爱护、同情、理解、尊重、宽容、礼让、亲近、信任、恩惠等。可以说，凡一切对待他人的善的品质和行为均可以说是"爱人"，均可以将之流归于"仁"。吴起之"仁"的基本含义大抵也是如此。儒家之"仁"的最高境界是"博施于民而能济众"（《论语·雍也》），吴起之"仁"也有这样的博大胸怀。吴起在初次觐见魏文侯时指出，"僵尸而哀之，无逮于仁矣"，此话的言外之意很明显，即通过"内修文德，外治武备"塑造强大的综合实力，在战争中不战而屈人之兵或小战而屈人之兵，将损失降至最低，才是算得上"仁"。在吴起看来，看见死伤的将士才表示哀怜，充其量只是"假仁""小仁"罢了。吴起谈"仁"，侧重点似乎在于施仁、行仁带来的良好效应，具有一定的外向性、目的性。例如，他的"吮疽之仁"，是为了使士卒战不旋踵；劝谏魏文侯对百姓"抚之以仁"，是为了使他们"是吾君而非邻国"。这与孔子首先将"仁"作为个体内在的伦理道德修养是有所不同的。

总之，吴子"四德"继承了儒家的基本精神，却又处处渗透着法家重法治、重功利、重赏罚的思想观念。可以说，吴起思想是以儒家思想为"表"，而以法家思想为"里"的。在"国际"形势瞬息万变，战争随时可能爆发的战国乱世，富国强兵是列国的第一要务，唯有国富兵强方能保证国家的安全和发展，法家思想无疑更适合这种需要。同时，儒家"仁义"与"礼治"并重的政治哲学思想，却符合长久以来人们对德治、仁政、王道的向往追求，可以为奉行者赢得政治上的主动；儒家重视道德伦理教化和个人修身养性，也对国家的长治久安大有裨益。正是战国那个特殊的时代造就了吴子"儒表法里"的思想特征。事实上，"儒表法里"正是中国历代封建统治者的治国秘诀。

"绥之以道，理之以义，动之以礼，抚之以仁"是致"先和"的主要实现途径。抛开上述"四德"的具体内涵不谈，仅从实践操作的层面看，这四条途径又可以分为两种类型：其一，是"绥之以道"和"抚之以仁"，这两条途径更加强调统治者的主体作用；其二，是"理之以义"和"动之以礼"，这两条途径则更加强调被统治者接受教化后，服务于"礼"和"义"的主动性。

因此，吴子在接下来的第三段中首先就强调对民众要"教之以礼，励之以义"，其目的是使民众"有耻"，即树立封建社会的荣辱观。吴子认为，一旦民众"有耻"，则"在大足以战，在小足以守矣"。一般而言，如果一国之民可战可守，国君难免就会有恃无恐，进而滑入穷兵黩武的泥淖。因此，吴子话锋一转，提出了"战胜易，守胜难"的慎战思想，反对穷兵黩武，强调要力争以较少次数的战争取得决定性胜利，深刻指出"以数胜得天下者稀，以亡者众"。这才是吴子在这一段要阐明的核心思想。应该说，作为一名几乎是在战火中度过一生而且未尝一败的著名军事家，吴子能够保持这种对战争的慎重态度，是难能可贵的。

与吴子同时侍于魏武侯的李悝也持同样的观点，其论述与吴子如出一辙。《淮南子·道应训》记载，魏武侯曾经向李悝咨询春秋时期吴国灭亡的原因，李悝回答说是"数战而数胜"，并进一步解释道：

"数战则民罢，数胜则主骄；以骄主使罢民，而国不亡者，天下鲜矣。骄则恣，恣则极物；罢则怨，怨则极虑。上下俱极，吴之亡犹晚矣！"

大意是：经常打仗必然导致百姓疲惫；屡战屡胜必然导致国君骄横；骄横的国君役使疲惫的百姓而不亡国，这样的事情很少见。君主骄傲就会恣意妄为，进而就会穷奢极欲；百姓疲惫就会心生怨气，进而就会挖空心思谋求摆脱疲惫。吴国上下都将事物推向极端，它的灭亡已经算是晚的了。

吴子"战胜易，守胜难"思想是中华优秀传统军事文化中慎战思想的具体展现。中华民族是农耕民族，中华文化属于典型的农耕文化，慎战思想正脱胎于此。战争对农业生产的影响格外严重。农业生产需要相对稳定的生产环境，春耕、夏耘、秋收、冬藏，一个环节都不能少。一旦爆发战争，误了农时，就可能使庄稼颗粒无收。战争需要大量青壮年冲锋陷阵，青壮年都去沙场效命，家里只剩下老弱妇孺，生产能力不足，农业生产就无法继续。一个小农家庭种不了地，就只能面临破产。因此，农耕民族天然地反对战争，向往和平，这就造就了中华文明和平性的鲜明特征。当外敌入侵时，农耕民族又会毅然拿起武器，以最顽强的斗志抵抗侵略。因为，一旦土地被掠夺，非但自己不能继续生产生活，而且子子孙孙也将失去最基本的生产资料。因此，中华优秀传统军事文化带有积极防御的基因。

与农耕民族相对，还有游牧民族和渔猎民族，他们分别创造了游牧文化和渔猎文化。与从事农业生产相比较，游牧、渔猎这两种生产方式都要面临更多的危险。与放牧、捕鱼、狩猎相比，战争、掠夺能够更快地获得财富，从事战争通常被游牧民族和渔猎民族视为一种莫大的荣誉。正是这种生产生活方式决定了西方军事文化传统崇尚战争的典型特征。

（三）"三五成战"，逐一击破

【原文】

吴子曰："凡兵之所起者有五：一曰争名，二曰争利，三曰积恶①，四曰内乱，五曰因饥。其名又有五：一曰义兵，二曰强兵，三曰刚兵，四曰暴兵，五曰逆兵。禁暴救乱曰义，恃众以伐曰强，因怒兴师曰刚，弃礼贪利曰暴，国乱人疲，举事动众曰逆。五者之服，各有其道：义必以礼服，强必以谦服，刚必以辞服，暴必以诈服，逆必以权服。"

【注释】

①积恶：积蓄已久的仇恨。

【译文】

吴起说:"战争起因有五种:一是争名位;二是争利益;三是有宿怨;四是发生内乱;五是遭受饥荒。战争性质分为五种:一是义兵;二是强兵;三是刚兵;四是暴兵;五是逆兵。禁除暴政、挽救危亡的叫义兵;仗恃兵多将广侵略别国的叫强兵;因愤怒而兴兵的叫刚兵;背弃礼义、贪图利益的叫暴兵;不顾国乱民疲仍兴师动众的叫逆兵。对付这五种战争,各有不同的办法:义兵必须用礼折服它,强兵必须用谦让降服它,刚兵必须用言辞说服它,暴兵必须用诡诈的谋略制服它,逆兵必须用实力慑服它。"

【新解】

这一段是《图国》篇的第三节。吴子在研究完"内修文德"问题之后,从本节开始转入对"外治武备"问题的论述。

吴子并没有直接探讨"外治武备"的具体问题,而是先研究战争起因、战争性质等基本理论问题,用今天的话说,就是先研究战争观问题。树立起最基本的战争观念,再研究具体问题,就能水到渠成,势如破竹。吴子在本节总结了五种战争起因,根据起因区分了五种战争和军队性质,又针对性极强地提出了五种制胜指导。笔者将其简称为吴子的"三·五"战争观。可以说,吴子是中国古代最早对战争观问题进行系统研究的军事家。仅从战争观研究的系统性而言,吴子是超越孙子的。《吴子·图国》篇这段话,在中国军事思想发展史上具有开创先河的历史地位,值得今人重视。

吴起认为战争的起因有五种:"一曰争名,二曰争利,三曰积恶,四曰内乱,五曰因饥。"这是吴起从已有的战争实践中总结归纳出来的。"争名"，指诸侯列国争夺霸主之名。争当中原政治的霸主，是春秋时期许多战争的直接原因。"争利"，指争夺土地、人口之利。在争霸的同时，春秋各大国均吞并了一些中小国家，这些战争就属于争利之战。随着历史发展，封建兼并渐渐成为战争主题，"争利"也成为最经常的战争诱因。吴起所参与的魏、秦争夺河西地区的一系列战争，大抵就属于"争利"之战。"积恶"，指诸侯列国交恶成仇。公元前685年，鲁国趁齐桓公即位不久，出兵伐齐，为齐所败。作为报复，齐桓公在第二年兴兵伐鲁，被鲁军大败于长勺（一说今山东曲阜北，一说在山东莱芜东北）。长勺之战的直接诱因便属于"积恶"。"内乱"，指列国内部势力争权夺利。战国初年的晋阳之战，就是晋国内部智、魏、韩、赵几大势力集团相互兼并，争权夺利的"内乱"之战。"因饥"，指由于饥荒导致民众起义或被敌国乘虚而入。公元前478年，越王勾践趁吴国大旱之机发动攻势，在笠泽之战中一举消灭了吴军主力。

可以看出，吴起所列举的，都是战争的直接诱因，是表面层次的。战争的爆发往往还有隐含的更深层次的原因。以长勺之战为例，齐桓公出兵伐鲁，"复仇"的背后，还有其战略考虑，那就是为了折服东楚争霸道路上的最大障碍。晋阳之战，"内乱"也是表面现象，其实质是晋国内部新兴地主阶级势力的相互兼并和政治权利的重新整合。尽管未能揭示战争爆发的阶级本质和深刻的社会原因，但吴起的战争起因论打破了"天命观"的旧有观念，提出了具备朴素唯物主义特征的观点，因而还是具有一定的理论意义和学术价值的。同时吴起本人这种敢于正视社会现实的勇气和创新求实的探索精神，也是值得后人学习的。

吴起在提出五种战争起因之后，又对战争和军队性质进行了分析。他把战争性质区分为五种，"一曰义兵，二曰强兵，三曰刚兵，四曰暴兵，五曰逆兵"。这句话里五个"兵"，既可以理解为战争，也可理解为遂行各类战争的军队。"禁暴救乱曰义"，制止暴虐、平息动乱的战争是"义兵"，遂行"禁暴救乱"战争的军队也是"义兵"；"恃众以伐曰强"，以强凌弱、以大欺小的战争是"强兵"，遂行"恃众以伐"战争的军队也是"强兵"；"因怒兴师曰刚"，因不胜欺凌而出兵的称为"刚兵"，遂行"因怒兴师"战争的军队也是"刚兵"；"弃礼贪利曰暴"，因贪图利益而不顾礼义发动的战争是"暴兵"，遂行"弃礼贪利"战争的军队也是"暴兵"；"国乱人疲，举事动众曰逆"，不顾国内动乱和人民疲惫而兴师动众叫"逆兵"，遂行这种战争的军队也是"逆兵"。显然，吴起已经注意到了战争的正义性与非正义性，而他对有利国家、顺应民心的正义战争的支持，对违背民意、有害国家的非正义战争的反对，也在字里行间流露无遗。

中国古人很早就对战争性质问题有了较为科学的认识。《左传·僖公二十八年》有云："师直为壮，曲为老。"意思是正义之师士气雄壮，非正义之师则士气低迷。士气雄壮的军队自然更容易打胜仗。吴子关于战争和军队性质问题的论述，虽然不如《左传》中那么简明清晰，但分类更为细致，在认识的深刻程度上有了新的进步。当然，受时代的限制，吴子还不能揭示战争的阶级实质，科学看待战争的社会作用。

更为难能可贵的是，吴起在对战争性质作出分析之后，又提出了应对不同性质战争、打败不同性质军队的方略。他认为，"义必以礼服"，对于"义兵"，要通过论"礼"来折服它。这里的"礼"是指周王室规定的处理诸侯国关系的法则或规定，大概相当于现在的国际法或战争法。虽然随着周王室的衰微，这些"礼"早已失去了对列国的约束力，但对于自命为"义兵"的对手，却仍可搬将出来，用来指责对方行为不合"礼"之处，争取能够使之折服。论"礼"说理的过程，其实就是一个政治解决的过程。"强必以谦服"，对于"强兵"，要用谦让使对方悦服。谦让是一种以退为进的政治谋略。先退一步，往往能为己方赢得政治、军事上的主动。例如，公元前632年的城濮之战中，晋文公"退避三舍"就可视为一种"谦服"的策略。晋文公这一退，既赢得了政治上的主动——"君退臣犯，曲在彼矣"，又将楚军引至城濮预设的战场，赢得了军事上的先机，从而为取得决战胜利奠定基础。（黄朴民，《春秋军事史》）谦让必须有度，如果依靠一味退让来制止战争，那就同战败没什么区别了。"刚必以辞服"，对"刚兵"，要用言辞说服它。"刚兵"因怒而兴师，愠而致战，常常会在战略筹划、作战部署等方面出现漏洞，这时候指出对方的弱点，晓以利害，就能使敌人知难而退，从而制止战争。"暴必以诈服"，对"暴兵"，要用谋略制服它。"暴兵"贪利，因此可以用"利而诱之"等计谋战而胜之。"逆必以权服"，"逆兵"不顾国乱民疲，兴师动众，已经犯了兵家大忌，对它可以用威慑的办法加以制服。必须看到，这五种制胜方略，只是理论上的分析而并非制胜的铁则。在实践中，"兵"之性质固难明确区分，"服"之方略更难一概而论，如果片面遵循这一理论，就不免会陷入教条主义的泥淖之中而招致失败。

不论是"礼服""谦服"，还是"辞服""诈服""权服"，都要以军事实力为后盾，否则不仅不能服敌，还会为敌所制。正因为如此，吴子在接下来的第四节中论述了他的建军思想。

（四）"简募良材"，精兵思想

【原文】

武侯①问曰："愿闻治兵、料人②、固国之道。"

起对曰："古之明王，必谨君臣之礼，饰③上下之仪④，安集吏民，顺俗而教，简⑤募良材，以备不虞。昔齐桓⑥募士五万，以霸诸侯；晋文⑦召为前行四万，以获其志；秦缪⑧置陷陈三万，以服邻敌。故强国之君，必料其民。民有胆勇气力者，聚为一卒⑨；乐以进战效力以显其忠勇者，聚为一卒；能逾高超远轻足善走者，聚为一卒；王臣失位而欲见功于上者，聚为一卒；弃城去守欲除其丑者，聚为一卒；此五者，军之练锐也。有此三千人，内出可以决围，外入可以屠城⑩矣。"

【注释】

①武侯：魏武侯，魏文侯之子魏击，公元前396年至前370年在位。

②料人：选择和评估人才。

③饰：装饰，整治。

④仪：礼仪、礼节。

⑤简：选择，选拔。

⑥齐桓：即齐桓公，春秋时齐国国君，姜姓，名小白，公元前685年至前643年在位。在位期间，任用管仲进行改革，使齐国国力富强，以"尊王攘夷"为号召，制止了北方戎狄对

中原的进攻，遏止了楚国北进中原的势头，还平定了东周王室的内乱，多次召集诸侯会盟，成为春秋时的第一个霸主。

⑦晋文：即晋文公，春秋时晋国国君，姬姓，名重耳，公元前636年至前628年在位。在位期间，整理内政，增强军队，曾平定周室内乱，迎周襄王复位。公元前632年，率军在城濮之战中大胜楚军，在践土（今河南原阳县东北）大会诸侯，成为霸主。

⑧秦缪：即秦穆公，春秋时秦国国君，嬴姓，名任好，公元前659年至前621年在位。在位期间，任用百里奚、蹇叔等为谋臣，一度击败晋国，俘晋惠公，灭梁、芮两国。公元前627年，秦军在崤之战中为晋所败，遂转而向西发展，攻灭十二国，称霸西戎。

⑨卒：古代军队编制单位之一，周制百人为卒。此处泛指部队。

⑩屠城：此处指攻破敌人城池。有学者将其理解为攻破敌城后尽杀其民，并以此攻讦吴子，是错误的。从吴起的作战思想、对战术的要求来考虑，他此处的原意是，从里向外攻击可突破敌军包围，从外向内进攻可攻破敌人据守的城邑。

【译文】

魏武侯问道："我想听听治理军队、选择人才和巩固国家的道理。"

吴起回答说："古代贤明的君主，总是谨守君臣间的礼法，讲究上下等级之间的礼仪，安抚团结官吏和民众，同时按传统对他们进行教育，选择和招募有才能的人，以防备突然事变。从前齐桓公招募勇士五万人而称霸诸侯，晋文公招募四万人作前锋部队而取威定霸，秦穆公建立冲锋陷阵的三万人部队而制服邻国。所以，想要使国富兵强的君主，必须估量民众力量。把民众中有胆量、勇力的人，编为一队；把乐于进攻效命、显示忠勇的人，编为一队；把能爬高越远、敏捷善跑的人，编为一队；把官吏中曾因罪被免职而又想重建功勋的，编为一队；把曾经丢城失地而想洗刷耻辱的人，编为一队。这五支部队，都可以作为军队中的精锐使用。有这三千人，由内出击可以突破敌军的重围，从外线进攻可以攻破敌人的城池。"

【新解】

打赢战争的重要基础是强有力的军队。脱离这个基础，一切战略战术都只能是纸上谈兵，制胜战争和维护国家安全最终也只能是空中楼阁。吴子时代，封建兼并战争愈演愈烈，战争规模不断增大，战争的残酷性和爆发的突然性日益增强，列国国防均承受着前所未有的压力。基于对这种时代环境的清醒认识，吴子鲜明提出了"要在强兵"（《史记·孙子吴起列传》）的观点，认为"外治武备"的必然要求是建设一支强大的军队。

在本节，吴子承接上一章文意，开始论述"治兵、料人、固国之道"，重点论述了如何组建"军之练锐"，即精锐部队、精兵劲旅的问题，提出了"简募良材"的精兵建设思想。

首先需要对"治兵、料人、固国"三个概念进行一些辨析。"治兵"是古代兵家常用的军事术语，其中的"治"字，可以简单地释为"治理"。结合古人谈"治兵"的言论详细考察，可以发现，古代"治兵"概念内涵非常丰富，涵盖了今天所说的军队建设、军队管理、军事训练等多方面内容。本节主要从军队建设方面谈"治兵",《治兵》则主要从军队管理、训练、教育等方面展开,是有所不同的。"料人"的意思在本章原文注释中已经做了说明,此处对"料"字再赘言几句。"料"有估量、揣度、料想之意,如《料敌》中的"料",可释为"判断","料敌"就是判断敌情的意思。"固国"其意甚明,无须多说。总的来看,"治兵"是核心,"料人"是基础,"固国"是目的;"治兵"必"料人","固国"必"治兵",这就是三个概念的内在逻辑关系。

《孙子兵法·地形篇》有云:"兵无选锋曰北。"意思是,作战时没有精锐的先锋部队就会导致失败。在本节,吴子将精锐部队称为"练锐",即相当于《孙子兵法》中的"选锋"。"练锐"由五种人组成:一是有胆量、有勇气、有力量的;二是乐于进战以显示其忠勇的;三是能攀高跳远、轻捷善走的;四是被因错罢官而又想立功赎罪的;五是曾弃守城邑而又想洗刷耻辱的。这五种人,或身体素质优秀,或战斗技能突出,或战斗欲望强烈,或战斗意志顽强,或各种特点兼而有之,由他们组成的部队其战斗力是可以想象的。吴子认为有这样的"练锐"三千人,则由内向外出击就能突破敌人的包围,由外向内进攻就能攻破敌人的城池。

《六韬》按不同特点将各种优秀人才分为十一类,提出了所谓"练士之道"。

"军中有大勇、敢死、乐伤者,聚为一卒,名曰冒刃之士;有锐气壮勇强暴者,聚为一卒,名曰陷陈之士;有奇表长剑、接武齐列者,聚为一卒,名曰勇锐之士;有拔距伸钩、强梁多力、溃破金鼓、绝灭旌旗者,聚为一卒,名曰勇力之士;有逾高绝远、轻足善走者,聚为一卒,名曰冠兵之士;有王臣失势,欲复见功者，聚为一卒，名曰死斗之士；有死将之人子弟，欲与其将报仇者，聚为一卒，名曰敢死之士；有赘婿人虏，欲掩迹扬名者，聚为一卒，名曰励钝之士；有贫穷愤怒，欲快其心者，聚为一卒，名曰必死之士；有胥靡免罪之人，欲逃其耻者，聚为一卒，名曰幸用之士；有材技兼人，能负重致远者，聚为一卒，名曰待命之士。此军之练士，不可不察也。"（《六韬·犬韬·练士》）

从《六韬》的"练士之道"不难看出古人对组建精锐部队的重视，也不难体会吴子选建"练锐"思想的影响。

那么，怎样才能建成"练锐"呢？在吴子看来，答案就是"简""募"两个字。"简"就是通过"料人"，调查清楚人力资源情况，在此基础上进行挑选、选拔。"募"就是招募，相比于"简"要复杂得多。如何"募"呢？《吴子》中并没有涉及这个问题，需要结合其他史料进行分析。

吴子镇守魏国西河地区时，曾大力训练"武卒"。《荀子·议兵》中有一段关于魏选募武卒的记载：

"魏氏之武卒，以度取之。衣三属之甲，操十二石之弩，负服矢五十个，置戈其上，冠胄带剑，赢三日之粮，日中而趋百里，中试则复其户，利其田宅。"

意思是："魏国的'武卒'战士，按一定的规格来挑选。让他们穿着一整套铠甲，拿着十二石的弓弩，背上背着装有五十支箭的箭袋，把戈担在肩上，戴上头盔，佩上剑，还要背负三天的口粮，从天亮到中午快步行军一百里，测试合格入选的就免去全家的赋税，给他好的房舍田地。"

分析这段话可以发现，魏国选募武卒，首先是明确高标准。应募人员要着全套的盔甲，能够操作300多公斤的硬弩，能够在携带一壶 50 支箭、一柄戈、一把剑和三日给养的负重情况下，半天完成一百里的行军。当时一里相当于今天的 400 多米，百里大致相当于一个马拉松的距离。明确的、固定的、超高的标准使得"武卒"的选拔具有很强的可操作性，既便于组建规模较大的"武卒"部队，又便于保证入选者素质如一，利于日后的训练和作战。其次是给予丰厚的报酬。入选"武卒"的免除全家徭役，又有良田美宅。史料表明，"武卒"士兵作战有功，往往还能得到额外的经济奖励，乃至被授予爵位。军功累积、爵位提升就能步入统治阶级行列，这对普通平民自然是诱惑力满满。

"简募良材"这一套做法，被吴子移植到楚国。吴子在楚国主持变法、整军备战时，用取消贵族俸禄和裁减官员后省下来的钱，在全国招募了一批年轻力壮的平民百姓，并从中选拔剽悍、勇猛、武艺高强的人做骨干。通过申明法令，规定赏罚制度，进行严格的训练，建立起一支强悍的军队，取得了一系列对外战争的胜利。

"凡兵，制必先定"（《尉缭子·制谈第三》），强调军队建设首要的是建立一套相应的军事制度。兵役制度是军事制度体系中最基本、最重要的。某种形式的兵役制度往往是相应社会经济、政治、军事条件的产物。战国前期，封建兼并战争日益频繁，规模日益扩大，残酷性日益增强，对兵役制度提出更高的要求。吴子时代，列国通常采取郡县征兵制与募兵制相结合的兵役制度。

郡县征兵制是一种寓军于农的兵役制度，即农民平时在家务农，农闲时参加军事训练，战时按政府要求、以郡县为单位编组成军参战。其优点是能够聚集大量兵员，组建规模庞大的军队，以满足战国时代规模不断扩大的封建兼并战争之需。其缺点也十分明显：一是应征的百姓一年中"三时务农，一时讲武"，训练时间有限，这也就决定了士兵的军政素质是有限的，进而限制了军队战斗力；二是以郡县征兵制组建的军队并非常备军，从征召命令下达，到百姓集结，再加上战前训练，需要较长时间，成军速度比较慢，难以适应战国时期波谲云诡的斗争形势。

为了弥补郡县征兵制的不足，吴子所处时代的各国普遍以募兵制为补充。吴子"简募"组建精锐部队的制度做法，就是募兵制。"练锐"也好，"武卒"也罢，抑或当时齐国的"技击"、秦国的"锐士"，都是用募兵制组建起来的。用募兵制组建的军队是精锐的常备军，主要任务是训练、作战，其战斗力就有了保障。同时因为是常备军，随时待战，对战争的反应速度也有了质的提高。另一方面，由于募兵的高标准和高报酬，其数量规模必然是有限的。在冷兵器战争时代，数量规模始终是衡量一支军队强弱的重要指标。这就决定了募兵制只能作为征兵制的补充，而不能作为基本兵役制度。吴子所主张的募兵制是建立在郡县征兵制基础上的，所募大部分士卒是从正在服兵役的士卒中选拔的，并不完全是面向社会广泛招募，这与后世严格意义上的募兵制尚有一定区别。

以"简募"的方式组建精锐部队，在春秋时期就已经有了丰富的实践。吴子在本章记述道，齐桓公曾招募勇士五万人而称霸诸侯，晋文公招募四万人作前锋部队而取威定霸，秦穆公建立冲锋陷阵的三万人部队而制服邻国，以此作为其"简募良材"的军队建设思想的依据。春秋时期的基本兵役制是所谓"国人兵役制"。春秋时期，生活在国都及附近郊区的人称为

"国人",当兵打仗是"国人"的权利和义务。与"国人"相对的是"野人","野人"是不能当兵的。吴子提到的三位春秋霸主,受国人兵役制的限制,选募精锐的范围应是限制在适龄贵族和自由民之中的。而到吴子之时,兵役扩大到广大农民阶级和农业奴隶,选募范围大大拓宽了。

(五)"民心所在",制胜根本

【原文】

武侯问曰:"愿闻陈必定、守必固、战必胜之道。"

起对曰:"立见且可,岂直①闻乎!君能使贤者居上,不肖②者处下,则陈已定矣。民安其田宅,亲其有司③,则守已固矣。百姓皆是吾君而非邻国,则战已胜矣。"

【注释】

①直:仅仅,只是。
②不肖:不贤,不才。
③有司:此指管辖民众的官吏。

【译文】

武侯问道:"我想听听排兵布阵必能稳定,防御必能固若金汤,作战必能取得胜利的道理。"

吴起回答说:"立即看到都可以,何况只是听一听呢!君主能使德重才高的人担任重要职位,而把德才平庸的人安排在较低的位置上,那么阵势就会稳定了。民众安居乐业,亲近敬爱他们的官吏,那么防御就会坚固了。百姓都拥护自己的君主而反对邻国，那么战争就能取得胜利。"

【新解】

"简募良材"，组建起精锐部队之后，还不一定能够"陈必定、守必固、战必胜"。魏武侯显然知道这一点，因此，向吴子请教制胜的奥秘。一般来说，具备一定力量，再加上正确的主观指导，胜利也就有了基本保障。但吴子的回答站位更高，他没有简单地从战略战术和作战指挥的角度回应这个问题，而是站在政治的高度，揭示了民心决定战争胜负这一基本规律。

普鲁士的资产阶级军事理论家克劳塞维茨（1780~1831）对战争本质有一个著名论断：战争是政治的继续。列宁鲜明地提出，"战争是政治通过另一种手段（暴力）的继续,(《列宁选集》)强调战争是整体的一部分，而这个整体就是政治。毛泽东指出："战争就是政治，战争本身就是政治性质的行动，自古以来没有不带政治性的战争。"(《毛泽东选集》)

中国古人对这一铁则早有认识，许多古代思想家都能够结合政治来谈战争与军事问题，如孙子指出决定战争胜负的基本因素有五个："道""天""地""将""法"，其中"道"的基本含义就是政治。

吴子对战争与政治的关系有着正确而深刻的认识。"贤者居上，不肖者处下"，这是一个干部使用的政治问题。按照吴子的逻辑，国君能够用贤使能，是政治清明的表现，政治清明，战阵就能稳固。"安其田宅，亲其有司"，这是一个民众安居乐业、服从管理的政治问题，国君能够处理好这个问题，就能坚持防御。这与管子"甲兵之本，必先于田宅"(《管子·侈靡》)的思想极为相近。"百姓皆是吾君而非邻国"，这是民心的政治问题，国君能够做到这一点，就能百战百胜。

民心是最大的政治。综观《吴子》全书和吴子的军事实践，可以发现，吴子结合政治谈军事，而谈政治的落脚点则常在"民"。"内修文德"，修明政治的主旨就在于争取民心。在《图国》篇"说文侯"一章之后，吴子接着就指出："昔之图国家者，必先教百姓而亲万民"。当魏武侯请教"治兵、料人、固国之道"的时候，吴子指出了很重要的一点："安集吏民"。武侯请教"陈必定、守必固、战必胜之道"时，吴子又给出了使"民安其田宅""百姓皆是吾君而非邻国"的回答。由此可以很清晰地看出吴子的逻辑：要想治理好国家，首先要做好"民"的工作，"民"的工作做好了，就能赢取民心，获得民众的支持，在军事上就能"守必固、战必胜"。在《料敌》篇，吴起在分析齐、秦、楚、燕、韩、赵等六国军队各自的弱点时，也是结合六国的民情风俗，尤其是政治对民心士气的影响进行分析的，如"楚陈整而不久"就是由于楚国政令紊乱，民力疲惫造成的。

从吴起在魏国西河和楚国的事迹来看，他十分重视通过使"民安其田宅"，来争取民心。吴起至魏之时，魏国已经开始实施封建制改革，"尽地力之教"——派官员督责农民加紧生产，增产者赏，减产者罚——是诸项变法措施中非常重要的一条。吴起继承和发展了这一措施和思想，提倡耕战，在任魏西河郡守期间常以上等田宅奖励有功民众。在楚国主持变法期间，吴起同样强调"禁游客之民，精耕战之士"（《史记·范雎蔡泽列传》）。在奴隶制向封建制转型的大背景之下，耕战之法是对传统世卿世禄制的否定，是符合广大普通劳动者利益的。普通劳动者通过努力生产，既能使自己的家庭生活条件得到改善和提高，又有可能因其在耕、战两方面表现突出而获得经济上、政治上的奖励，进而逐渐步入上流社会。基本的生存能够得到保障，同时拥有发展的机会，百姓自然"安其田宅"，服从管理，拥护君主，甚至乐意在战场上为君主效其死命——这在当时，也许是普通平民迈入统治阶级行列的捷径。战国前期，征兵制已经成为列国兵役制度的主体，百姓三时务农，一时讲武，战时出征。百姓安于耕而乐于战，不但保障了国家的财政收入，也使征兵制能够有效推行。有了这两点作为物质保障，封建兼并战争才能够进行下去，"民安其田宅"的意义正在于此。

　　吴子这种制胜根本在于能否赢得民心的思想来源于传统的民本政治思想。随着生产力的发展，人民群众在推动历史发展，促进社会进步，尤其是在影响国家政治等方面日益体现出无可比拟的伟力。在商灭夏、周灭商的战争中，民心向背更是对战争胜负产生了决定性影响。由此，先贤开始修正愈益苍白无力的"天命观"，把"天命"与"民意"结合起来，提出了"民之所欲，天必从之"（《尚书·大禹谟》），"夫民，神之主也"（《左传·僖公十九年》）等思想，进而提出百姓才是国家的根本，所谓"民惟邦本，本固邦宁"（《尚书·五子之歌》）。反映春秋中期思想的《管子·牧民》说："政之所兴，在顺民心；政之所废，在逆民心"。既然民众在国家政治生活里的作用如此之大，统治者要想有一番作为，就必须争取民心，而要想赢得战争，就离不开民众的支持。因此，古代政治家常常将能否"保民""爱民""有民""得民""息民""成民""恤民""抚民""安民"作为衡量政治好坏的标准，强调推行所谓"德政""仁政"等好的政治，以获取民众的拥护。正是受到民本思想的影响，吴子才在他的兵法中反复强调"民"的问题。

(六)"尊重人才",知人善任

【原文】

武侯尝谋事,群臣莫能及,罢朝而有喜色。起进曰:"昔楚庄王①尝谋事,群臣莫能及,退朝而有忧色。申公问曰②:'君有忧色,何也?'曰:'寡人闻之,世不绝圣,国不乏贤。能得其师者王,能得其友者霸。今寡人不才而群臣莫及者,楚国其殆矣③。'此楚庄王之所忧,而君说之④,臣窃惧矣⑤。"于是武侯有惭色。

【注释】

①楚庄王:春秋时楚国国君,芈(mǐ)姓,名旅,公元前613年至前591年在位。在位期间,整顿内政,兴修水利,使国势强盛。前597年,在邲之战中大败晋军,遂霸中原。

②申公:楚国申邑大夫。

③殆:危险。

④说:通"悦",高兴。

⑤窃惧:私下感到忧惧。窃,私自。

【译文】

武侯曾经和群臣商讨国事,大臣们的见解都不如他,因此退朝以后面带喜色。吴起进谏说:"从前楚庄王曾和众臣商讨国事,群臣都不如他,退朝以后却面带忧色。申公问楚庄王说:'您心有忧虑,是为什么?'楚庄王说:'我听说,当今不会没有圣人,国内也不缺少贤能的人。能够得到他们做老师的可以称王，能够得到他们做朋友的可以称霸。如今我才能平平，然而群臣还比不上我，楚国真是危险了。'楚庄王所担忧的，而您却感到高兴，我暗自为您感到担心啊！"武侯听后面有惭色。

【新解】

这一个自然段是《图国篇》的第六节，记述了一个小故事。魏武侯与大臣们谋事，见解比大臣们高明，于是很得意。吴子进谏说，当年楚庄王认为他的见解比大臣们高明预示着楚国的危险，而您却以自己的才能高于群臣而感到高兴，魏国未来是值得忧虑的。魏武侯受到了教育，面有"惭色"。借事说理，是人们常用的办法。本节记叙的故事很简单，但其中蕴含的领导者要尊重人才、知人善任的思想却很深刻。

吴子所处的时代，社会生产力有了新的发展，社会分工更加细致，列国政治体制中的各级各类官员已经有了比较明确的权责分工。在国家规模越来越大、国家事务越来越繁杂的情况下，经济建设、行政管理、军事指挥等不同领域都需要具有专门知识的不同人才。国君能力再突出，也不可能凭一己之力完成经国治军的全部工作。对于国君来说，善于谋事当然不是缺点，但更重要的是善于用人。吴子以本节作为《图国》篇的结尾，就是想说明"内修文德，外治武备"的关键在于国君能否尊重人才，知人善任。

本节核心在于"世不绝圣，国不乏贤。能得其师者王，能得其友者霸"这两句话。"唐宋八大家"之一的唐代韩愈在其代表作《马说》中说："世有伯乐，然后有千里马。千里马常有，而伯乐不常有。""世不绝圣，国不乏贤"所蕴含的道理是一样的。这里的"圣""贤"不是特指一定要达到成圣称贤那样的高度,理解成优秀人才即可。任何时代、任何国家都不缺乏优秀人才,能不能成为伯乐,善于发现人才,是国君和一切领导者的重要才能。古代善于识才的国君很多,如周文王在渭水边发现了姜尚,齐桓公发现管仲,秦穆公发现百里奚,等等。魏文侯也是一个善于识才的国君。他重用李悝、西门豹、吴起等优秀人才,经国治军,使魏国成为一众诸侯国中最为强大的一个。

"能得其师者王,能得其友者霸",蕴含的深意是说,君主发现优秀人才之后,还要以其为师为友,以表达充分的尊重。唯其如此,才能使优秀人才尽心竭力,辅佐自己成就王霸伟业。三国时期,刘备三顾茅庐请出诸葛亮,待诸葛亮如师如友,寝则同榻,卧则同眠;诸葛亮则报之以鞠躬尽瘁,死而后已,成就了中国历史上的一段佳话。中国古代职官体系中有"太师"一职,其本意就是指最高统治者的老师。虽然在大多数时间里,太师只是一个虚职,但它却反映着最高统治者奉贤为师、重视人才的治国理念和政治美德,其政治意蕴不容低估。中国古代知识分子也以成为帝师为莫大荣耀。

当然,作为领导者还要知人善任,能够扬其长而避其短,使不同的人才各得其所,各展其能。魏文侯包容吴起"贪而好色"(《史记·孙子吴起列传》)的缺点,发挥其军事政治才能,命其镇守西河,可谓知人善任。后世汉高祖刘邦更是善于用人的典型。在和群臣讨论自己为什么能够击败项羽,一统天下时,刘邦说:"夫运筹策帷帐之中,决胜于千里之外,吾不如子房。镇国家,抚百姓,给馈饷,不绝粮道,吾不如萧何。连百万之军,战必胜,攻必取,吾不如韩信。此三者,皆人杰也,吾能用之,此吾所以取天下也。项羽有一范增不能用,此其所以为我擒也。"(《史记·高祖本纪》)后来,韩信评价刘邦虽"不能将兵",却"善将将"(《史记·淮阴侯列传》),从被领导者的角度肯定了刘邦的说法。

综合《图国》全篇来看,"内修文德,外治武备"思想是一种经国治军的大战略思想,它吸收融合了儒、法、兵等学术流派的思想精华,将政治与军事紧密结合起来,既深刻阐发了一些新兴地主阶级治国理政的新思想,又在此基础上揭示了一些符合时代大势的建军治军的新规律,达到了时人在国家战略问题认识上所能达到的最高水平。任何思想都不可避免地会打上时代的烙印。抛却时代赋予它的具体内涵之后,"内修文德,外治武备"的基本思想内核——修明政治,加强战备,实是可以传之千古的至理箴言。

二

"料敌第二"
逻辑思路与精要新解

【篇题解析】

从第二篇到第六篇都是"内修文德，外治武备"思想的展开，而重点在"外治武备"。本篇题名中的"料敌"二字源于"凡料敌有不卜而与之战者八……"一句。"料敌"即分析判断敌情。"知彼知己，百战不殆"，自身实力强大尚不足以制胜，还必须了解对手，故《料敌》次于《图国》。本篇记述了魏武侯与吴子的四组问对，据此本篇可分为四节，各节主题依次是六国敌情分析及相应作战指导、敌情判断基本规律和"见可而进，知难而退"的作战原则、"观外知内，察进知止"的军事思维方法、"审敌虚实而趋其危"的用兵论。"审敌虚实而趋其危"思想是贯穿本篇的一条红线。

（一）知己知彼，百战不殆

【原文】

武侯谓吴起曰："今秦胁①吾西，楚带②吾南，赵冲③吾北，齐临吾东，燕绝④吾后，韩据⑤吾前。六国兵四守⑥，势甚不便。忧此奈何？"

起对曰："夫安国家之道，先戒为宝。今君已戒，祸其远矣。臣请论六国之俗：夫齐陈⑦重而不坚，秦陈散而自斗，楚陈整而不久，燕陈守而不走⑧，三晋⑨陈治而不用。"

"夫齐性刚，其国富，君臣骄奢而简于细民⑩，其政宽而禄不均，一陈两心，前重后轻，故重而不坚。击此之道，必三分之，猎其左右，胁而从之，其陈可坏。秦性强，其地险，其政严，其赏罚信，其人不让，皆有斗心，故散而自战。击此之道，必先示之以利而引去之，士贪于得而离其将，乘乖猎散⑪，设伏投机⑫，其将可取。楚性弱，其地广，其政骚⑬，其民疲，故整而不久。击此之道，袭乱其屯，先夺其气，轻进速退，弊而劳之，勿与战争，其军可败。燕性悫（愨）⑭，其民慎，好勇义，寡诈谋，故守而不走。击此之道，触而迫之，陵⑮而远之，驰而后之，则上疑而下惧，谨我车骑必避之路⑯，其将可虏。三晋者，中国⑰也，其性和，其政平，其民疲于战，习于兵，轻其将，薄其禄，士无死志，故治而不用。击此之道，阻陈而压之⑱，众来则拒之，去则追之，以倦其师。此其势也。"

"然则一军之中，必有虎贲⑲之士，力轻扛鼎⑳，足轻戎马㉑，搴㉒旗斩将，必有能者。若此之等，选而别之，爱而贵之，是谓军命。其有工用五兵㉓、材力健疾、志在吞敌者，必加其爵列㉔，可以决胜。厚其父母妻子，劝赏畏罚，此坚陈之士，可与持久。能审料此，可以击倍。"

武侯曰："善！"

【注释】

①胁：威胁。

②带：为衣带，引申为包围、围绕。

③冲：面对，直冲着。

④绝：割断。

⑤盘：据守。

⑥四守：四面包围。

⑦陈：通"阵"，意为军阵、战阵。

⑧走：跑，引申为机动，指灵活的作战能力。

⑨三晋：指公元前403年由晋国分成的赵、魏、韩三个诸侯国，此指赵、韩两国。陈治：阵势整齐划一。

⑩简于细民：简，忽视、怠慢。细民，小民，百姓，泛指地位低下的人。

⑪乘乖猎散：乖，混乱。散，分散。

⑫投机：寻找机会。

⑬骚：扰乱，紊乱。

⑭悫（què）：诚实、谨慎。

⑮陵：通"凌"，侵犯、欺侮。

⑯谨我车骑必避之路：意思是秘密地将我车骑埋伏在敌人必退的道路上。

⑰中国：指中原地区的诸侯国。

⑱阻阵而压之：阻阵，能阻止敌人坚强的阵势；压，迫近的意思。全句意为用坚强的阵势迫近敌人。

⑲虎贲（bēn）：古代对勇士的称呼，形容其勇猛如老虎奔逐野兽一般。

⑳力轻扛鼎：力气大可以轻易举起鼎。

㉑足轻戎马：行动迅速能够追上战马。轻：轻捷，敏捷，指跑得快。

㉒搴（qiān）：拔起。

㉓工用五兵：工，善于，擅长。五兵：车兵使用戈、殳（shū）、戟、酋矛、夷矛等五种兵器，步兵则使用弓矢、殳、矛、戈、戟五种。文中泛指各种兵器。

㉔爵列：爵位俸禄的等级。

【译文】

魏武侯对吴起说："现在秦国威胁着我国西面，楚国像衣带一样地横阻在我国的南面，赵国正对着我国北面，齐国逼近我国东面，燕国阻绝在我国后方，韩国据守在我国的当面，六国军队对我呈四面包围之势，形势对我国极为不利，我对此十分担忧，怎么办呢？"

吴起回答说："保障国家安全的办法，预先戒备是最为重要的。现在您已经有所戒备，大概可以远离战祸了。请允许我分析一下六国的情况：齐国军队的阵势庞大但不坚固，秦国军队的阵势兵力部署分散但能各自为战，楚国军队的阵势兵力部署严整但不能持久作战，燕国军队的阵势兵力部署利于坚守但不利于机动作战，韩国和赵国军队的阵势兵力部署整齐划一但不实用。"

"齐国人性格刚强，国家富饶，君臣骄横奢侈，轻视民众，政令松弛，俸禄不均，齐军阵中人心不齐，兵力部署前重后轻，所以齐阵虽然兵力集中但不坚固。攻击齐阵的战法，宜兵分三路，以两路侧击其左、右翼，一路乘势追击，它的阵势就可以攻破了。秦国人性格强悍，国家地形险要，政令严厉，赏罚有信，士卒临战勇猛而斗志高昂，所以秦阵虽然兵力部署分散但都能各自为战。攻击秦阵的战法，宜先用小利加以引诱，使其士卒贪图得利而脱离其将领的指挥，尔后乘其阵势混乱之际，攻击分散的队伍，并设置伏兵伺机袭击，这样就可以擒获其将领了。楚国人性情柔弱，国家土地广阔，政令紊乱，民力疲惫，所以楚阵兵力部署严整但不能持久作战。攻击楚阵宜通过袭扰它的驻地，先动摇其士气，尔后以小部队突然进击再迅速撤退，使其疲于应付，而不要急于和它决战，这样就可以打败楚军。燕国人性格朴实，行动谨慎，好勇力重义气，但军队作战缺乏计谋，所以燕阵虽然兵力部署利于坚守但不善于机动作战。攻击燕阵的方法是，一交战就压迫它，袭扰一下就迅速脱离接触，并奔袭它的后方，这样就会使其将领疑惑，士卒恐惧，然后再将我军车骑埋伏在敌人撤退的必经之路上，燕军的将领就可以被我俘获。韩国和赵国地处中原，人性温和，国家政令平稳，民众久经战阵，而又疲困于战争，轻视其将领，鄙薄爵禄，士卒没有拼死效命的战斗意志，所以韩阵和赵阵虽然兵力部署整齐划一但不实用。攻击它们的战法，宜用强大的阵势压制它，如果其兵力众多前来攻击就坚决阻击，如果它退却就立即追击，这样来疲惫它的军队。以上就是六国的概略形势和与他们作战的要领。"

"然而在魏国军队内部，一定要有猛虎般的勇士，他们的力量大得能轻松地举起大鼎，奔跑的速度能追上战马，在战斗中夺敌军旗，斩杀敌将，一定需要具备这样能力的人。像这样的人才，必须选拔出来，区别对待，爱惜和器重他们，这是军队的精英。凡是擅长使用各种兵器，身强力壮动作敏捷、立志杀敌立功的人，一定要给他们加官晋爵，这样就可以夺取战争的胜利。还要厚待他们的父母妻儿，以奖赏激励他们，用刑罚警诫他们，使其成为坚守阵势的骨干，用以进行持久作战。如果能够清楚地了解这些问题，便可以击败两倍于己的敌人。"

魏武侯说："你讲得很好！"

【新解】

本节可以分为四段。从《料敌》开篇至"三晋陈治而不用"为第一段。本段记载，魏武侯对魏国"六国兵四守"的不利战略地理环境十分忧虑，便向吴起发问："今秦胁吾西，楚带吾南，赵冲吾北，齐临吾东，燕绝吾后，韩据吾前，六国兵四守，势甚不便，忧此奈何？"魏国，处于地势平坦中原腹心，被称为"天下之胸腹"（《战国策·秦四》），占有今山西省南部、河南省北部以及陕西、河北、山东的部分地区。它的四周战国六雄环伺，西靠秦国和韩国，东面和南面是实力较强的齐国和楚国，北面与赵国相毗邻。这样的地理位置对于统治天下的帝王来说，可以迅速向东、南、西、北各个战略方向投送军事力量，从而有效地瞰制天下，统御四方，但对一个诸侯国来说，就十分不利了。齐、楚、赵、秦等诸侯国均把魏国所处的中原地区作为封建扩张的重要战略方向，魏国要向外扩张势力，也势必危及其他诸侯国的利益，冲突和战争几乎是魏国难以避免的。而且一旦与别国有冲突，魏国很容易被第三国、第四国"乘其弊而起"，陷入两面乃至多面作战之中。比吴起稍晚的孙膑就是利用了魏国这种不利的战略地理环境，成功导演了桂陵之战和马陵之战。

对魏武侯的问题，吴子的回答堪称完美。他首先强调了备战的重要性，"夫安国家之道，先戒为宝"。思想是行动的先导。吴子在《料敌》篇首先提出"先戒为宝"的备战思想，巧妙承接《图国》篇"内修文德，外治武备"的核心思想，指出"外治武备"的首位要求就是思想上重视战争，要做到居安思危。同时，吴子认为魏武侯做到了居安思危，魏国的国家安全是有保障的。

强调居安思危，加强战备，是中国古代先贤的普遍主张。《周易·系辞下传》说："是故君子安而不忘危，存而不忘亡，治而不忘乱。是以身安而国家可保也。"反映出早在春秋时期，人们就已经对战备问题有了深刻认识。《道德经》强调要"为之于未有，治之于未乱"（《道德经·六十四章》）。《孙子兵法·九变篇》告诫后人要"无恃其不来，恃吾有以待也"。尽管居安思危是一个平凡易懂的真理，但历史上为暂时的和平而放弃武备，导致亡国的事例却并不少见。春秋时期，卫懿公喜欢鹤，他豢养的鹤享有官职俸禄，乘坐华贵的车子，但他对战备却丝毫不放在心上。当狄人进攻卫国的时候，卫国的士兵都不愿为卫懿公作战，讥讽他说："我们不如鹤，让你的鹤去打仗吧！"最终，卫国被狄人灭亡。吴子"先戒为宝"的备战思想正是基于前人的理论总结和血的历史教训而形成的。

虽然历史上包括吴起在内的众多有识之士，都提出了"先戒为宝"一类的备战思想，但忘战而危、忘战而亡的史例却仍不断上演。唐王朝忽视中原地区的武备，在军队部署上形成了外重内轻的局面，最终导致了安史之乱的爆发，强盛一时的唐王朝在战火中走向衰亡。南唐后主李煜，酷爱诗文，笃信佛教，迷恋声色，兴趣颇广，唯独对军事、对国防毫无兴趣。北宋赵匡胤的军队攻至金陵（今南京）城下之时，李煜竟茫然无知，照旧填词诵经，最终由一国之君沦为阶下之囚。"兵者百岁不一用，然不可一日忘也"（《鹖冠子·近迭第七》）。历史教训一再警示后人，越是在和平时期，越要有强烈的忧患意识和战备观念。

"思则有备"（《左传·襄公十一年》）。对于战备问题，思想上有了清醒的认识，行动中就会有所体现。战备思想付诸实际行动，就能"有备无患"。那么，战备工作从何着手呢？首先，就要分析判断敌情。因此，吴子在"先戒为宝"之后，紧接着就从军事角度指出六国军队各有弱点，"齐陈重而不坚，秦陈散而自斗，楚陈整而不久，燕陈守而不走，三晋陈治而不用"，言下之意是说六国军队不足为惧，以此坚定魏武侯的必胜信心。

吴子对六国军队弱点做出的战略判断是在对六国民情、国情、政情、军情全面了解的基础上，经过由此及彼，由表及里的分析而得出的，绝非信口开河。吴起对六国百姓的群体性格和地域文化传统进行了分析，指出"齐性刚""秦性强""楚性弱""燕性悫"、赵国和韩国"其性和"，吴起的这些基本判断十分准确，即使到今天，我们仍可以看到山东人的刚强、西北人的强悍、河北人的诚朴，等等。吴起时代，列国普遍以郡县征兵制为兵役制度的主体，其鲜明特点是百姓身兼两职，出则为兵，入则为农，兵农合一。因此，民风民俗必然被带入军队，导致军队形成不同的风格个性。吴起还对六国的国内政治情况进行了分析，指出齐国君臣骄横奢侈，轻视民众，政令松弛，俸禄不均；秦国政令严厉，赏罚有信；楚国政令紊乱，民力疲惫；韩国和赵国政令平稳，百姓久经战阵，同时也因为战争频繁而疲困不堪。国家政治情况与百姓的生活福祉直接相关，其良莠情况自然会影响百姓入伍参战时的表现，很难想象由饱受统治者轻视的或疲于兵役的民众组成的军队能有坚强的战斗力。

经济、政治、文化都会对军事产生根本性影响，这在今天已是基本的军事常识。当今的战争指导者，对收集、分析、研判敌方的经济、政治、文化等情况十分重视，希望通过这方面的努力更加全面地了解对手，增加取胜的把握。而两千多年前的吴起就已经能够从经济、政治、文化的角度对六国军事情况进行精到的分析，实在令人叹服！

从"夫齐性刚"至"此其势也"是本节的第二段。本节，吴子在精辟分析六国军队弱点的基础上，提出了与六国军队作战的基本作战指导方针。指出，由于齐军人心不齐，兵力部署前重后轻，齐阵虽然兵力集中但不坚固，因此攻击齐阵应当兵分三路，以两路侧击其左、右翼，一路乘势追击。秦军士卒临战勇猛而斗志高昂，秦阵兵力部署分散却又都能各自为战，因此攻击秦阵应当先用小利加以引诱，使其士卒贪图得利而脱离其将领的指挥，再乘其混乱之际，攻击分散的队伍，并设置伏兵伺机袭击。楚军阵势严整但不能持久作战，因此攻击楚阵宜于通过袭扰其驻地，先动摇其士气，然后以小部队突然进击再迅速撤退，使其疲于应付，而不要急于和它决战。燕军兵力部署利于坚守但不善于机动作战，因此与燕军作战应积极迫近其军阵，袭扰一下就迅速脱离接触，并奔袭其后方，这样就会使其将领疑惑，士卒恐惧，然后在敌人撤退的必经之路上设置伏兵，伺机发起攻击。赵国和韩国的士卒战斗意志薄弱，两国军阵虽然兵力部署整齐划一但并不实用，因此攻击它们应该用强大的阵势压制它，如其兵力众多前来攻击就坚决阻击，如其退却就立即追击。

在前两段，吴子分析了六国军队虚实，所提出的上述作战指导既避开了六国军队的长处，更根据六国军队弱点提出了针对性极强的基本战法。这对于忧虑魏国不利战略形势的魏武侯来说，无疑是一剂祛除心病的对症良药。

从"然则一军之中"至"武侯曰：'善'"是本节的第三段。

孙子曰："知彼知己，百战不殆；不知彼而知己，一胜一负；不知彼，不知己，每战必殆"（《孙子兵法·谋攻篇》）。对六国军队弱点有了正确的分析判断，只是做到了"知彼"，具备了一半的胜利前提条件，还要"知己"。知己，首要的就是了解己方战斗力的强弱。六国军队的弱点，也只是相对的弱，要战胜他们，就必须有比他们更强大的军队。因此，吴子承接前两节之意，进一步阐发《图国》篇提出的"简募良材"的精兵建设思想，指出："然则一军之中，必有虎贲之士，力轻扛鼎，足轻戎马，搴旗斩将，必有能者。若此之等，选而别之，爱而贵之，是谓军命"。主张把力气大、跑得快、能打仗的"虎贲之士"选拔出来，与其他士卒区别对待，充分尊重、器重他们，组建精锐的"军命"部队。还主张把能够"工用五兵、材力健疾、志在吞敌"的士卒选拔出来，"加其爵列""厚其父母妻子""劝赏畏罚"，充分激发其战斗精神，使其在战斗中发挥关键作用。

《图国》篇将精锐部队称为"练锐"，本篇则称为"军命"。二者有何区别？殊难确证。从字面上看，"军命"是"军队的命脉"的意思。因此，"军命"似乎比"练锐"更为精锐，也许是从"练锐"中优中选优而组建的敢死队、特种兵。

本节对魏国主要作战对象"六国"的情况进行了分析判断。不难看出，这些分析属于静态概略分析。同一支军队在不同的时间、空间上，在不同的战争态势之中，在不同将帅的指挥之下，所表现出来的军心士气和战斗力会有很大不同。不同的军队在相同的情况，也经常会做出类似的决策，实施类似的行动。因此，静态概略分析只能为战争指导者和各级指挥员提供基本参考，尚不能满足情况瞬息万变的实战需要。如果说，有静态概略分析就够了，那岂不就等于说战争中无须侦察敌情了吗？仅满足于敌情的静态分析，而不进行结合实战背景的动态分析，就会陷入形而上学的泥潭，离打败仗也就不远了。

于是，吴子接着开始结合实战，总结经常出现的敌情。

（二）见可而进，知难而退

【原文】

吴子曰："凡料敌①，有不卜而与之战者八：一曰疾风大寒，早兴寤迁②，刊③木济水，不惮艰难；二曰盛夏炎热，晏兴无间④，行驱饥渴，务于取远；三曰师既淹久，粮食无有，百姓怨怒，祅祥⑤数起，上不能止；四曰军资既竭，薪刍既寡，天多阴雨，欲掠无所；五曰徒众不多，水地不利，人马疾疫，四邻不至；六曰道远日暮，士众劳惧，倦而未食，解甲而息；七曰将薄吏轻⑥，士卒不固，三军数惊，师徒⑦无助；八曰陈而未定，舍而未毕，行坂⑧涉险，半隐半出。诸如此者，击之勿疑。

"有不占而避之者六：一曰土地广大，人民富众；二曰上爱其下，惠施流布⑨；三曰赏信刑察⑩，发必得时；四曰陈功居列⑪，任贤使能；五曰师徒之众，兵甲之精；六曰四邻之助，大国之援。凡此不如敌人，避之勿疑。所谓见可而进，知难而退也。"

【注释】

①料敌：料，料想，揣度。料敌，即分析判断敌情。

②寤迁：寤，睡醒；寤迁，指夜间行动。

③刊：砍削。

④晏兴无间：晏，晚，迟。间，间隙，停顿。晏兴无间，

指出发晚而中途又没有休息。

⑤祆祥：不吉祥的征兆。

⑥将薄吏轻：薄，刻薄。轻，轻浮。

⑦师徒：师，军队；徒，本意是行走，代指步兵。师徒，此处指代士卒。

⑧坂：山坡。

⑨惠施流布：恩惠施行普遍。

⑩赏信刑察：实施奖赏有信用，实施刑罚明察秋毫。

⑪居列：指按照功劳来赏赐爵位。

【译文】

吴起说："通常判断敌情，不必借助占卜便可以与敌交战的有八种情况：一是敌军在狂风严寒中长途行军，昼夜兼程，还要砍木造筏渡河，不顾部队艰难困苦的；二是在盛夏炎热，休息与行动没有节制，驱使部队长途行军，强令其走很远路程的；三是长期留驻在外，粮食吃尽，百姓怨恨愤慨，怪异谣言不断发生，而将帅制止不住的；四是军需物资耗尽，柴草饲料所剩无几，天气又多阴雨，无处可以掠夺补充的；五是兵力不多，水土不服，人马患病，邻国救兵不来的；六是长途跋涉已近黄昏，士卒疲劳恐惧，又困倦饥饿，纷纷解甲休息的；七是将吏没有威信，军心动摇，军队数次惊恐慌乱，又孤立无援的；八是阵势没有摆好，宿营尚未完毕，或翻山越险只过了一半，部分荫蔽，部分暴露的。凡是遇到上述情况，都应当迅速出击，不要有任何疑虑。"

"不必占卜便应避免与敌交战的有六种情况：一是敌国土地广大，人口众多而且富裕的；二是国君将吏爱护民众和士卒，惠及全国的；三是赏罚分明，处理及时得当的；四是依战功的大小授爵，任用贤能的；五是兵力众多，武器装备精良的；六是有邻国相助，有诸侯大国支援的。凡是在这些方面不如敌军，就应避免与其交战，同样不要迟疑。这就是说，看到可以取胜就发起进攻，知道难以取胜就迅速撤退。"

【新解】

本节，吴子结合实战对经常出现的敌情进行了归纳总结，并提出了相应的基本作战原则。掌握了这些，也就初步掌握了判明敌情，做出决策的基本规律。本节可分为两段，第一段总结了可以"不卜而与之战"的八种基本敌情，第二段总结了"不占而避之"的六种基本敌情。这十四种情况都是吴子从战争实践中总结出来的经验之谈，是分析判断敌情的基本规律，不论是"重而不坚"的齐军，还是"散而自斗"的秦军，都会受这些基本规律的约束。吴子既能认识到六国军队的"个性缺陷"，又能揭示分析判断敌情的基本规律，说明在"料敌"问题上的认识是全面而深刻的。

先民由于缺乏必要的科学知识和技术手段，常常用占卜的方法对尚未发生的、尚不明确的事物进行预先估计，推测事物的发展趋势，为决策提供依据。上古先民对占卜极为重视，大到祭祀、战争，小到田猎、耕种、疾病，都要进行占卜。"卜"的本意就是借助龟甲占卜的预测过程，即用火灼烧龟壳，然后根据出现的裂纹形状来预测吉凶祸福。由于人们需要根据所得裂纹征兆选择如何行动，因此，"卜"又可以引申出选择、挑选等含义。"占"的字形是"卜"下面加一个"口"，本意是将"卜"的结果表达出来。这种表达大致包括两个方面：一是验证和表达"卜"的结论；二是表达对"卜"的疑问。可见，"占"比"卜"多了一个步骤，两者是不同的。

第一段，"不卜而与之战"的八种情况，基本是作战层面常见敌情的总结。吴子指出，如果敌军陷于疲惫不堪，军心动摇，内部不和，后勤补给匮乏，援兵不继，或正在遂行某种任务，尚不能立即投入作战等境况时，其作战能力必弱。对这样的敌人，必须"击之勿疑"。战机转瞬即逝。机不可失，时不再来。敌人出现了原文中提及的八种情况，就不要再"卜"了，因为烧龟壳也是需要时间的！

第二段，"不占而避之"的六种情况，基本是战略层面常见敌情的总结。吴子指出，如果敌方国力雄厚，政治清明，内部和睦，信赏明罚，任贤使能，兵力众多，装备精良，或有盟国支援等，其作战能力必强。对这样的敌人，必须"避之勿疑"。战略敌情带有更多的稳定性，不像作战敌情那样迅速多变。因此，如果敌人处于原文提及的六种情况，敌情不是特别紧急，"卜"一"卜"或许未尝不可，但就不需要"占"了。如果陷入对"卜"的结果的验证、表达、质疑之中，浪费过多时间，定会贻误战机。

第二段的结尾，吴子提出了应对基本敌情的基本作战原则，即"见可而进，知难而退"。在"不卜而与之战"的八种情况下应当机立断，"击之勿疑"，即所谓"见可而进"；在"不占而避之"的六种情况下应果断决策，"避之勿疑"，即所谓"知难而退"。由此可见，吴子用兵作战，是进是退，是攻是守，与当面之敌的情况密切相关。采取何种作战行动，完全要实事求是地根据敌情决策，敌弱则进、则攻，敌强则退、则守，不能依据君主意志决策，更不能凭将帅一时意气行动。这也正反映出吴子作战指导思想的灵活性。孙子主张兵"以利动"(《孙子兵法·军争篇》),"非利不动,非得不用"(《孙子兵法·火攻篇》),将能否战胜敌人,能否取得利益作为是否采取行动的依据。显然,"见可而进,知难而退"继承了孙子的这一思想。

"见可而进,知难而退"包含着抓住战机的意涵。战机出现,即便敌人实力强大,也应"击之勿疑";战机失去,则应"知难而退",适时转变策略,以等待或创造战机。公元 200 年的官渡之战中,曹操军力弱于袁绍,且经过一段时间的相持后,粮草将尽,形势危殆。这时,袁绍派遣淳于琼率兵万余,押运粮车万余辆,屯于袁绍大营以北 40 里处的乌巢(今河南封丘西)。曹操抓住淳于琼军翼侧缺乏保护的机会,亲率五千精兵,冒用袁军旗号,诈称援兵,乘夜取小道直奔乌巢,围困淳于琼,一举焚烧袁军屯粮,进而致使袁军迅速土崩瓦解。这一战例堪称抓住战机,"见可而进"的典范。公元前 262 年的秦赵长平之战初期,赵军主将廉颇在几次与秦军交战不利后,转而采取依托有利地形、坚壁不出的防御战法,使秦军束手无策。秦军"知难而退",转用离间之计诱使赵王用纸上谈兵的赵括代廉颇为将,然后再利用赵括缺乏实战经验、鲁莽轻敌的弱点,采取后退骄敌、包围歼灭的作战方针,引诱赵军出击,最终全歼赵军 40 余万。因此,吴子在《治兵》篇中强调"用兵之害,犹豫最大;三军之灾,生于狐疑",告诫后人指挥作战应果断决策,力戒犹豫。形势有利,当进,则速进;形势不利,当退,则立退,否则就会错失良机,乃至败军失将,身死国灭。及时准确地把握战机是战争制胜的关键,对此历代兵家也多有论述。《孙子兵法·九地篇》:"敌人开阖,必亟入之",就是说敌人一旦露出破绽,就要迅速抓住机会,采取行动。《六韬·龙韬·军势》:"善战者,见利不失,遇时不疑。失利后时,反受其殃。"《武经总要·叙战上》:"见利宜疾,未利则止。趋利乘时,间不容息。先之一刻,则大过,后之一刻,则失时也。"这些论述强调的都是把握战机的重要性。

"见可而进,知难而退"思想既适用于战役战术层面,也适用于战略层面。晋灭吴之战、隋灭陈之战中,西晋、隋均抓住了吴、陈政治腐败、国力孱弱的机会,适时发动大规模总攻,做到了战略上的"见可而进"。在与北方辽朝的对抗中,北宋在经历了两次幽州之战和雍熙北伐的失败后,转而采取与辽朝议和的方略,与其签订了历史上有名的"澶渊之盟",这是战略上的"知难而退"。公元前506年的柏举之战中,吴楚两军对阵于柏举,吴将夫概利用楚军统帅令尹子常不得人心的弱点,果断率领所部五千人发起攻击,一举击溃楚军,这是战役战术上的"见可而进"。三国时期,蜀汉五次派兵攻魏,每次都被魏军所败,主力不得不一而再,再而三地"知难而退"。

(三) 观外知内,察进知止

【原文】

武侯问曰:"吾欲观敌之外①以知其内②,察其进以知其止③,以定胜负,可得闻乎?"

起对曰:"敌人之来,荡荡无虑④,旌旗烦乱,人马数顾⑤,一可击十,必使无措。诸侯未会,君臣未和,沟垒未成,禁令未施,三军匈匈⑥,欲前不能,欲去不敢,以半击倍,百战不殆。"

【注释】

①外：现象，征候。

②内：指内部情况、真实情况。

③止：终止，引申为目的、企图。

④荡荡无虑：荡荡，放荡不守法制的样子。《诗经·荡》："荡荡上帝，下民之辟。"无虑，没有顾虑。荡荡无虑，形容军队行动散漫，没有敌情意识。

⑤数顾：不断地东张西望。

⑥匈匈：同讻讻，扰攘不安的样子。

【译文】

魏武侯问道："我想通过观察敌军的外部情况来了解其内部的虚实，观察敌军的行动来分析其企图，从而预先判断作战的胜负，你能说说这其中的要领吗？"

吴起回答说："敌军来时行动散漫而毫无顾忌，军旗凌乱，人马左顾右盼，对这样的军队以一击十，就可以使其惊惶失措。诸侯没有盟会，君臣之间不和睦，作战工事尚未完工，军令没有宣布施行，三军吵吵嚷嚷，想前进不能前进，想后退不敢后退，在这种情况下即便以半击倍，也可以百战而不败。"

【新解】

这一组问答构成《料敌》的第三节。本节，魏武侯提出一个"观外知内，察进知止"，进而预判战争胜负的问题。吴子仍然是罗列了一些基本敌情作为回答，指出在这些敌情之下，可以"以一击十""以半击倍"，应果断与敌交战。那么，吴子为什么在上一节已经总结了"不卜而与之战"八种情况之后，又要再写这样一节呢？笔者认为，魏武侯之问的实质，是一个透过表象推断本质的军事思维方法问题。吴子本节所述，并不是对上一节的简单重复，而是对"观外知内，察进知止"的军事思维方法的强调。

"观外知内，察进知止"，首先要侦察敌情。那么，如何侦察敌情呢？《吴子》之中并没有直接的论述，但从《料敌》篇内容来看，吴子最为倚重的侦察方法是观察法。所谓观察法，就是利用人的视觉、听觉能力，直接对敌进行侦察。"荡荡无虑""旌旗烦乱""人马数顾""沟垒未成""三军匈匈"等敌情，都是可以通过观察直接得到的。现代战争中，观察法也并未过时，只不过是在方法手段上，由依靠人体感觉器官，发展为依靠雷达、卫星、传感器、红外、声呐等先进技术装备而已。

观察法主要适用于对敌战役战术情报的抵近侦察，而政治、经济等方面的战略情报，却无法靠观察获取。"诸侯未会""君臣未和"就属于这一类。上一节中"不占而避之"的六种情况也属此类。在古代，进行战略侦察的主要方法是使用间谍。例如，孙子从商汤启用在夏为臣的伊挚从而灭夏成功，周文王、周武王师事曾在商为官的姜尚，从一举灭商的历史经验中，得出了"故惟明君贤将，能以上智为间者，必成大功"（《孙子兵法·用间篇》）的结论。"上智"之人才能接近敌国的决策中心，侦得战略情报。战国前期，人才流动性很大，士人奔走于列国之间，游说诸侯，求取功名利禄。吴起本人就曾先后在鲁、魏、楚任要职。加之列国之间十分频繁的经济、政治来往，使得概略了解敌方的政情、军情、民情并非难事。或许是考虑到这种情况，《吴子》未对战略侦察问题展开论述。又或许《吴子》中关于怎样进行侦察的内容是亡佚了。

侦知敌情后,就要对敌情进行分析。通过对所观察的表面现象进行由此及彼、由表及里的逻辑推理,达到掌握敌情、判明敌方企图的目的。公元前666年,楚军进围郑国都城,因种种原因又暗中撤军而去,留下一座空营迷惑郑军,以防郑军追击。郑国大臣叔詹登城观察敌情,发现楚营上空群鸟盘旋觅食。飞鸟怕人,如果营区有人,鸟儿是不敢去觅食的。叔詹根据这一生活常识做出判断:楚军已退。孙子对类似的观察、判断敌情的精彩实践进行了系统的梳理总结,提出了"相敌三十二法"。例如,"尘土飞扬得高而尖,是敌人战车驰来;尘土低矮而散布面广,是敌人步兵在前进",这是通过自然环境的异常变化判断敌军的行动。"敌军夜间恐叫,是军心惶恐;敌军纷扰混乱,是将帅没有威望;旗帜摇动不整,是敌军阵形已乱",这是通过敌军官兵的活动判断敌情。敌人使者"言辞谦卑而又加紧战备,是准备进攻;措辞强硬且做出进攻姿态的,是准备撤退;事先没有约定而突然前来请和,其中必有阴谋",这是通过敌军的言行举动预测其意图(《孙子兵法·行军篇》)。《吴子》中虽然没有类似"相敌三十二法"的总结归纳,但显然吴子对分析敌情也是深有心得的。例如,敌"荡荡无虑,旌旗烦乱,人马数顾",表明该敌疏于戒备,敌情意识不强,纪律不严,决心不坚,对这种敌人可以"以一击十"。敌"沟垒未成""三军匈匈",表明该敌战备不充分,内部意见不一致,对这种敌人可以"以半击倍"。

必须指出的是,实战中交战双方为隐藏实力企图,都会运用军事欺骗迷惑对方。这就导致侦察到的敌情未必为真。战争指导者侦知敌情后,还必须进行一番去伪存真的分析。公元前

684年，曹刿辅佐鲁庄公在预设长勺战场迎击来犯的齐军。齐军接连三次出击都在鲁军的严密防御之下遭到挫败，斗志减退，战斗力下降。鲁军发起反击，一鼓作气，击败了齐军。鲁庄公急欲发起追击，被曹刿劝阻。曹刿下车仔细察看，发现齐军车辙紊乱；又登车远望，见齐军的旌旗东倒西歪，判明齐军确已败退，才同意追击。鲁军通过追击，进一步重创齐军，将其赶出了鲁国。战后，曹刿解释说，没有立即发起追击是因为齐国毕竟是大国，情况不易判断，恐有埋伏。后来"吾视其辙乱，望其旗靡"（《左传·庄公十年》），有了这个补充情况，证明敌军确系败退，才发起追击。公元前340年，魏军东向攻韩，齐军从其背后发动进攻，攻魏救韩。魏惠王立即撤回攻韩的魏军，命太子申为上将军，庞涓为将，率兵十万迎击齐军，企图同齐军进行决战。齐国将军田忌和军师孙膑确定了退兵减灶、设伏歼敌的作战方针。根据预定方案，齐军主动后撤，在后撤的第一天挖了十万人吃饭用的灶，第二天减少为五万人用的灶，第三天又减少为三万人用的灶，引诱魏军追击。魏军追了三天，庞涓从齐军天天减灶的现象中，做出齐军士气低落、逃亡严重的判断，于是丢下步兵，只带一部分轻兵锐卒，兼程追击，结果在马陵遭到齐军伏击，兵败自杀。长勺之战的战例中，曹刿注意反复验证敌情真伪，确保了胜利。马陵之战中，庞涓却不注意做去伪存真的敌情分析，导致了失败。

《孙子兵法》早就指出："兵者，诡道也"，总结出欺骗敌人的"诡道十二法"，提出了"兵以诈立"的经典命题。因此，以吴子的军事造诣，自然不可能不懂军事欺骗。那么，本节，吴子在回答魏武侯之问时，为什么没有加入军事欺骗的因素呢？这大概是因为，在吴子看来，军事欺骗是敌情分析判断的特殊规律，是敌情判断基本规律与具体情况的结合，是将军们应该掌握的；对一国之君来说，首要的还是掌握基本规律。

（四）审敌虚实，趋其危势

【原文】

武侯问敌必可击之道。

起对曰："用兵必须审敌虚实而趋其危①。敌人远来新至，行列未定，可击；既食未设备②，可击；奔走，可击；勤劳③，可击；未得地利，可击；失时不从，可击；旌旗乱动，可击；涉长道，后行未息④，可击；涉水半渡，可击；险道狭路，可击；陈数移动，可击；将离士卒，可击；心怖，可击。凡若此者，选锐冲之，分兵继之，急击勿疑。"

【注释】

①审敌虚实而趋其危：审，分析判断之意。趋，快步走，此处可为理解为冲向。危，意为敌薄弱之处。

②设备：设，构设。备，防备，意为防御工事。

③勤劳：意为部队因忙于各种勤务工作而导致疲劳。

④后行未息：后行，后续部队。息，停止。

【译文】

魏武侯问，什么情况下的敌军，我军攻击它而一定能够取胜。

吴起回答说："用兵必须查明敌军的虚实，尔后攻击它的薄弱要害之处。敌军远来乍到，战斗队形尚未展开，可以攻击。敌人刚吃完饭，还未进入战备状态，可以攻击。敌人慌乱，四处乱跑，可以攻击。敌人疲劳过度，可以攻击。敌人所处地形不利，可以攻击。天时对敌不利，可以攻击。敌人军旗紊乱，可以攻击。敌人刚刚经过长途行军，后续部队未得休息，可以攻击。敌人涉水渡河，过了一半，可以攻击。敌人在险峻狭隘的道路行军，可以攻击。敌人阵势频繁移动，可以攻击。敌军将领脱离士卒，可以攻击。敌人军心动摇恐惧，可以攻击。凡是遇到类似情况，就应当首先选派精锐部队发起冲击，尔后再派遣后续部队投入战斗，必须迅速进击，不可迟疑。"

【新解】

历史上，魏武侯是一位富有进取精神的诸侯国君，有王霸之志。从军事角度看，想要称王称霸，靠防御自然不行，要靠进攻。在吴子反复阐述了"不卜而与之战"，可"以一击十""以半击倍"的种种敌情后，魏武侯继续追问"必可击之道"，即适合进攻的敌情，这或许就是他偏好进攻的反映。吴子围绕"审敌虚实而趋其危"的用兵思想，总结了"十三可击"，作为对魏武侯的回答。

所谓"用兵，就是战争指导者在既定的客观条件的基础上谋划和指导战争。它是针对战争对手的情况，通过发挥人的主观能动作用，最有效地发挥己方的力量，夺取战争胜利的艺术。"（朱梅生，《军事思想概论》）古兵家津津乐道的"用兵之法""用兵之道""兵之形"等，都是指用兵的理论，也就是对战争指导规律的理性认识。"审敌虚实而趋其危"是吴子用兵思想的核心,也是贯穿《料敌》篇的一条红线。

要深刻理解"审敌虚实而趋其危"的思想,首先应对"虚实"这一中国古代兵学的重要范畴有所了解。最早将"虚实"作为军事术语使用的是《孙子兵法》。《孙子兵法·势篇》说:"兵之所加,如以碫投卵者,虚实是也。"《孙子兵法·虚实篇》是论述"虚实"理论的专篇。一般而言,无者为虚,有者为实;空者为虚,坚者为实。表现在军情上,大凡怯、弱、乱、饥、劳、寡、不虞……为虚,勇、强、治、饱、逸、众、有备……为实,凡军情的各种状态均可用虚实二字来表示。"虚实"是通过敌对双方军情的比较显现出来的,敌对双方有虚就有实,有实就有虚,既无无虚之实,也无无实之虚。敌对双方的虚实对比状况也不是一成不变的,没有常虚之虚,也无常实之实,优秀指挥员还能够通过运用各种奇谋妙计使敌方由实变虚,使己方由虚变实。"避实击虚"是《孙子兵法》所提出的重要作战指导原则之一。由于"虚实"内涵广泛,避实击虚的规律也有着多种实战表现,既可以是在空间上避敌强点,"出其所不趋,趋其所不意"(《孙子兵法·虚实篇》),也可以是在时间上待敌气衰,"避其锐气,击其惰归"(《孙子兵法·军争篇》)。总的来看,避实击虚思想的根本特点是强调运用高超的谋略,能动地制造和正确地选择对手的弱点(同时也是要点),斗智不斗力,避免与敌人硬碰硬。

"审敌虚实而趋其危"是对孙子避实击虚思想的继承和发展。孙子主张"避实击虚",无论"避实"还是"击虚"都是行动。"审敌虚实而趋其危"则包括思维和行动两个阶段,体现出吴子知行合一的思想特色。"审敌虚实"是分析判断敌情,意即找出敌方的虚实强弱之处,属于思维阶段。《料敌》前三节，都是对敌情虚实的审视。"趋其危"相当于孙子讲的"击虚"，是行动阶段。"审敌虚实"是"趋其危"的前提，"趋其危"是"审敌虚实"的目的，两者密不可分。"见可而进，知难而退"也可视为"审敌虚实而趋其危"的另一种表达。"可"，即敌"虚"，这时需要"进"，也就是"趋其危"；"难"，即敌"实"，这时则需要"退"。

吴子总结的"十三可击"，充分体现了"趋其危"的思想。例如，吴子指出，在"敌人远来新至，行列未定"时可以发动攻击，类似于前面总结的"击之勿疑"的八种情况中的"陈而未定"。古代是方阵作战，只有将部队排列成整齐的方阵，才能发挥各兵种及长短兵器的合力。在敌人战斗队形尚未展开的时候，部队整体作战效能无从发挥，在军情上是"虚"的，此时发起攻击，就能起到事半功倍的效果。而攻击"行列已定"之敌，恐怕就要费一番力气了。从广义上说，已做好防御准备的敌人也可以视其为"行列已定"。对这样的敌人，古兵家往往主张想方设法使敌人脱离既设阵地，再趁其混乱虚弱之机予以打击。人民军队在长期的革命战争中经常使用的围城打援、围点打援等战法，就可以视为"行列未定可击"的现代演绎。"十三可击"的其他情况，诸如敌"既食未设备可击""奔走可击""未得地利可击""涉长道后行未息可击"等，强调的也都是"击虚"。

自孙、吴之后，历代兵家对避实击虚思想均十分重视，不仅注重运用它指导战争实践，也在理论上对它进行了阐释和发挥。《孙膑兵法·威王问》认为"必攻不守，兵之急者也"，把进攻敌人防守空虚的地方视为进攻中最关键的问题。《孙膑兵法·十问》指出，指挥作战宜于"攻其所必救，使离其固，以挠其虑，施伏设援，击其移庶"。大意是：进攻敌人必然救援的地方,迫使它脱离坚固的阵地,判明敌人的作战企图,设置伏兵和援军,乘敌在运动中将其消灭。《司马法·严位》认为,"击其微静,避其强静;击其疲劳,避其闲窕;击其大惧,避其小惧。自古之政也"。大意是:进攻弱小而消沉的敌人,避开强大而坚定的敌人;进攻疲劳困倦的敌人,避开精力充沛的敌人;进攻惊慌失措的敌人,避开从容镇定的敌人,这是自古以来用兵的法则。总之,"避实击虚"历来是兵家津津乐道的制胜之法。

总的来看,吴子"审敌虚实而趋其危"思想同孙子避实击虚思想一样,强调打击虚弱之敌,打击敌人的虚弱之点,通过"击虚",通过"趋其危",使敌人从整体上由实变虚,最终战而胜之。这是与克劳塞维茨《战争论》等西方军事理论所主张的通过大规模"会战",摧毁敌人"重心",进而取得战争胜利的思想大相径庭的。两种思想的区别在于,避实击虚用力小而获益大,战争效益高;打敌重心则恰好相反。随着中外军事思想和文化的不断交融,避实击虚思想日益受到西方军界的重视。美军至今仍引以为傲的海湾战争中的"左勾拳"行动,就是避实击虚思想在现代战争中的生动演绎。作为孙、吴传人的中国军人就更应该继承好避实击虚思想,为打赢未来战争添加重要的砝码。

三

"治兵第三"
逻辑思路与精要新解

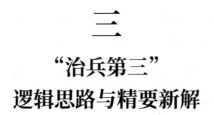

【篇题解析】

"治兵",即治理军队,与"治军"同义。《图国》篇中"凡制国治军"和"愿闻治兵、料人、固国之道"两句话,即分别使用了"治军"和"治兵"两个概念,结合文义不难发现它们的内涵实无二致。中国古代兵学中,这两个概念多有出现,亦均为治理军队之意。从概念上看,"治军""治兵"大致与现代军语中的"军队建设"相当。分析判断敌情是制胜的必要条件,但它并不能直接导致胜利,克敌制胜必须依靠强大军队,故《治兵》次于《料敌》。本篇可分为六节,依次反映出吴子在治军原则、治军目标、治军基础、教育训练、军事指挥和装备建设等方面的思想。《吴子》的治军思想散见于各篇而以本篇最为集中。本篇提出的赏罚有信、"以治为胜""教戒为先"等思想,至今仍有重要理论价值和现实意义。"以治为胜"是贯穿本篇的核心思想,同时也是《吴子》治军思想的核心。

(一)赏罚有信,治军要则

【原文】

武侯问曰:"进兵之道何先?"

起对曰:"先明四轻、二重、一信。"

曰:"何谓也?"

对曰:"使地轻①马,马轻车,车轻人,人轻战。明知险易,则地轻马。刍秣②以时，则马轻车。膏䤅有余③，则车轻人。锋锐甲坚，则人轻战。进有重赏，退有重刑。行之以信。审④能达此，胜之主也。"

【注释】

①轻：轻捷，便利。

②刍秣：刍，喂牲口的草。秣，喂牲口的饲料。刍秣，用作动词，给牲口喂草料。

③膏䤅有余：膏，油脂；䤅，车轴上的铁。膏䤅有余，使车轴经常保持润滑。

④审：确实，果然。

【译文】

魏武侯问道："进军作战的方法首要的是什么呢？"

吴起回答说："首先要懂得'四轻''二重''一信'。"

魏武侯问道："这是什么意思呢？"

吴起回答说："'四轻'就是选择的地形要便于战马驰骋，马便于驾车，车便于载人，人便于作战。熟悉地形的险峻平坦，就可以走平坦的道路让战马跑得轻快。饲养适当，马驾驶战车就会跑得轻松。车轴经常保持润滑，战车就便于操纵。武器锋利尖锐，甲胄坚实牢固，士卒就便于战斗。'二重'就是前进有重赏，后退有重罚。'一信'就是赏罚必信。确实做到了这些，就具备取胜的主要条件了。"

【新解】

本节，魏武侯向吴子请教进军作战的一般规律，吴子给出了"四轻""二重""一信"的回答。

我们先来分析"四轻"。从吴子的解释看,"地轻马"的前提是"明知险易",就是要熟悉地形,善于选择便于战马奔驰的平坦地形行军作战。《孙子兵法·地形篇》指出:"料敌制胜,计险厄、远近,上将之道也。"大意是,判明敌情以夺取胜利,考察地势险易,道路远近,是优秀将领必须掌握的方法。可见,吴子所谓"明知险易"是"上将之道",是将帅指挥素养的体现。按吴子的解释,"马轻车"的前提是战马饲养得当,"车轻人"的前提是车辆保养及时,"人轻战"的前提是武器装备精良。这"三轻"强调的都是武器装备。

"二重"即"进有重赏,退有重刑",这里的"进"与"退"不是简单的临敌对阵之时的前进与后退,应理解为服从命令与违背命令。"一信"即讲信用,其意甚明,无须多言。

魏武侯"进兵之道"的问题显然属于指挥范畴,但吴子却没有正面回答。"四轻""二重""一信"总共七个要点,只有"地轻马"明显与作战指挥相关,其他六个要点都是治军问题。由此可见,吴子是将治军作为用兵的前提和基础看待的。先治军而后用兵,是符合军事指挥的一般规律的。

吴子先谈"四轻",再谈"二重""一信"也有其深意的。可以设想,如果指挥员利用地形不当,却要求战马、战车在坎坷崎岖的地形上快速突进,又对不能按要求动作的士卒施以惩罚,如何能树立威信呢?如果战马饲养不当,战车保养不周,甲盾不坚、剑戟不利,却又把作战不利的责任怪罪到士卒头上,如何能服众呢?将帅在指挥得当,装备精良,做到"四轻"的前提下,再要求部属服从命令,对不服从命令的部属施以重赏重刑,就更加有理有据。由此可见,吴子治军并不是简单和片面地依靠指挥员权力的强制性，而是更加强调权力运用的合理性。

"二重""一信"可以合称为赏罚有信。赏罚有信是吴子所主张的治军思想的重要原则，值得深入研究。

自古以来，赏罚就是治军的基本原则，历代政治家、军事家对赏罚均非常重视。据文字记载至迟在夏启讨伐有扈氏的甘之战中，就有"用命，赏于祖；不用命，戮于社"（《尚书·甘誓》）的说法。兵圣孙武将赏罚问题提高到战略高度，把"赏罚孰明"（《孙子兵法·计篇》）作为预测战争孰胜孰负的标准之一。吴子赏罚有信的思想，与前述理论如出一辙。他认为用刑罚和纪律来统一全军的思想和行动，就可以使"三军服威，士卒用命，则战无强敌，攻无坚阵矣"（《吴子·应变》）。反之，如果"法令不明，赏罚不信"，则虽有百万大军，也无益于胜利。

吴起赏罚有信思想的核心在一个"信"字。《韩非子·外储说左上》和《外储说右上》中记载的吴起"等故人吃饭"和"令妻子织组"两个故事，生动地反映出吴子对"信"的重视和践行。读者如果对这两个故事感兴趣，可以参看附录。从治军层面看，信，首先强调守信，即"有法必依"之意。在吴起任魏国西河郡守期间取信于民和攻秦亭障的几个事例中，都是事先公布奖赏规定，当有人完成任务时，便不折不扣地兑现奖励，从而取得了民众的信任和边境冲突的胜利。信，用《卫公兵法·将务兵谋》中的话说就是，"赏罚不在重，在必行"。其次强调公正。当赏则赏，当罚则罚。赏罚公正，道理简单明了，做起来却未必那么简单。岳飞、戚继光等兵家名将对违反军纪的亲生儿子毫不姑息，用以重刑的故事广为流传，恰恰从反面说明能够真正做到公正赏罚的将帅太少了。再次强调及时。用《司马法·天子之义》里面的话来概括就是要"赏不逾时，欲民速得为善之利也。罚不迁列，欲民速规为不善之害也。"在一次与秦军的作战中，一名魏军士卒擅自冲向敌阵，斩获两名敌军首级而还归本阵。吴子以这个士卒的行动"非吾令也"，毫不犹豫地将其就地处决（《尉缭子·武议》）。如果战后再对这个士卒进行处罚，恐怕警示全军的执法效力就要大打折扣了。总之，在吴子看来，"信"是赏罚效力的源泉，赏罚有信是以法治军的基本原则。同时，信赏明罚反映了军队建设的客观要求，是包括人民军队在内的古今中外一切军队的治军铁则。

　　结合吴子时代的历史背景来看，赏罚有信蕴含着公平执法的思想，是对奴隶社会"礼不下庶人，刑不上大夫"传统的否定，它不仅有利于维持军纪，激励官兵士气，提高军队战斗力，具备非凡的军事意义，也为军队底层的官兵提供了争取更高社会地位的途径，有利于军事人才的成长和选用，从而对腐朽的奴隶主世卿世禄制形成了强有力的冲击，加速了奴隶主贵族政治的衰亡和封建集权政治的确立，具有积极的政治意义。

　　古人在治军实践中认识到，"赏"与"罚"两个方面相辅相成的辩证统一关系，强调在治军中要做到赏罚并用，恩威并施。从广义上看，"赏"不一定要求"爵禄百金"的物质奖励，将帅对部属的表扬、关爱都可以视为"赏"的特殊表现形式。《孙子兵法·行军篇》认为："卒未亲附而罚之，则不服，不服则难用也；卒已亲附而罚不行，则不可用也。故令之以文，齐之以武，是谓必取。"《地形篇》中又反复强调要"视卒如婴儿""视卒如爱子"。《何博士备论·李广论》也指出，"夫士有死将之恩，有死将之令。知死恩而不知死令，常至于骄；知死令而不知死恩，常至于怨。善于将者，使有以死吾之恩，又有以死吾之令，可百战而百胜也"。明代抗倭名将戚继光认为，治军仅靠军纪军法的约束，就会使人"怨法而不畏法"；只靠恩惠的手段，则会导致"恃恩而不感恩"的情况，因此要恩威并施（《止止堂集·愚愚稿·大学经解》）。关于爱兵，吴子虽然缺乏理论上的阐述，但他却是一位不折不扣的爱兵模范，"吮疽之仁"几乎已经成了爱兵的代名词；关于惩罚，吴子更是毫不手软，曾立斩违命之卒于阵前，这说明他对治军中"赏"与"罚"软硬两手的认识是清楚的，实践是优异的。

古人的赏罚理论中又有"赏小罚大"的理论。《六韬·龙韬·将威》中主张"杀贵大，赏贵小"，主张"刑上极，赏下通"。《尉缭子·武议》中说："杀之贵大，赏之贵小"，认为将帅治军要能做到"刑上究，赏下流"。意思都是说实施惩罚时，应该以地位高的人为对象；实行奖赏时要以地位低的人作榜样，这样更易于通过赏罚树立将帅的威信。齐景公时的名将田穰苴，以参加阅兵式迟到的原因诛杀了齐景公的宠臣庄贾，从而树立威权，最终大却晋师。吴宫教战，如果孙子杀的不是吴王爱姬，而是普通宫女，恐怕效果就要差一些了。总的来看，"赏小罚大"虽不是治军中所必须坚持的法治，但却能起到树立威信、激励士气、严明军纪的作用，同样是不可忽视的。

（二）天下莫当，治军所指

【原文】

武侯问曰："兵何以为胜？"

起对曰："以治为胜。"

又问曰："不在众寡？"

对曰："若法令不明，赏罚不信，金①之不止，鼓②之不进，虽有百万，何益于用？所谓治者，居则有礼，动则有威；进不可当，退不可追；前却有节③，左右应麾④；虽绝成陈，虽散成行。与之安，与之危，其众可合而不可离，可用而不可疲。投之所往，天下莫当，名曰父子之兵。"

【注释】

①金：金属制作的乐器，也叫钲，古代作战中用它的敲击声作为指挥军队停止的信号。

②鼓：古代作战中用鼓声作为指挥军队前进的信号。

③节：节制。

④麾（huī）：指令旗。

【译文】

魏武侯问道："军队靠什么打赢战争呢？"

吴起回答说："靠治理取胜。"

魏武侯又问道："不在于兵力的多少吗？"

吴起回答说："如果法令不严明，赏罚不讲信用，鸣金而不能收兵，击鼓而不前进，虽有百万大军，又何益于作战呢？所谓治理好军队，就是驻扎时守礼法，行动时有威势，进攻时锐不可当，撤退时速不可追，前进后退有秩序，向左向右听指挥，部队虽被隔断但仍能保持阵势不乱，即便被冲散也能恢复行列。将领与士卒之间同安乐、共危难。这种军队能团结一致而不会溃散，能连续作战而不会疲惫，无论它指向哪里，任何敌人都不能抵挡，这就叫做'父子之兵'。"

【新解】

上一节讲的是治军原则，本节讲治军目标。

本节，吴子鲜明地指出，军队打胜仗，靠的不是人多势众，而是严格的、高标准的治理，即所谓"以治为胜"。"以治为胜"是吴子治军思想的核心，它的提出标志着古人对军队建设问题的认识达到了一个新的高度，在军事思想史上占有重要地位。仅从治军问题上来看，《吴子》是超越了《孙子兵法》的。

在吴子看来，建设一支"天下莫当"的强大军队，是治军的"总目标"。本节原文中从"所谓治者"至"可用而不可疲"是"天下莫当"之强大军队的具体标准，同时也是治军的"分目标"。从现代军事科学的视角看，这些标准可以做以下理解。

一是秩序正规。"居则有礼"，驻止时符合"军礼"要求；"动则有威"，行动时虎虎生威。二是战斗力强。既能打进攻战、顺风战，不利情况下还能迅速撤退，"进不可当，退不可追"。三是训练有素。作战中，作战队形的前进后退、左右转向，都能严格按照指挥员指令动作。四是战术素养高。作战中，即使被敌人分割，各部也能自行组成战斗队形；即使被敌人冲散，士卒们也依然能自觉维持一定的行列，即所谓"虽绝成陈，虽散成行"。五是内部团结。官兵之间、兵兵之间能够安危与共，同生共死。

一支强大军队的标准当然不止本节所述。综合《吴子》全书来看，想要"天下莫当"，还应有"练锐""军命"作为战斗骨干、应有精良的武器装备，应有高素质的指挥员队伍，等等。

我们在其他部分有相应分析，在此不再复述。

本节末尾，吴子将这支强大军队命名为"父子之兵"。饶有趣味的是，《孙子兵法》也提出要建设一支强大军队，并名之为"王霸之兵"（《孙子兵法·九地篇》）。《孙子兵法·计篇》有云："故校之以计而索其情。曰：主孰有道？将孰有能？天地孰得？法令孰行？兵众孰强？士卒孰练？赏罚孰明？吾以此知胜负矣。"这里的"将有能、法令行、兵众强、士卒练、赏罚明"等"五计"就是"王霸之兵"的静态指标。《孙子兵法·军争篇》又云："故其疾如风，其徐如林，侵掠如火，不动如山，难知如阴，动如雷震。"这里的"六如"就是"王霸之兵"的动态指标。可见，孙子与吴子对强大军队的标准要求是大体一致的。当然，吴子"父子之兵"的说法更多地强调了内部的高度团结，与孙子"王霸之兵"的军队建设目标相比，显得不够全面。

（三）将帅有素，治军所需

【原文】

吴子曰："凡行军之道，无犯进止之节①，无失饮食之适，无绝人马之力。此三者，所以任其上令②。任其上令，则治之所由生也。若进止不度，饮食不适，马疲人倦而不解舍③，所以不任其上令。上令既废，以居则乱，以战则败。"

吴子曰："凡兵战之场，立尸之地，必死则生，幸生则死。其善将者，如坐漏船之中，伏烧屋之下，使智者不及谋，勇者不及怒④，受敌可也⑤。故曰，用兵之害，犹豫最大；三军之灾，生于狐疑。"

【注释】

①无犯进止之节：犯，违反。节，节奏。

②任其上令：士卒能胜任上级赋予的任务。

③解舍：指人解甲、马卸鞍，意为休息住宿。

④怒：形容气势强盛，引申为奋发。

⑤受敌可也：指当机立断，迎敌奋战，才能保全自己的意思。

【译文】

吴起说："一般行军的原则，不能违背行进和停止的节奏，不要忽视适时供给饮食，不要使人马过度疲劳。这三条是为了使军队保持体力，从而能够胜任上级赋予的使命。军队能够胜任上级赋予的任务，是治理好军队的根本。如果行进停止没有节奏，饮食失宜，人马疲倦而不准解甲住宿，这样军队就不能完成上级赋予的任务了。上级命令无法实现的军队，驻守时就会混乱，作战时就会失败。"

吴起说："在两军交锋，充满流血死亡的战场上，抱必死的决心去战斗便可能有生路，侥幸偷生反而更容易遭到灭亡。善于指挥作战的将领，就像坐在漏水的船上，又像躺在着火的房子里那样当机立断，军队中有智谋的人来不及考虑，猛勇的人来不及振奋军威，就迎敌奋战，这样才能战胜敌人，保全自己。所以说，犹豫不决是用兵作战最大的祸害；军队的覆亡，往往产生于多疑。"

【新解】

在提出治军目标之后，吴子开始论述"如何治军"的问题。本节围绕治军这个核心，以大部分篇幅论述指挥问题，强调将帅的指挥素养是"治之所由生",是治军的基础。

吴子治军重视赏罚,但并不专任赏罚。在他看来,军队能否治理得好,与将帅的指挥素养有很大关系。在吴子看来,将帅指挥军队行动要遵守"无犯进止之节,无失饮食之适,无绝人马之力"的"三无"原则,指出做到"三无",部队就能够"任其上令","任其上令,则治之所由生也"。

"任其上令"是理解的难点。对这四个字,学术界主要有两种解释,一种解释为"服从上级命令",另一种解释为"胜任上级赋予的任务"。服从命令当然重要,但服从命令在逻辑上并不一定导向胜利完成命令所规定的任务,也可能导向失败。因此,"任其上令"作第二种解释更佳,"胜任上级赋予的任务",既包含了服从命令的意思,更包含了胜利完成任务的意思。

在吴子看来,指挥员做到"三无",才能保证军队有足够的体力精力去落实上级的政令军令,顺利完成各种任务,政令军令也就得到了圆满落实,这才是治军的根本目的。反之,如果指挥员领导无方,指挥不当,使部队"进止不度,饮食不适,马疲人倦而不解舍",就会导致部队执行任务的能力下降,政令军令的落实也就失去了相应的物质基础。当政令军令超出军队的客观执行力到一定程度时,再严厉的惩罚、再丰厚的奖赏也是无法确保其落实的。部属不能"任其上令"是治军上的最大失败,还会带来"以居则乱,以战则败"的恶性连锁反应。

随后,吴起又提出了指挥决策必须果断的观点,指出"用兵之害,犹豫最大;三军之灾,生于狐疑"。指挥员指挥作战,应该如坐漏船、如伏烧屋一样,毫不犹豫地定下决心,否则，不但会贻误战机，还有可能产生智者谋虑、勇者振奋的情况。军队里的智者有时间思考，就有可能对指挥员决策产生疑问，更有可能考虑其个人的身家性命；军队里的勇者有时间发怒，也有可能置指挥员命令于不顾，过分执着于杀敌取利，这样一来，即使军队治理得很好也必败无疑。果断决策，智者、勇者就只能靠长期训练形成的惯性思维动作，也就保证了军队行动一致。吴子没有把这一经典命题放在《应变》篇，而是放在《治兵》篇，其深意也在于说明赏罚有信是治军的基本原则，但并不是治军的唯一原则，将帅的指挥素养在治军中发挥着基础性作用。应该说，吴子对治军问题的这种见解是新颖而合理的。

（四）教戒为先，治军思想

【原文】

吴子曰："夫人常死其所不能，败其所不便①。故用兵之法，教戒②为先。一人学战，教成十人。十人学战，教成百人。百人学战，教成千人。千人学战，教成万人。万人学战，教成三军。以近待远，以佚③待劳，以饱待饥。圆而方之④，坐而起之，行而止之，左而右之，前而后之，分而合之，结而解之⑤。每变皆习，乃授其兵。是为将事。"

吴子曰："教战之令，短者持矛戟，长者持弓弩，强者持旌旗，勇者持金鼓，弱者给厮养⑥，智者为谋主。乡里相比⑦，什伍⑧相保。一鼓整兵，二鼓习陈，三鼓趋食，四鼓严辨⑨，五鼓就行。闻鼓声合，然后举旗。"

【注释】

①不便：此处指不熟悉战法。

②教戒：指教育和训练。

③佚：通"逸"，安逸。

④圆而方之：圆阵和方阵之间变换。圆，圆阵。方，方阵。

⑤结而解之：队形的集合和解散。结，集合；解，解散。"圆而方之，……结而解之"一句，指各种战斗队形的变换。

⑥厮养：厮，古时干粗杂活的奴隶或仆役；养，任炊事的人。厮养，泛指各种勤杂兵。

⑦乡里相比：乡里，相传为周代基层行政单位，二十五家为里，五百里为乡；比，邻近。乡里相比，指同乡同里的人编在一起。

⑧什伍：古代军队十人为什，五人为伍，是最小的编制单位。

⑨严辨：指严整装束。

【译文】

吴起说："士卒在战斗中常常死于缺乏战斗技能，军队往往失败于不能熟练使用战法。所以用兵的方法，首先在于教育训练。一个人学会打仗，可以教会十人。十个人学会打仗，可以教会百人。一百个人学会打仗，可以教会千人。一千个人学会打仗，可以教会万人。一万个人学会打仗，可以教会全军。在战法上，要训练以近待远，以逸待劳，以饱待饥。在阵法上，要训练圆阵变方阵，跪姿变立姿，前进变停止，向左换向右，向前换向后，分散变集结，集结变分散。经过训练，全军将士对各种战斗队形变换都熟悉了，再授予兵器。这就是将领的任务。"

吴起说:"教练作战的法令,就是身材矮小的使用矛或戟,个头高大的使用弓和弩,身强力壮的扛大旗,作战勇敢的操金鼓,体质较弱的担负勤杂任务,有智慧的充当谋士。把同乡同里的人编在一起,使同什同伍的彼此作保。第一次击鼓检查整理兵器,二次击鼓练习阵法,三次击鼓迅速吃饭,四次击鼓整装待发,五次击鼓排好队列。鼓声齐响,然后举令旗指挥军队行动。"

【新解】

本节,吴子继续谈"如何治军"的问题。上一节从将帅的指挥素养展开论述,本节则围绕如何进行教育训练展开。

吴子认为"用兵之法,教戒为先",主张把教育训练作为治军的首要任务。重视教育训练是古代许多政治家、军事家、思想家的一贯主张,孔子认为"以不教民战,是谓弃之"(《论语·子路》),孙子把"士卒孰练"当作预判战争胜负的重要条件之一。与两位圣人相比,吴子的"教戒为先"的军队教育训练思想更为丰富和具体。

吴子把"礼""义"作为军队思想政治教育的主要内容。主张对百姓"教之以礼,励之以义"(《吴子·图国》)。"教之以礼",就是用新兴封建社会的等级规定及相应于各等级的行为规范和道德规范教育民众,使之形成遵守社会秩序和利益分配新关系的内在自觉。"励之以义",就是以正义的行为举动激励百姓,使之为"义"而战。当然,古代所谓"义"的背后常常隐藏着统治者的利益和野心。吴子认为,通过"礼义"教化,使百姓"有耻",形成"进死为荣,退生为辱"的封建社会荣辱观,就能够"在大足以战,在小足以守矣"。学界常常将这种思想称之为"以礼治军"。因为"礼"有很强的伦理道德意味，故"以礼治军"也包含着"以德治军"的意味。

由此可见，在治军问题上，吴子是注重将礼治作为法治的重要补充。在充满着艰辛、危险，乃至牺牲的军事领域奉行法治无疑是必要的，因为法治带有强制性，可操作性强，易于收到显著成效。但法治并不是万能的，尤其是在伦理道德领域，法治便显得无能为力。依靠法治可以驱使民众，却无法赢得民心，这也正是吴起一再强调君主要"教百姓而亲万民"的原因。在军队内部，法治可以使下级服从上级，却无法使下级尊敬上级；可以使军队与敌对阵，却无法使将吏士卒们倾尽全力而战。

"礼"在政治上的精义在于强调名分秩序，贱于贵、下级于上级均要绝对地服从与尊敬，从而维护包括君主在内的各级统治者的权威与利益。以礼治军，使军队内部名分定，礼义行，就可以保证下级自觉地服从上级、尊重上级、忠于上级，整支军队服从、尊重和效忠于君主，从而弥补以法治军的缺陷。对礼治与法治的关系，古人有着比较清醒的认识，《司马法·天子之义》认为"礼与法表里也"。荀子也指出："故不教而诛，则刑繁而邪不胜；教而不诛，则奸民不惩……"（《荀子·富国》）意思是：只惩罚不教化，则刑罚多而邪恶不能克服；只教化不惩罚，则邪恶的人就不会吸取教训，因此要"隆礼重法"。这些可以加深我们对吴起"教之以礼，励之以义"思想的理解。

春秋战国时期，随着军队规模的不断扩大和专职将帅的出现，列国军队的训练水平不断提高，军事训练思想也日益丰富起来。吴子对军事训练有较为深入的研究，思想甚为丰富。

首先，在训练内容上。吴子主张进行三个方面、三种层次的训练。

一是单兵军事技能训练，包括兵器使用、格斗技巧、指挥信号识别等内容，这是进行其他训练的基础。

二是转换战斗队形的训练，使官兵掌握"圆而方之，坐而起之，行而止之，左而右之，前而后之，分而合之，结而解之"的要领，这是基本战术的训练。要深入理解这段话，需要从古代的"阵"入手。古代打仗需要根据作战实际将部队排列成一定的战斗队形，以形成并最大限度发挥体系作战威力，这就是阵。史料记载，春秋时期已经出现鱼丽、荆尸、五陈、角等数种阵形。比《吴子》稍晚的《孙膑兵法》列举了方阵、圆阵、疏阵、数阵、锥行之阵、雁行之阵、钩行之阵、玄襄之阵等多种阵形。尽管阵形名称繁多，但其基本形态只有方阵和圆阵两种。方阵是进攻队形，"圆阵是由方阵变化而来的一种阵形，是方阵的收缩，是方阵处于防御阶段的形态"。（蓝永蔚，《春秋时期的步兵》）方阵的特点是正面攻击力强，翼侧、后侧薄弱。"形圆而不可败也"（《孙子兵法·势篇》）。方阵作战不利需要转为守势时，就要将疏散队形收拢为密集队形，把防御正面压缩到最小，减少翼侧、后侧压力，这时候，方阵就转化成圆阵。按照作战方法，阵的基本形态又分为立阵和坐阵两种。立姿和坐姿是最基本的单兵动作。立姿是进攻动作，它可以在行进中作战，立阵就是方阵；坐姿则是防御动作，它只宜原地坚守，坐阵就是圆阵。这就是吴子所说的"圆而方之，坐而起之"的道理。吴子主张，在全军将士熟悉了各种战斗队形的变换之后，才可授予其兵器，"每变皆习，乃授其兵"。

三是进行战法谋略训练。吴子把《孙子兵法·军争篇》归纳出"以近待远，以佚待劳，以饱待饥"等几条制胜谋略纳入训练内容之中。谋略训练的提出是古代军事训练思想的一大突破。无数的军事实践证明，军事谋略不是没有规律可循的"玄学"，也不是少数人的"天赋"，是人的主观能动性作用于军事活动实践的科学。指挥员完全可以通过刻苦训练，不断提高军事谋略素养。即使在智能化特点日益凸显的信息战争时代，军事谋略的作用仍然不能忽视。军事谋略的运用形式随着军事技术的发展而不断变化，而其作战赋能的本质作用和以巧制胜的制胜机理永远不会改变。

其次，在训练方法上。吴子主张要由点到面，由单兵到多兵，由小分队到大部队，逐步推广；要由浅入深，循序渐进，先技术后战术，先分队战术后全军战术，即"一人学战，教成十人；十人学战，教成百人；百人学战，教成千人；千人学战，教成万人；万人学战，教成三军"。这种训练方法是古代兵家所普遍采用的。例如，《六韬·犬韬·教战》："故教吏士，使一人学战，教成，合之十人；十人学战，教成，合之百人；百人学战，教成，合之千人；千人学战，教成，合之万人；万人学战，教成，合之三军之众；大战之法，教成，合之百万之众。"《尉缭子·勒卒令》："百人而教战，教成，合之千人，千人教成，合之万人，万人教成，会之于三军。三军之众，有分有合，为大战之法，教成试之以阅。"据《唐李问对·卷中》记载，初唐大将李靖也是采用这种训练方法，"臣尝教士，分为三等。必先结伍法，伍法既成，授之军校，此一等也。军校之法，以一为什，以什为百，此一等也。授之裨将，裨将乃总诸校之队，聚为阵图，此一等也。大将军察此三等之教，于是大阅，稽考制度，分别奇正，誓众行罚。"

再次，在训练原则上。吴子主张因材施训，指出训练作战的法令应使"短者持矛戟，长者持弓弩，强者持旌旗，勇者持金鼓，弱者给厮养，智者为谋主"。无须赘言，只有因材施训，才能扬长避短，使不同类型的人才在各自适合的岗位上发挥特长，为军队这个整体作出贡献。因材施训，也是中国古代军事训练思想的一个重要特点，如《登坛必究·辑选兵说》认为练兵"其要在随材授艺，各当其可"。

吴子还提出了"乡里相比，什伍相保"的思想，即把军队编制与地方行政体制相对应联系，将同乡同里的人编在一起，使同什同伍的人相互联保，如果同什、同伍之内有干令犯禁的，其余人揭发他则免罪，知情而不揭发，则全部连带受罚。这种思想古已有之。春秋初期齐国管仲"作内政以寄军令"（《国语·齐语》）就是一个典型。管仲协助齐桓公大刀阔斧地进行军政改革，将社会行政组织与军事组织结合起来，实行"卒伍整于里，军旅整于郊"（《国语·齐语》）的寓兵于农政策。具体说就是：将齐国划为21乡，其中工商6乡，士农15乡。规定士农之乡平时务农、习武，战时应征打仗。各乡行政按轨、里、连、乡编组，与此对应，军队编制为伍、小戎、卒、旅。五家为轨，每家出士卒一人，故五人为一伍；十轨为里，五十人编为一小戎；四里为连，二百人编为一卒；十连为乡，二千人编为一旅。五乡编为一军，总计一万人。全国十五个士农之乡共编成三军。这种组织编制方式的好处在于，战士是由具有血缘、地缘关系的人所组成的，他们"世同居，少同游"，因此在行军作战中能够"居同乐，行同和，死同哀""守则同固，战则同强"（《国语·齐语》）。

比吴起稍晚的孙膑和尉缭也都主张将军队编制与地方行政

组织相结合，如《孙膑兵法·官一》提到"制卒以州闾，授正以乡曲"，《尉缭子·伍制令》主张"五人为伍，伍相保也；十人为什，什相保也；五十人为属，属相保也；百人为闾，闾相保也"。这种军政合一的军事编制体制，使政府便于动员和组织民众组建军队，也便于军队的管理和指挥，是有效落实郡县征兵制的重要保障。同时，"什伍相保"的管理制度，也凸显出封建统治者在军队管理上的残酷。

军队的教育训练是一门学问、一门艺术，有其内在规律可循。能够"教得其道，则士乐为用"；反之，如果"教不得法，虽朝督暮责，无益于事矣"(《唐李问对·卷上》)。吴起较为全面地总结了古代军队的教育训练之"道"，为后人留下了宝贵史料。

（五）进止有度，治军有三

【原文】

武侯问曰："三军进止，岂有道乎？"

起对曰："无当天灶，无当龙头。天灶者，大谷之口。龙头者，大山之端。必左青龙①，右白虎②，前朱雀③，后玄武④，招摇⑤在上，从事于下。将战之时，审候风所从来。风顺致呼而从之，风逆坚陈以待之。"

【注释】

①青龙：古代军旗名，青色，上绘龙。古代行军以青龙表示东方之位，一般作左军的军旗。

②白虎：古代军旗名，白色，上绘熊虎。古代行军以白虎

表示西方之位，一般作右军的军旗。

③朱雀：古代军旗名，红色，上绘鸟。古代行军以朱雀表示南方之位，一般作前军的军旗。

④玄武：古代军旗名，黑色，上绘龟蛇。古代行军以玄武表示北方之位，一般作后军的军旗。

⑤招摇：古代军旗名，黄色，上绘北斗七星，一般作中军指挥旗。

【译文】

魏武侯问道："军队的前进、停止，有一定的原则吗？"

吴起回答说："不要在'天灶'扎营，不要在'龙头'上驻军。所谓天灶，就是大山的谷口。所谓龙头，就是大山的山顶。指挥军队时，必须左用青龙旗，右用白虎旗，前用朱雀旗，后用玄武旗，中军用招摇旗在高处指挥，部队按旗号行动。临战时，要观测风向。顺风时就乘势呐喊攻击敌军，逆风时就坚守阵势待机破敌。"

【新解】

教育训练之后，军队便可遂行行军、驻营、作战等各项军事任务，军事指挥问题也就接踵而至。因此，本节置于"教戒为先"一节之后。本节蕴含着关于行军、驻营、作战的三条指挥原则，如果因违反这些原则而使军队陷于不利境地，则军队思想政治素质和训练水平再高，也难以取胜。因此，本节与本篇第三节相似，同样隐含着将帅指挥素养是"治之所由生"的思想。

首先，吴子提出不能在"天灶""龙头"地形驻营。"天灶"

即大山谷口，山谷多有水流汇聚，倘若遇到山洪暴发，又或敌人伏于山谷之中，采用筑坝积水、放水淹敌的战法，都是致命威胁。即便无水，敌人利用大山掩蔽，隐蔽接近，突然发起攻击，也是非常危险的。"龙头"即大山的山顶，虽然占据山顶制高点可得地利之便，但取水却是一个难题。公元228年春，诸葛亮亲率蜀军主力攻魏，进行第一次北伐，作战目标直指陇右地区。蜀军迅速攻占祁山、西县（今甘肃天水西南）后，诸葛亮命马谡镇守街亭（今甘肃庄浪东南），以切断魏军由关中增援陇右的通道，为主力全据陇右争取时间。马谡奉命占领街亭，仅令部将高翔驻守旧城，护卫水源，而指挥主力舍水上山，驻扎于街亭南山之上。魏将张郃率部抵达街亭，见蜀军如此部署，立即直逼山下，切断蜀军汲水通道。蜀军断水，很快被魏军击败，魏军得以进入陇右。诸葛亮苦心孤诣建立的优势迅速瓦解，而第一次北伐也以失败告终。马谡失街亭堪称驻军"龙头"而致失败的典型战例。

其次，吴子强调部队要严格按照指挥员旗令动作。古代将帅以金鼓旌旗为工具进行作战指挥，所谓"言不相闻，故为金鼓；视不相见，故为旌旗"（《孙子兵法·军争篇》载《军政》语）。"左青龙……从事于下"一句所反映的思想并不复杂，无非是强调部队要根据指挥员的旗语，执行相应动作。"左青龙"等说法与传统文化有关。中国处于东亚地区，冬季西北季风寒冷干燥，夏季东南季风温暖湿润。随着生活经验的逐渐积累，先民发现住所向南开门，防寒通风效果最佳。久而久之，"面南背北"就由生活习惯演升为中华民族的文化习惯。面南背北，则左为东，右为西，前为南，后为北。古人为观测日月和五大行星运转，以安排农业生产，便选出位置恒定的28个星座作为参照，东、西、南、北每个方向各7个，合称二十八宿。最晚在春秋时期就已经出现了这种星空划分方法。东面的7个星宿连缀起来像龙，西面像虎，南面像雀，北面是龟蛇互相缠绕的形象。春秋战国时期颇为流行的五行学说，主张以五色配五方，东方配青，西方配白，南方配红，北方配黑，中央配黄。因此，就形成了左青龙，右白虎，前朱雀，后玄武的说法。古兵家模仿天道，利用上述称谓命名不同方位的阵和相应阵旗，希望借此得到冥冥苍天伟力相助。

再次，吴子指出指挥作战要关注风向。顺风则攻，逆风则守。其中的道理不难理解，逆风时，视力、呼吸都会受到不利影响，如遇沙尘飞扬，则影响加剧。明朝"靖难之役"中的夹河之战打响，朱棣率部与建文帝盛庸部对垒，双方激战一日，不分胜负。第二天从辰时战至未时（7点到15点），仍相持不决。这时，突然刮起东北风，盛庸部逆风，官兵目视困难。朱棣乘顺风之机，加强攻势，终于取得战斗胜利。这就是风向对作战的影响。

（六）训马有度，治军有备

【原文】

武侯问曰："凡畜车骑①，岂有方乎？"

起对曰："夫马，必安其处所，适其水草，节其饥饱。冬则温厩②，夏则凉庑③。刻剔毛鬣④，谨落四下⑤。戢⑥其耳目，无令惊骇。习其驰逐，闲⑦其进止。人马相亲，然后可使。车骑之具，鞍、勒、衔、辔⑧，必令完坚。凡马不伤于末⑨，必伤于始。不伤于饥，必伤于饱。日暮道远，必数上下⑩。宁劳于人，慎无劳马。常令有馀，备敌覆⑪我。能明此者，横行天下。"

【注释】

①凡畜车骑：畜，饲养。车骑，驾车的马。此处，有的版本作"卒骑"，有的作"率骑"。明刘寅《武经七书直解》以下文有"车骑之具"语，认为此处应为"车骑"。

②厩（jiù）：马厩。

③庑（wǔ）：大屋，此指马棚。

④刻剔毛鬣：刻剔，剔除。鬣（liè），马鬃。

⑤落四下：指铲蹄钉掌。落，削去。四下，四蹄。

⑥戢：训练。

⑦闲，通"娴"，熟悉。

⑧鞍、勒、衔、辔：分别指驾驭马匹用的马鞍、笼头、嚼子、缰绳等装具。

⑨末，指使用完毕时。

⑩必数上下：上下，上马与下马。必数上下，意为乘车与步行交替进行，以节省马的体力。

⑪覆：伏击，袭击。

【译文】

魏武侯问道："驯养战马，有什么方法吗？"

吴起回答说："马匹，必须安置在适宜的处所，适时地给它饮水喂草，节制它的饥饱。冬天要使马厩温暖，夏天要让马棚凉爽。要经常剪刷鬃毛，细心地铲蹄钉掌。要训练战马的听觉和视觉，使其在作战时不致受惊。练习奔驰追逐，熟悉前进停止各种动作。人和马要相互熟悉，然后才能用于作战。战马的装具，鞍、笼头、嚼子、缰绳，必须完好坚固。通常马不是受伤在跑完长途之后，就是受伤于开始使用之时。不是因为饥饿受伤，就是由于过饱受伤。例如，天色已晚路程遥远，人就应经常下马走一阵，尔后再上马骑一阵。宁可让人受点劳累，也不要使马疲乏。经常使战马保持一定的体力，防备敌军的偷袭。能够明白这些道理，就能无敌于天下。"

【新解】

本节，吴子十分详细具体地论述了战马驯养的相关问题，折射出吴子在武器装备建设方面的一些思想。

吴子对战马驯养非常重视。马是古代军队的一种重要装备。西周、春秋以来的车兵以及战国时期新兴的骑兵，都离不开马。吴起对马颇有研究，当魏武侯请教战马驯养的问题时，他从多个方面作出了回答。他说，在战马饲养上，要将马匹安置在适宜的场所，冬天要注意保暖，夏天要注意降温，要注意使马匹的饮食有规律，不能使其过饱，也不能使其过饥，还要经常为其剪刷鬃毛，铲蹄钉掌，做到这些，才能保证马匹的健康。在战马训练上，要经常训练战马的听觉和视觉，使其熟悉战斗氛围，不致在作战时受惊，要练习奔驰追逐，使其熟悉前进停止各种动作，人和马要相互熟悉，以便驾驭。在战马装具上，必须使马鞍、笼头、嚼子、缰绳等保持完好坚固。在战马使用上，要注意保持马匹的体力，以防备敌军的偷袭。作为叱咤风云的统帅对战马驯养问题研究得如此深入系统，足见吴起对战马这一重要装备的重视，他甚至认为能够驯养好战马，就能无敌于天下，"能明此者，横行天下"。吴起对其他武器装备器材的保养也十分重视，强调要使"车坚管辖，舟利橹楫"，战车的车轴经常保持润滑，武器要锋利尖锐，甲胄要坚实牢固，认为唯其如此，才能使战车便于操纵，士卒便于战斗。

吴子认为，武器装备固然重要，但关键还是要有善于使用它们的人，有精良的武器装备，"而不求能用者，譬犹伏鸡之搏狸、乳犬之犯虎，虽有斗心，随之死矣"（《吴子·图国》）。毛泽东在《论持久战》中指出："武器是战争的重要的因素，但不是决定的因素，决定的因素是人不是物。"（《毛泽东选集》）吴起显然已经对这一战争基本规律有了初步的认识。本篇第一节，在回答魏武侯"进兵之道何先"的问题时，吴子提出了"四轻"的观点，即进军作战首先要"使地轻马，马轻车，车轻人，人轻战"。从人与武器关系的视角看，"四轻"就是战场、装备、武器和人四个要素和谐一致，便于战斗力发挥的一种状态。在吴子看来，人是四个要素中最核心的一个，无论是人与武器的结合，还是人与战场的结合，都取决于人，最终也都落脚于使人便于战斗——"人轻战"。同时，吴子也没有片面夸大人的作用，而是强调了人与其他战斗力生成要素的结合。综上所述，吴起对人与武器装备的关系已经有了比较科学的认识，在两千多年前能有这样的认识，是难能可贵的。吴起注重使战场、装备、武器和人四个要素紧密结合的思想，在今天也是具有重要借鉴意义的。

武器装备是决定战争胜负的重要因素。春秋战国之际，铜兵器性能不断提高，铁兵器的使用日渐普遍，人们对武器装备问题越来越重视。孙子将"兵众孰强"（《孙子兵法·计篇》），也就是谁的武器装备更精良，作为预判战争胜负的七个重要因素之一。《管子·参患》指出："故凡兵有大论，必先论其器"。《墨子·七患》认为："库无备兵，虽有义不能征无义"。

在武器装备的生产、质检、储备等方面，时人也提出了自己的看法，如在《管子·七法》规定："成器不课不用，不试不藏"，不经过检验的武器装备不能入库收藏，更不允许投诸战场。冷兵器战争时代，古代兵家对武器装备建设是重视的，中国军队的武器装备也是精良的。冷热兵器并用时代，中国封建专制社会已经发展到转入衰弱的后期，高度发达的政治文明对军事的规范约束逐渐走向反面和极端，过分强调"仁义道德"在战争制胜中的地位作用，视先进火器为"奇技淫巧"，进而造成了中国近代军事的落后。端起历史的望远镜就会发现，简单地说中国传统军事文化具有"重道轻器"的特点是不妥当的。

吴起的治军思想是中国古代军事思想和中华优秀传统军事文化的重要组成部分。他所提出的"以治为胜""教戒为先"等思想，为其身后的历代政治家、军事家所继承和发扬。他丰富而感人的治军实践，也为历代兵家名将所效仿。将吴子这些治军思想、治军经验与当代军事治理实际相结合，必将有益于人民军队强军事业。

四

"论将第四"
逻辑思路与精要新解

【篇题解析】

强大军队需要优秀将帅来指挥，故《论将》次于《治兵》。《治兵》与《论将》，前篇着眼"兵"，后篇着眼"将"，研究的都是军队建设问题。本篇可分为五节，围绕"总文武，兼刚柔"的为将总要求，依次论述了指挥员基本素养、指挥才能、治军才能、德才弱点，以及战场"相将"等问题。本篇是传统兵学中专论指挥员问题的名篇，篇中提出的"总文武，兼刚柔""因形用权""五慎""四机""三威"等思想在中国军事思想史上颇具影响，对当前深入实施人才强军战略，培养人民军队新型指挥人才也有一定的现实借鉴意义。

（一）文武兼备，刚柔并济

【原文】

吴子曰："夫总文武者，军之将也。兼刚柔者①，兵之事也。凡人论将，常观于勇。勇之于将，乃数分之一尔。夫勇者必轻合②，轻合而不知利，未可也。故将之所慎者五：一曰理，二曰备，三曰果，四曰戒，五曰约。理者，治众如治寡。备者，出门如见敌。果者，临敌不怀生。戒者，虽克如始战。约者，法令省而不烦。受命而不辞，敌破而后言返，将之礼也。故师出之日，有死之荣，无生之辱。"

【注释】

①兼刚柔者：刚柔并用的人。
②合：结合，会合，出兵交战之意。

【译文】

吴子说："文武全才的人，才能担任军队的将领。刚柔相兼的人，才能率军作战。人们在评论将领时，常常只着眼于勇敢。勇敢对于将领来说，只是应该具备的若干素质中的一条罢了。仅凭勇敢的将领，往往会轻率地与敌交战，而忽视考虑利害得失，这是不行的。所以将领应当慎重的有五个方面：一是'理'，二是'备'，三是'果'，四是'戒'，五是'约'。理，指治理兵力众多的军队如同治理兵力很少的小部队一样。备，指军队一出动就如同面对敌人那样警惕。果，指临敌作战不考虑个人生死。戒，指虽然打了胜仗但还是像战斗刚开始时那样谨慎。约，就是法令简明而不繁琐。受领任务决不推诿，打败敌人后再考虑凯旋，这些都是将领应该遵守的礼法。所以，从率军出征的那一刻起，将领就应该下定决心，宁可光荣战死，决不忍辱偷生。"

【新解】

古往今来的战争实践表明，"将"的能力素质对战争胜负有着重要的，甚至决定性的影响。古代政治家、军事家对军队指挥员问题极为重视，几乎是言兵必言将。《孙子兵法》认为，"夫将者，国之辅也，辅周则国必强，辅隙则国必弱"（《孙子兵法·谋攻篇》），优秀将帅是"民之司命，国家安危之主也"（《孙子兵法·作战篇》)。《六韬》作者继承孙子思想，指出，"故兵者，国之大事，存亡之道，命在于将。将者，国之辅，先王之所重也。故置将不可不察也。"（《六韬·龙韬·论将》）"故将者，人之司命，三军与之俱治，与之俱乱。得贤将者，兵强国昌；不得贤将者，兵弱国亡。"（《六韬·龙韬·奇兵》）

吴子对将帅问题高度重视，专设《论将》篇加以论述。认为"良将"能够"率下安众，怖敌决疑""所在而寇不敢敌""得之国强，去之国亡"（《吴子·论将》）。千军易得，一将难求。与冲锋陷阵的"练锐""军命"相比，运筹帷幄的"良将"更是不可多得的"良材"，国家必须将他们选拔出来，委以重任，"选而别之，爱而贵之"（《吴子·料敌》），"使贤者居上，不肖者处下"（《吴子·图国》），如此方能保卫国家安全。

什么样的将帅才算得上"良将"呢？《论将》开篇即提出了"总文武，兼刚柔"的总要求，全篇围绕这一基本观念而展开。文与武、刚与柔都是古人常用的矛盾范畴，在不同语境中有不同含义。用来概括将帅素质，"文武""刚柔"就是指文韬武略，勇谋相兼。

本节首先围绕"总文武，兼刚柔"的将帅观，强调为将者应具备"五慎"的基本素养。

许多古代兵家经典都对将帅素养进行了简明扼要的概括。如《孙子兵法》认为指挥员应具备"智""信""仁""勇""严"等"五德"。《六韬·论将》提出将帅必须具备"勇""智""仁""信""忠"等"五材"。吴子则认为"将之所慎者五"，即"理""备""果""戒""约"。"五慎"论对后世颇有影响，在中国古代军事思想史上也是别具一格。

"理者，治众如治寡"，是指将帅必须能够像治理小部队一样，有条不紊地治理大部队。"理"是一种将帅必备的治军能力。"凡治众如治寡，分数是也"（《孙子兵法·势篇》），要想做到"治众如治寡"，关键在于合理、明确、严格的组织编制体制。吴子主张把军队的编制体制与地方行政组织紧密结合起来，使"乡里相比，什伍相保"，从而达到"治众如治寡"的目的。古人对"理"莫不重视。韩信与刘邦讨论带兵能力，自云"将兵""多多而益善"，就在于"分数之明"（《草庐经略·尚整》）。明代民族英雄戚继光在《纪效新书·束伍篇》中认为"分数者，治兵之纲也"，在同书《严节制》中又指出"舍节制必不能军"，都是强调"理"对治军的重要。在实践中，戚继光针对江浙地区的复杂地形和倭寇灵活多变的作战特点，采取四进制编组军队，创立了"鸳鸯阵"，锻造出一支令倭寇闻风丧胆的戚家军。

"备者，出门如见敌"，将帅从军队出动开始就要保持如同面对敌人时那样的警惕。"备"首先是对将帅指挥行军作战的要求。古代行军打仗，通常都要派出"斥候"——警戒分队，以便及时发现敌情，使主力部队能够及时应变。比如《六韬·虎韬·绝道》指出，"凡帅师之法，当先发远候，去敌二百里，审知敌人所在"。这种做法就是"备"的表现。当"备"成为一种习惯，就内化为将帅一种基本素质和修养。只有具备了这种素质和修养，才能始终保持高度警惕，才能充分估计和侦知各种情况，并预先制定和及时实施各种应对方案，才能真正做到"无恃其不来，恃吾有以待也"（《孙子兵法·九变篇》）。唐元和十二年（817年），唐将李愬利用雪夜，偷袭反抗中央的割据势力吴元济的老巢蔡州。吴元济缺乏戒备，直至听到唐军号令才登城组织抵抗，但为时已晚，最终城破被俘。历史上像吴元济这样因无备而战败的战例是不胜枚举的。可见，"备"确为将帅必备的修养之一。

"果者,临敌不怀生",将帅临敌作战时就要将个人生死置之度外。《尉缭子·武议》提倡将帅要做到"将受命之日忘其家,张军宿野忘其亲,援抱而鼓忘其身",说的也是这个意思。为将者能够"临敌不怀生",与全军同生死,共进退,既可以激励部属士气,也可以使自己的决策更坚决果断。反之,过于考虑个人安危,指挥作战枭视狼顾,就会给敌人以可乘之机,导致战败,所谓"必生,可虏也"(《孙子兵法·九变篇》)。不言而喻,指挥员是否具备"果"的素质和修养,会影响部队战斗力。在人民军队发展史上,绝大多数指挥员能够不怕牺牲,坚守岗位,表现出无与伦比的果敢,这无疑是构成人民军队强大战斗力的重要因素。

"戒者,虽克如始战",将帅即使打了胜仗也要保持战斗开始时的谨慎。因胜而骄,因骄而失于谨慎,便会导致下一次的失利,这是战场上一般的道理。知易行难,同许多战争规律一样,"虽克如始战"的道理易于理解却难以做到。战争史上常有这样的战例:一方示弱佯败,在将敌人诱至预定战场的同时,也助长敌人的轻敌情绪,使其放松警惕,然后后发制人,一举战而胜之。从某种角度看,这种"能而示之不能"的战法,可以视为吴起"虽克如始战"思想的反用。

"约者,法令省而不烦。"法令,《辞海》解释为法律和命令。这里的"法令"当然是军队适用的军法和军令。吴子认为,一名优秀的将帅应能够做到颁布军法,发布命令时简明而不繁琐。而他本人即能做到"其令不烦而威震天下"(《吴子·励士》)。对士卒来说,军法纪律越简明,则越利于记忆贯彻;命令越简单,则越利于下级得其要领,正确执行。军法军令既要简明，又要切合实际，产生效力，这不是降低而是提高了对为将者的要求。刘邦攻入秦都咸阳之后，与秦民约法三章，"杀人者死，伤人及盗抵罪"（《史记·高祖本纪》），迅速稳定了社会秩序，赢得了秦民的拥护。虽然刘邦所约三章并非军法军令，但却十分贴切地折射出"法令省而不烦"的意义。再如，我军历史上著名的"三大纪律，八项注意"，就是把最重要的纪律以最简明、通俗的语言总结出来，从而便于全军指战员学习和遵守。

总的来看，吴子的"五慎"论的特点，一是全面，简简单单五个字，内涵甚丰，涉及建军治军、作战指挥、思想修养等多个方面。二是实用，后学将帅拿来即可作为行动准则。若将吴子的"五慎"与孙子的"五德"（智、信、仁、勇、严）相比较，则正如钮先钟先生所言，"孙子所言为体，吴子所言为用"（钮先钟，《战略家》），两者各有侧重，相得益彰。

（二）天时地利，"四机"并重

【原文】

吴子曰："凡兵有四机①：一曰气②机，二曰地③机，三曰事④机，四曰力⑤机。三军之众，百万之师，张设轻重⑥，在于一人，是谓气机。路狭道险，名山大塞，十夫所守，千夫不过，是谓地机。善行间谍，轻兵⑦往来，分散其众，使其君臣相怨，上下相咎，是谓事机。车坚管辖⑧，舟利橹楫，士习战陈，马闲驰逐，是谓力机。知此四者，乃可为将。然其威、德、仁、勇，必足以率下安众，怖敌决疑，施令而下不敢犯，所在而寇不敢敌。得之国强，去之国亡。是谓良将。"

【注释】

①机：机要，代指事物的关键、枢要。

②气：士气。

③地：地形，地势。

④事：军事谋略。

⑤力：战斗力。

⑥张设轻重：张设，掌握、安排；轻重，指士气的盛衰。

⑦轻兵：轻装灵活的小部队。

⑧管辖：车轴两边的铁插销，用来闩住车轮使不致脱落。

【译文】

吴起说："率军作战有四个关键：一是掌握士气，二是利用地形，三是运用谋略，四是充实力量。三军之众，百万大军，掌握士气的盛衰，全在于将领一人，这就是掌握士气的关键。道路险狭，高山要塞，十个防守，千人难过，这就是利用地形的关键。善于使用间谍，派遣小部队活动，分散敌人的兵力，使其官兵彼此埋怨，上下互相责难，这就是运用谋略的关键。战车的轮轴插销要坚固，战船的橹桨要轻便，士卒要熟练阵法，战马要熟悉驰逐，这就是充实力量的关键。把握了这四个关键，才能担任将领。将领的威严、品德、仁爱、勇敢，都必须足以表率全军，安抚士众，威慑敌军，决断难疑。发布命令而属下不敢违犯，所到之处而敌军不敢抵挡。得到这样的将领，国家就强盛，失去这样的将领，国家就衰亡。这就叫做良将。"

【新解】

在本节，吴子提出了"四机"理论，对将帅的指挥才能提出了要求。他认为将帅领兵作战必须把握四个关键环节："气""地""事""力"，强调："知此四者，乃可为将"。《吴子》对"四机"并没有给出具体的定义，只是用类似举例的方法进行了大概的解释。"四机"用现代语言可以大致依次解释为：士气、地形、谋略和力量。

士气是军人集体精神状态和集体意志的表现，每个军人个体良好的心理状态和积极的作战动机则是构成集体士气的基础。军心士气是决定战争胜负的重要因素。吴子将"气机"放在将帅必须把握的"四机"之首，反映出他对军心士气，也就是精神因素在战争中的重要作用的深刻认识。同时，吴子也指出，掌握士气的盛衰变化，全在于将帅一人，"张设轻重，在于一人"。

将帅如何"张设轻重"呢？吴子并没有给出更多直接的意见。结合《吴子》全书及吴起的军事实践来看，大概有这样几点：一是"教戒为先"，加强军队的教育训练。通过教育，"教之以礼，励之以义"，使官兵在战场上能够自觉做到"进死为荣，退生为辱"（《吴子·图国》）；通过训练，使官兵熟练掌握各种技战术，提高部队战斗力，如此，就能增强其取胜的信心。二是提高作战指挥水平。将帅决策得当，指挥得法，号令清晰，部属依令而行，常常能够避免陷于疲惫危急的不利局面之中，则不致军心混乱。如能常打胜仗，则更可以取得部属信赖和尊重，更利于鼓舞士气。三是提高军队管理水平。将帅能否做到宽严相济，信赏明罚，军令素行，能否做到身先士卒，率先垂范，也会影响所部军心士气。总之，军队士气的盛衰变化受多种因素影响，将帅要掌控部队士气的变化也必须从多个方面入手。吴子在《励士》篇专门谈到了如何培育军队战斗精神，激励士气的问题,但彼论是站在国家角度、从战略层面而言的,与本篇所论主要针对将帅而发,有所不同。

无独有偶,兵圣孙子也主张将帅要能掌握敌我双方军心士气的变化规律。《孙子兵法·军争篇》篇提出了"四治"之计:"故善用兵者,避其锐气,击其惰归,此治气者也。以治待乱,以静待哗,此治心者也。以近待远,以佚待劳,以饱待饥,此治力者也。无邀正正之旗,勿击堂堂之陈,此治变者也"。显然,吴子思想与孙子的"治气""治心"之说颇有相通之处,但孙子之说显得更加明晰。

重视军心士气在战争中的作用,是中国传统军事思想的一大特点。早在公元前684年的齐鲁长勺之战中,鲁国布衣曹刿便成功地运用士气消长与战争胜负关系的规律,协助鲁庄公指挥,取得了战争胜利,并总结出一段千古传诵的名言,"夫战,勇气也。一鼓作气,再而衰,三而竭,彼竭我盈,故克之"(《左传·庄公十年》)。唐代大军事家李靖提出兵有三势,"故兵有三势,一曰气势,二曰地势,三曰因势。若将勇轻敌,士卒乐战,三军之众,志厉青云,气等飘风,声如雷霆,此所谓气势也"(《通典》)。这些可以帮助我们加深对吴子"气机"的理解。

众所周知,地形对战争有着重要影响。吴子把地形作为将帅领兵作战必须掌握的第二个关键,称之为"地机"。可惜的是,对于"地机",吴子也没有展开论述,我们的分析仍需从全书着眼。

吴子能从战略高度认识"地机"。他认为某国的战略地理环境会对其军队战斗力产生一定程度的影响。如在《料敌》篇,吴子在分析六国军队战斗力及如何战而胜之的时候,就曾提到"秦地险"是造成秦军易"散而自战"的原因之一:因为地形险要，小的部、分队乃至单兵都可以借助有利地形各自为战，久而久之，便形成了秦军的传统。"楚地广"是造成楚军"整而不久"的原因之一：地形宽广，自然利于排兵布阵，但因为得不到有利地形的保护，战斗队形的侧翼、后方易遭受攻击，而一旦遭受猛烈攻击，士卒又便于四散逃逸，久而久之，便形成了楚军的传统。

在吴子的军事生涯中，大部分时间都是在与秦军争夺河西之地的战斗中度过的。河西之地对魏国来说既是进攻秦国的桥头堡，也是抵御秦国进攻的最前沿，谓其性命攸关，毫不为过。吴子以其出色的军事才华，夺取了这一区域，并以西河郡守之职率该地军民坚守十余年，牢牢扼住了秦国东出的咽喉。当魏武侯听信小人谮言将他调离西河郡的时候，吴起流下了热泪，痛心疾首地对手下人说，"君知我而使我毕能，西河可以王。今君听谗人之议而不知我，西河之为秦取不久矣，魏从此削矣"（《吕氏春秋·仲冬纪·长见》）。历史的发展正如吴子所预料，秦国夺取了河西之地，全据崤函之险，进退裕如，不断东出进攻关东六国，并最终统一了中国。吴子对河西之地战略价值的认识，充分反映出他是能够、也善于从战略高度认识"地机"的。

重视谋略，是中国传统军事思想的一大特色。兵圣孙武"上兵伐谋""不战而屈人之兵"等经典名言，就是这一传统特色的最好概括。从兵家始祖姜尚，到齐桓公、晋文公等春秋霸主，再到伍子胥、范蠡等谋臣武将，创造了无数重谋、用谋、谋胜的精彩战例。作为中国古代杰出的军事家和军事理论家，吴子也高度重视谋略在战争中的作用，把"事机"——谋略——作为将帅领兵作战必须掌握的第三个关键。

谋略是思维的产物，是智慧的表现，它在从大战略到战役、战斗的各个层面都可以彰显其价值。从这个角度看，吴子"内修文德，外治武备""先戒为宝""以治为胜"等思想也是谋略。这些思想看上去并没有什么飘渺玄妙之处，但实际上却是最为高超的"大谋""远谋""阳谋"。一个国家政治清明，上下齐心，武备强大，自然会对对手产生强大的威慑，使之不敢心存觊觎，也就在最大程度上远离了战争，正所谓"大智不智，大谋不谋"（《六韬·武韬·发启》）。

《吴子》书中也提出了一些具体作战行动中的谋略法则，这些谋略法则基本是对孙子思想的继承。如，"善行间谍"，使敌"上下相咎"，大概来自孙子的"亲而离之"；对"愚而信人"的敌将"可诈而诱"，对"贪而忽名"的敌将"可货而赂"，与孙子提出的"利而诱之"相仿；"轻兵往来"大概就是指孙子所说的"作之""形之""角之"等侦察性作战行动（《孙子兵法·虚实篇》）。吴子在《应变》篇针对不同情况提出了相应战法，同样基本没有超越孙子的新论。

吴子把"力机"作为将帅领兵作战必须具备的第四个关键因素。训练部队，管理部队，培养、保持和提高部队战斗力，是为将者的分内之事。现代军事理论认为，影响部队战斗力的因素主要有三：一是人，二是武器装备，三是人与武器装备的结合，即编制体制。这三点，吴子均不同程度地考虑到了。《吴子》中《治兵》《论将》《励士》等三篇主要是针对"人"的因素而言的。同时，吴子也重视装备因素。比如，对于当时的重要装备战车，吴子指出要使"车坚管辖""膏锏有余"。吴子对另一重要装备战马尤为重视，在《治兵》篇专门对驯养战马进行了论述，总的要求就是使"马闲驰逐"。关于军队的编制体制，吴子也很有研究。读者可参阅前述。

如果把"事机"和"力机"联系在一起就会发现，《吴子》似乎更为重视"如何塑造力量"，而对"如何使用力量"则缺乏新论。尽管吴子同样重视谋略，但《吴子》全书的谋略色彩的确要比《孙子》淡一些。这大概应与吴子儒表法里的思维方式有一定关系吧。而吴子关于力量建设的一系列思想论述，恰好也是对孙子思想的一个补充。

将帅善于把握"四机"，能够做出正确的判断和决策，还必须能够做到"施令而下不敢犯"，确保命令真正得到贯彻执行。因此，吴子在提出"四机"理论之后，接着便指出指挥员应具备"威、德、仁、勇"四种品德，而且其修养水平必须达到"足以率下安众，怖敌决疑"的较高水平。

吴子对"威、德、仁、勇"并没有展开论述，我们不妨结合《吴子》全书加以讨论。"威"即威严、威信。将帅之威严源自何方呢？从上下文看，吴子认为将帅能够指挥有方，赏罚有信，就能有"威"。将帅有"威"，部属常怀畏惧之心，便会不自觉地形成令行禁止的习惯。"德"的含义则颇为广泛，概而言之，吴子心目中的将德至少应当包括"受命而不辞，敌破而后言返"的所谓"将之礼"，和"进死为荣，退生为辱"的封建社会荣辱观。"仁"，即仁义，仁爱，大抵与《图国》篇提出的"四德"中的"仁"含义相当。将帅有"德"、有"仁"，爱兵抚士，便可赢得部属的爱戴。"勇"，即勇敢。吴子对"勇"的认识颇为深刻。他欣赏和强调"勇"，但同时又指出"勇之于将，乃数分之一尔"。在他看来，将帅的责任是专主旗鼓，"临难决疑，挥兵指刃"，指挥全军作战，而"一剑之任，非将事也"（《尉缭子·武议》载吴起语）。如果一名统帅只顾像偏裨士卒那样冲锋陷阵，就势必影响对全军的指挥，"夫勇者必轻合，轻合而不知利，未可也"。因此，吴子要求的"勇"是更加理智的"勇"，是更高层次的"勇"，是真勇、大勇，而绝非匹夫之勇。将帅有"勇"，坚于职守，足以表率全军，可使部属衷心敬佩。部属的爱戴与敬佩都利于政令军令之施行。

（三）三威令下，令行禁止

【原文】

吴子曰："夫鼙鼓金铎①，所以威②耳。旌旗麾帜，所以威目。禁令刑罚，所以威心。耳威于声，不可不清。目威于色，不可不明。心威于刑，不可不严。三者不立，虽有其国，必败于敌。故曰，将之所麾③，莫不从移；将之所指，莫不前死。"

【注释】

①鼙鼓金铎：鼙，小鼓；铎，大铃。鼙、鼓、金、铎都是古代的指挥器材。

②威：通"畏"，引申为听从命令、受约束之意。

③麾：通"挥"，指挥。

【译文】

吴起说："军鼓铃铎，是用来指挥军队的听觉号令。旌旗麾帜，是指挥军队的视觉号令。禁令刑罚，是用来约束全军行动的法纪。利用听觉统一军队行动靠声音，所以金鼓之声不可不清晰。利用视觉统一军队行动靠颜色，所以旗帜的颜色不可不鲜明。军心的统一靠刑罚，所以刑罚不可不严厉。这三条不确立，虽然有国家，也必定会被敌人打败。所以说，将领所发布的命令，部队没有不听从的。将领的号令所指，部队没有不拼死向前的。"

【新解】

"四机"之后，吴子又从作战指挥的角度提出了"三威"理论，即"耳威于声""目威于色""心威于刑"。"鼙鼓金铎""旌旗麾帜"都是古代的指挥工具。平时，通过训练，使部属熟练掌握各种听觉和视觉信号，并能依据信号动作；战时，根据作战形势，迅速决策，将清晰准确的命令传达全军，这是作战指挥的基本要求。在"威耳""威目"的基础上，还要"威心"，就是以禁令刑罚严肃军纪，以维护将帅的权威，尤其是作战指挥上的权威。吴子在《治兵》篇提出："进有重赏，退有重刑。行之以信。审能达此，胜之主也"，这里也包含着"威心"的含义。吴子强调，威耳、威目、威心三者"不可不严""三者不立，虽有其国，必败于敌"。

"威、德、仁、勇"等个人魅力，是能够使政令军令施行更为畅通的"润滑剂"，但从指挥角度而言都是"软手段"，缺乏可操作性。片面依靠个人魅力领率全军，常常导致失败。与"四机"相比，"三威"则属于保障政令军令施行的"硬手段"。每一个号令，每一条刑罚都规定得明明白白，将帅士卒一举一动均有法可依，则战时"将之所麾，莫不从移；将之所指，莫不前死"。汉代名将"飞将军"李广，胆识过人、英武剽悍，待下宽厚，官兵其乐融融，部下感怀恩遇，泯不畏死，但其治军不用纪律，结果征战一生却"而广每至于败衄废罪，无尺寸之功以取封爵，卒以失律自裁以当幕府之责"（《何博士备论·李广论》），便是最好例证。

(四)因形用权,战而胜之

【原文】

吴子曰:"凡战之要,必先占其将而察其才。因形用权,则不劳而功举。其将愚而信人,可诈而诱;贪而忽①名,可货而赂;轻变无谋,可劳而困;上富而骄,下贫而怨,可离而间;进退多疑,其众无依,可震而走;士轻其将而有归志,塞易开险,可邀而取;进道易,退道难,可来而前②;进道险,退道易,可薄③而击;居军下湿,水无所通,霖雨数至,可灌而沈④;居军荒泽,草楚幽秽⑤,风飙⑥数至,可焚而灭;停久不移,将士懈怠,其军不备,可潜⑦而袭。"

【注释】

①忽:不注意,不重视。
②前:通"翦",消灭,歼灭。
③薄:迫近,逼近。
④沈:通"沉",淹没。
⑤草楚幽秽:楚,一种矮小丛生的木本植物;秽,繁茂,丛生的样子。草楚幽秽,意指杂草灌木丛生。
⑥飙:狂风,暴风。
⑦潜:悄悄地。

【译文】

吴起说:"作战中最重要的,必须首先侦知敌将的情况,并充分了解他的才能。根据战场情况而采用灵活多变的对策,就可以不费多大力量而取胜。敌将愚蠢而轻信于人,便可用欺骗的手段引诱他。敌将贪图私利而不顾名誉,便可用财物贿赂收买他。敌将常常轻易改变主意而没有深谋远虑,便可以扰乱疲困他。上级富裕而骄奢,下级贫困而怨愤,便可以离间他们。将领进退迟疑不决,部队无所适从,可用威慑吓跑他。士卒轻视将领而厌战思归,就可以堵塞大道,佯装让开险阻道路,尔后用截击的战法取胜。敌人进路平易,退路困难,就引诱敌人前进而加以歼灭。敌进路艰险,退路平坦,就迫近敌人攻击。敌人在低洼潮湿的地方驻扎,积水不易排除,若经常下雨,就可以乘机灌水淹没它。敌人在荒芜的湖沼地带驻扎,杂草灌木丛生,若经常刮风,就可用火攻消灭它。敌人久驻一地不转移,官兵懈怠,戒备疏忽,就可以偷袭它。"

【新解】

前三节提出的"五慎""四机""三威",包括"威、德、仁、勇",都是从正面论述为将者应具备的品德才能。本节,吴子转而从反面进行论述,总结了为将者可能出现的十一种弱点。难能可贵的是,吴子还针对敌将弱点,提出了"因形用权"的克敌制胜之策,针对性和可操作性都很强,从而使这些总结兼具了作战指导意义。

这十一种弱点,大致可以归纳为"德"和"才"两个方面。

在"德"的方面,主要有两点。一是"贪而忽名",为将者贪婪无度,达到了无视个人名誉的地步,对付这种敌将"可货而赂"。二是"上富而骄",为将者以种种手段聚敛财富,又因权位财富骄奢淫逸,不顾部属尤其是基层士兵的"贫""怨",对付这种敌将"可离而间"。

吴子重点批判了为将者在"才"的方面存在的弱点,多达九种,大致可分为四类。第一类是为将者指挥禀赋不足。有的"愚而信人",不聪明,不善辨明真假,容易轻信他人,上当受骗,对付这种敌将"可诈而诱"。比如,三国赤壁大战期间,曹操手下的蒋干貌似聪明,主动请缨赴东吴说降周瑜,结果反被周瑜所利用,实是愚不可及。有的"轻变无谋",不懂得也不重视战场形势千变万化的规律,欠缺谋略思维能力,想不出制胜的策略战法,对付这种敌将"可劳而困"。项羽即可视为这种将军。楚汉战争中,项羽、刘邦率军在洛阳附近形成相持。项羽后方两次被汉将彭越抄袭,却拿不出像样的对策,一再亲率主力回援,在东起彭城、西至荥阳的千里战线上东奔西驰,结果军队主力被拖垮,最终兵败垓下,自刎乌江。

第二类是为将者不善于果断决策。有的"进退多疑",导致部队无所适从,对付这种敌将"可震而走"。《三国演义》中脍炙人口的"张飞大闹长坂桥"的故事里,曹军众将"进"恐中埋伏,"退"又不忍放走刘备,结果被张飞仅以二十骑阻于长坂桥。故事虽不乏小说家夸张之言,却很好地诠释了吴子的理论。有的不善于构想、组织和实施后续行动,导致部队"停久不移",官兵思想懈怠,战备观念、敌情意识和战备水平下降,对付这种敌将"可潜而袭"。

第三类是为将者不善于分析利用地形。吴子主张,在隘口地带,即"易"形与"隘"形的连接部,如果敌军进军方向是由"隘"至"易",则"进道易,退道难"。在这种情况下,敌军后退不便,一旦受到拦阻,必拼命死战,这就增加了己方作战的难度。当敌将出现这种利用地形不当的情况时,吴子主张"可来而前",先引诱敌人前进再加以歼灭。颇为有趣的是,

《孙子兵法》将这种地形称为"挂"形，指出在挂形地带，敌人如果没有防备，我军就可以突然出击战胜他们；敌人如果预有防备，我军出击不能取胜，又难以返回，这样就对我军不利。可见，在这种地形上，孙、吴二子的战术思想是基本一致的。所不同者，孙子说的是己方处于这种地形时应采取的战法；吴子说的是当敌方处于这种地形时，己方应采取的战法。为将者能够将孙、吴二子的思想结合起来，也就全面掌握了"挂"形上的战法。反过来，如果敌军进军方向是由"易"至"隘"，则"进道险，退道易"。在这种情况下，敌人易于退却，战斗意志往往会不够坚决，一旦作战不利，便会自然而然地想到撤退。当敌将出现这种利用地形不当的情况时，吴子主张"可薄而击"，积极迫近敌人并展开攻击。再比如，有的指挥员将军队部署在低洼潮湿之地，排水不便，如果再有频繁降雨，就可以考虑用水淹的战法将其击败。还有的将军队部署在杂草灌木丛生之地，如果再有"风飙数至"，就可考虑用火攻的战法将其击败。

还有一种将帅会被士卒所轻视。造成这种情况的原因，既可能是为将者"德不配位"，也可能是"才不堪任"，难以一概而论。部属轻视指挥员，就会厌战怯战，渴望撤军避战，对付这种敌人可以切断平坦通道，迫使其走险要通道，再借助有利地形以伏击、截击等战法取胜。

上述敌将弱点，也可能出现在己方将领甚至自己身上，需要竭力避免；上述利用敌将弱点，"因形用权"而提出的战法策略，同样可能被敌人加诸己身，需要谨慎防范。

应该怎样侦察掌握敌将弱点呢？吴子在下一节论述了这个问题。

（五）相将之法，探敌虚实

【原文】

武侯问曰："两军相望，不知其将，我欲相①之，其术如何？"

起对曰："令贱而勇者，将轻锐以尝②之。务于北，无务于得，观敌之来。一坐一起③，其政④以理，其追北佯为不及，其见利佯为不知，如此将者，名为智将，勿与战矣。若其众諠⑤哗，旌旗烦乱，其卒自行自止，其兵或纵或横，其追北恐不及，见利恐不得，此为愚将，虽众可获。"

【注释】

①相：观察，查明。
②尝：试探。
③一坐一起：坐，坐阵，指停止；起，由坐阵变为立阵，指前进。一坐一起，意指每次前进和停止。
④政：军政，意谓军队的指挥。
⑤諠（xuān）：大声呼叫。

【译文】

魏武侯问道："两军对阵，不知敌将的情况，我想要查明其才能，有什么办法呢？"

吴起回答说："命令勇敢的下级军官，率轻兵锐卒去试攻敌人，只许败，不准胜，以观察敌军前来的行动。敌军的一举一动，指挥很有条理，向我追击时佯装追不上，看到散在地上的财物假装没看见，像这样的将领，就是智将，不要与他交战。如果敌军之中喧哗嘈杂，军旗纷繁杂乱，士卒自由行动，手中兵器横七竖八，追击唯恐追不上，见到资财唯恐抢不到，这就是愚将，敌人虽多也可以俘获他。"

【新解】

本节，吴子借魏武侯之问，提出了"相将"之术，以查明敌将情况。

将帅职责在于管理、训练部队和作战指挥，其能力水平必然会通过部属表现间接地展露出来。本节提出的"相将之术"，主要就是"令贱而勇者，将轻锐以尝之"，进行一些侦察性作战行动，然后佯装败退，观察敌军应对情况，再据其应对措施分析判断敌指挥员的素质能力。如果敌军在追击过程中，阵形不乱，士卒对散落在地上的财物视若无睹，则说明敌将治军有方，指挥有度，是所谓"智将"。反之，如果敌军士卒追击中喧哗嘈杂，军旗纷繁杂乱，逐利唯恐不及，则说明敌将为"愚将"，对于"愚将"，"虽众可获"。显然，"相将"之术同样具备作战指导意义。

佯败诱敌之计，多为兵家所用。大约与吴子同时代而稍晚的孙膑在《孙膑兵法·威王问》中提出，当两军实力相当，阵形都很稳固，对阵交兵之时，谁也不敢先发动进攻的情况下，就应该用"贱而勇者"率领轻兵锐卒佯攻敌人，只许失败，不许取胜，如果敌人中计，发起追击，便趁机用隐蔽待机的分队侧击敌军，如此就能取胜。虽然孙膑谈的不是"相将"问题，但稍加分析便可看出，用计一方如何败得"逼真"，何时发动侧击；另一方如何识破敌计，保持阵形稳定，其实都取决于统兵将帅的智慧。

从逻辑上看,"相将"属于"料敌"的重要内容,观察、用间等"料敌"的方法手段自然也可用于"相将"。上一节提到的敌将在品德修养、指挥禀赋等方面的情况,需要运用开源情报分析、使用间谍等方法侦察掌握起来,仅仅依赖战场上的佯败之计是远远不够的。在人们所熟知的战国秦赵长平之战中,若非秦相范雎早就知悉赵括为纸上谈兵的愚将,又焉能使出诱骗赵国,使其撤免廉颇、换任赵括为将的妙计?上一节提到的敌将在指挥决策、地形利用等方面的能力素质情况,通过抵近侦察就可获知,是无需使用佯败之计的。

综合《论将》全篇来看,吴子既对为将者提出了"五慎""四机""三威"等正面要求,又总结了为将者的常见弱点和易犯错误,正反结合,发人深省。中华传统兵学的将帅观重视将帅作用,注重从正反两方面考察将帅德才。如,孙子既从正面强调将帅必须具备"五德",又从反面告诫将帅要警惕"五危":

"故将有五危:必死,可杀也;必生,可虏也;忿速,可侮也;廉洁,可辱也;爱民,可烦也。凡此五者,将之过也,用兵之灾也。覆军杀将,必以五危,不可不察也。"(《孙子兵法·九变篇》)

"必死"不是勇敢而是拼命主义,对这样的可以利用其盲目求战而杀之;对"必生"者可以利用其贪生怕死的弱点俘虏他;对性格急躁的"忿速"者,对矜骄喜名的"廉洁"者,对姑息求全的"爱民"者,可以激怒之、羞辱之、烦扰之,一旦敌人露出破绽,便乘隙进而,战而胜之。

除《孙子兵法》之外,《孙膑兵法》《六韬》《将苑》《虎钤经》等兵书也对将帅的缺陷作出了各自的概括归纳。史美珩先生在

《古典兵略》一书中,将各家关于将帅常见的思想性格修养和道德品质作风方面弱点的论述,综合为二十一条,十分全面,赘引如下,以飨读者。

"有勇无谋、性情急躁、残暴自私、刚愎自用、骄傲轻敌、智而心怯、智而多疑、智而心缓、智小谋浅、优柔寡断、不懂兵战、贪生怕死、贪图财物、贪图廉名、贪恋酒色、愚笨无能、愚而骄横、愚而任人、言而无信、不爱士卒、妒贤忌能。"

相应对策如下:

"有勇无谋、性情急躁、刚愎自用、愚而骄横、可激之、怒之、喜之、伏而挑之、诱而杀之;残暴自私、妒贤忌能、不爱士卒、言而无信,可离而间之;智而心怯、不懂兵战,可惊之、抗之、噪而恐之、震而走之;智而心缓、优柔寡断可逼而袭之;智小谋浅、愚而无能、愚而任人可利而诱之、诳之欺之;智而多疑可引而劳之、烦之;贪生怕死,可恐之怖之、袭而虏之;贪图财物,可赂而取之;贪图廉名,可辱之污之;贪恋酒色可设计导之、间之,诱而擒之。"

必须注意的是,包括吴子在内的古代兵家,受时代和阶级的局限,普遍存在片面夸大将帅作用,而轻视普通士卒百姓在战争中的决定性作用的现象,表现出比较明显的唯心主义英雄史观特点。我们在学习中华传统兵学将帅论的时候,需要注意避免受其影响。

五

"应变第五"
逻辑思路与精要新解

【篇题解析】

兵将齐备，则可用兵。作战样式多种多样，需要采取不同战法灵活应对，故《应变》次于《论将》。《应变》尤其能够体现为将者的指挥才能，故本篇也可视为《论将》篇的逻辑延伸。本篇是研究战争类型的专篇，可分为九节，依次列举了遭遇战、击众战、击强战、近战、谷战、水战、车战、防突袭、城市作战等9种不同作战样式，论述了相应战法和作战指导。《料敌》《论将》对作战问题也均有涉及，这两篇主要论述利用敌方弱点，实施有利条件下作战时的战法和作战指导问题。《应变》篇则主要论述己方在相对不利条件下作战时的战法和作战指导问题。将这三篇中作战问题相关论述综合起来，就能比较全面地认识《吴子》的作战思想。

（一）遭遇战

【原文】

武侯问曰："车坚马良，将勇兵强，卒①遇敌人，乱而失行，则如之何？"

吴起对曰："凡战之法，昼以旌旗幡麾②为节③，夜以金鼓笳笛④为节。麾左而左，麾右而右。鼓之则进，金之则止。一吹而行，再吹而聚，不从令者诛。三军服威⑤，士卒用命，则战无强敌，攻无坚阵矣。"

【注释】

①卒：通"猝"，突然。

②旌旗幡麾：幡，长条形旗帜。旌旗幡麾都是古代指挥军队的旗帜。

③节：节制，号令。

④金鼓笳笛：笳，一种吹奏的乐器。金鼓笳笛都是古代通过吹、打发出音响来指挥军队的工具。

⑤服威：服从指挥。

【译文】

魏武侯问道："我军战车坚固，战马优良，将领勇敢，士卒强壮，如果突然遭遇敌人，队伍混乱不成行列，那怎么办呢？"

吴起回答说："通常指挥作战的方法，白天用旌旗幡麾指挥，夜间用金鼓笳笛指挥。指挥向左部队就向左，指挥向右部队就向右。击鼓部队就前进，鸣金部队就停止。第一次吹笳笛部队就成行列，第二次吹笳笛部队就集合，不听从命令就要惩罚。三军听从指挥，士卒执行命令，这样就没有打不败的强大敌人，没有攻不破的坚固阵势。"

【新解】

作为一本兵书，《吴子》对作战问题高度重视，其论述可见于《料敌》《论将》和本篇《应变》之中。在《料敌》篇，吴子分析了六国军队各自的"先天缺陷"，提出了相应作战指导，总结了"不卜而与之战者八""十三可击"等基本敌情及相应战法。在《论将》篇，又总结了十一种敌将弱点和相应战法。值得注意的是，《料敌》《论将》中总结的战法，或针对敌军固有不足、或抓住敌将指挥失当、或利用敌将德才弱点，总之都是在相对有利条件下"顺风战"的战法。但战争中，怎么可能总是打"顺风战"呢？因此，吴子在本篇主要论述己方在不利条件下作战的问题。

本节，吴子首先借魏武侯之问，提出"卒遇敌人"的遭遇战问题。

吴子时代，群雄并起，相互间争伐不断，战争十分频繁。西周时期流行的"礼义之兵""仁义之兵"逐渐退出历史舞台，"出奇设伏，变诈之兵并作"（《汉书·艺文志·兵书略》）。受侦察监视手段所限，很难实时准确地掌握敌军动向。这就使得遭遇战成为重要的作战样式。

遭遇战的敌情和战场环境难以预料，要提出具体战法是十分困难，甚至是不可能的。指挥员"因形用权"，果断做出符合实际情况的决策，实施正确高效的指挥，便成为打赢遭遇战最可倚仗的因素。吴子在本节没有提出遭遇战的具体战法，只是强调了作战指挥的一般原则，正是缘于此因。

首先，吴子强调将帅必须善于正确使用指挥工具。"昼以旌旗幡麾为节，夜以金鼓笳笛为节"是指利用金鼓、旌旗等指挥工具发出视觉、听觉信号来指挥作战，是人类战争史上曾经长久使用的一种指挥方法。现已亡佚的中国古代早期兵书《军政》中就有"言不相闻，故为金鼓；视不相见，故为旌旗"（《孙子兵法·军争篇》引《军政》语）的记载。利用旌旗金鼓进行指挥，不同时期的不同军队有着不同的信号规定，大致都如吴子所言，"鼓之则进，金之则止""麾左而左，麾右而右"。通过实施正确的指挥，使部队"前却有节，左右应麾，虽绝成陈，虽散成行"（《吴子·治兵》），始终保持严整的战斗队形。金鼓旌旗在战争中的作用是不言而喻的，因此，吴子强调选择"强者持旌旗，勇者持金鼓"，以确保作战指挥不出问题。

其次，强调用严刑峻法确保命令执行。指挥员决策英明，指挥得当，而部属却"金之不止，鼓之不进"，这样的军队"虽有百万，何益于用"（《吴子·治兵》）？靠什么使部属服从命令，听从指挥呢？吴子再一次显现出法家本色，说"不从令者诛"！利用严刑峻法、信赏明罚来维护军纪，是《吴子》全书的一贯思想。读者可参阅《治兵》《论将》两篇新解。对违犯战场纪律者，尤须施以重典。据《尉缭子·武议》记载，吴起率军与秦军作战，两军尚未交锋，有一魏军士卒自恃其勇，独自冲向前去，斩杀两名敌人，返归本阵。吴起当即下令处死这名士卒。军吏请求放过这个本领高强的勇士。吴起说："材士则是矣，非吾令也"，坚持处死了这名犯令者。

西汉武帝元狩四年（前119年）夏初，汉武帝命卫青、霍去病率大军深入漠北，发动对匈奴伊稚斜单于的战略决战，后世称为漠北之战。卫青率所部主力5万余人自定襄出塞，向北推进一千多里后，与严阵以待的伊稚斜单于主力遭遇。卫青临危不乱，一面下令以"武刚车"为主体环绕筑成野战防御工事，防备匈奴骑兵突袭；一面派出五千名骑兵冲击敌阵。伊稚斜单于以万余骑兵应战。两军鏖战到傍晚时分，忽然间狂风骤起，沙砾飞扬，对面不能相见。卫青果断命令左右两翼汉军迅速出击，迂回包围匈奴军队。伊稚斜单于不敢恋战，率数百名亲兵在黄昏扬沙条件掩护下，从西北方向突围而去。由于目视条件不佳，卫青指挥汉军与匈奴军激战夜幕深沉，方才得知伊稚斜单于已经突围，遂急令轻骑连夜追击，但终被单于逃脱。此役，汉军共杀伤俘获匈奴一万九千多人，推进至位于寘颜山（约位于今蒙古杭爱山南端）的赵信城（赵信降匈奴后所建，故名赵信城）。匈奴伊稚斜单于遭到歼灭性打击。

此战即属于吴子所谓"卒遇敌人"的遭遇战。汉军卫青部之所以获胜，一是由于汉军经过多年建设和河南、漠南诸战的实战锻炼之后，"车坚马良，将勇兵强"；二是由于卫青临危不乱，指挥有方，有效发挥了车、骑、步协同作战的威力；三是汉军将士"三军服威，士卒用命"，严格执行了卫青命令。

（二）击众战

【原文】

武侯问曰："若敌众而我寡，为之奈何？"

起对曰："避之于易，邀之于厄①。故曰，以一击十，莫善于厄；以十击百，莫善于险；以千击万，莫善于阻。今有少卒卒②起，击金鸣鼓于厄路，虽有大众，莫不惊动。故曰，用众者务易，用少者务隘。"

【注释】

①邀之于厄：邀，截击。厄：隘路，指险要地形。
②卒（cù）：突然。

【译文】

魏武侯问道："如果遇到敌众我寡的情况，那该怎么办呢？"

吴起回答说："在平坦的地形上就避免和它作战，在险要的地形上便截击敌人。所以说，以一击十，最好是利用狭隘的地形；用十击百，最好是利用险峻的地形；以千击万，最好是利用险阻的地形。如果派少数士卒突然出击，在狭险的地形上鸣金击鼓，即使敌人众多，也无不惊骇骚动。所以说，使用众多的兵力，务求地形平坦，使用少数兵力，务求地形险要。"

【新解】

显然，遭遇战存在我众敌寡和敌众我寡两种情况，而两种情况下的战法选择、指挥难度和作战强度都是不一样的。因此，吴子在上一节就遭遇战问题进行论述后，进一步"提高难度"，借魏武侯之问提出了"敌众我寡"情况下如何实施作战的问题。笔者将这种作战样式简称为"击众战"。

对于打赢"击众战"，吴子提出了"避之于易，邀之于厄"的基本作战指导思想。强调利用险要地形弥补兵力不足的劣势，进而克敌制胜，所谓"以一击十，莫善于厄；以十击百，莫善于险；以千击万，莫善于阻"。"厄""险""阻"三种地形名虽不同，但特点大同小异，均指险要地形。王筠在《说文解字句读》中的解释可以作为参考："险、阻，一事而两名，难则其义也。险言其体之峻绝，阻言用之隔绝。"

对"避之于易，邀之于厄"的击众战思想，中外兵家皆"英雄所见略同"。如，《六韬·豹韬·少众》指出以少击众的情况下，"以少击众者，必以日之暮，伏于深草，要之隘路"，这与吴子思想颇有异曲同工之妙。西方战争史上著名的温泉关之战可作为吴子"击众战"思想的很好诠释。公元前480年，波斯王薛西斯率军进攻希腊，史称第二次波希战争。希腊城邦在雅典和斯巴达的领导下组成同盟，抵抗波斯大军。希腊同盟经过审慎分析，认为温泉关是最好的阻击地点，便派斯巴达列奥尼达国王率精锐部队赶赴温泉关布防，同时派出一支舰队控制阿特米松海岬，以防止波斯军队在温泉关侧翼登陆。七、八月间，薛西斯指挥20至50万大军抵达温泉关，希腊方面仅约7000人，双方兵力极为悬殊。温泉关地势险要，通道狭窄，大部队难以展开，战车和骑兵无法发挥作用，薛西斯只能采取步兵轮番冲击的战法。希腊人摆开著名的"希腊长枪方阵"进行防御。大战的前两天，波斯军队先后发起万人、两万人、五万人的攻击，均被击退。第三天，波斯军找到一条小路，翻山越岭渡河，插到温泉关背后，方才包围全歼了守关的希腊军队。希腊守关军队虽败，但争取了宝贵的3天战备时间，为希腊联盟最终获胜创造了条件。

孙子在《孙子兵法》中根据地形特点，从作战层面将其区分为六种类型，即通形、挂形、支形、隘形、险形、远形，并总结出相应的战法。吴子去繁就简，将地形区分为"易"和"隘"两大基本类型，提出了利用地形的一般原则——"用众务易，用少务隘"。认为如果己方兵力众多，就应该积极争取在"易"的地形行军作战，反之，就应该注意利用"隘"的地形。其中的道理显而易见，优势数量的军队在平坦开阔的地形上才能充分展开，进行较宽正面和较大纵深的战斗部署，如此，军队的数量优势才能得以发挥。"夫地形者，兵之助也"（《孙子兵法·地形篇》），劣势数量的军队利用险峻狭窄的地形，则可以缩小正面，保证一定的纵深部署，还可以利用有利地形构筑防御工事，以此弥补军队数量的不足。

历史上许多以少胜多、以弱胜强的战例都可以证明，"用众务易,用少务隘"是符合战争规律的。公元 222 年的吴蜀夷陵之战中,刘备以优势兵力,沿长江顺流东进,其势锐不可当。吴军在陆逊的指挥下,先让一步,主动撤退至夷道(今湖北宜都,在长江南岸)、猇亭(今湖北宜都北古老背,在长江北岸)一线后转入防御,陷蜀军于兵力难以展开的数百里的崇山峻岭之中。蜀军"今缘山行军,势不得展,自当罢于木石之间"(《三国志·吴书·陆逊传》注引《吴书》),吴军则本着"徐制其弊"的指导思想,扼守要隘,避锐乘疲,伺机决战。相持半年之后,陆逊见时机成熟,发动反攻。时值盛夏,蜀军营寨均以木栅构成,地处峡谷,草树丛生。陆逊就势施以火攻,连破蜀营四十余座,前后歼灭蜀军数万人,取得了夷陵之战的大胜。

(三)击强战

【原文】

武侯问曰:"有师甚众,既武且勇;背大阻险,右山左水;深沟高垒,守以强弩;退如山移,进如风雨,粮食又多。难与长守,则如之何?"

起对曰:"大哉问乎!此非车骑之力,圣人之谋也。能备千乘万骑,兼之徒步,分为五军,各军一衢①。夫五军五衢,敌人必惑,莫之所加。敌人若坚守以固其兵,急行间谍②以观其虑。彼听吾说,解之而去。不听吾说,斩使焚书,分为五战。战胜勿追,不胜疾归。如是佯北,安行疾斗,一结其前,一绝其后。两军衔枚③,或左或右,而袭其处④。五军交至⑤,必有其利。此击强之道也。"

【注释】

①衢（qú）：道路，此指方向。

②间谍：指使者，古代使者往往兼负间谍的任务。

③衔枚：古代行军，令士卒在口中衔"枚"，使之不能发声，以保持肃静。枚，形似筷子，两端有细绳，可以系于颈上，防止脱落。

④处：敌军驻扎之处。

⑤交至：先后到达。

【译文】

魏武侯问道："敌军兵力众多，训练有素，作战勇敢，背靠高大险阻的地形，右依山，左临水，挖有很深的沟壕，筑有很高的壁垒，防守有强大的弩兵，后退稳如山移，前进疾如风雨，粮食储备又充足。很难与它长期相持，该怎么办呢？"

吴起回答说："您所问的真是一个大的问题呀！这不能单凭车骑的力量，而是要靠圣贤之人的谋略才能取胜。如果能够配备战车千辆、骑兵万人，加上相应的步兵，编为五支军队，每支军队担任一个方向。五支军队成五路进发，敌人必然疑惑，不知我将攻击它的什么地方。敌军如果坚守阵势，稳定它的部队，我方就应迅速派出使者去摸清它的企图。如果它听从我方劝说，我就撤兵退回。如若不听从我方劝说，反而杀我使者，烧掉我送去的书信，那么五军就分五路与敌交战。打胜了不要追击，不胜就迅速撤回。像这样伴装败退，引诱敌人，就应以一军谨慎行动，迅速反击，一支军队从正面牵制它，一支军队截断它的后路，两支军队隐蔽前进，或者从左侧或者从右侧，袭击它的薄弱处。五支军队合击，必然形成有利态势。这就是攻击强敌的战法。"

【新解】

冷兵器时代，兵力众寡是衡量军队强弱的重要指标，但不是唯一指标。态势主动、士气高昂、补给充足、占据地利、以逸待劳，兵力虽少也为强；态势被动、士气低迷、补给匮乏、地形不便、士卒劳顿，兵力虽多也是弱。因此，吴子在上节论述"击众战"的基础上，在本节进一步论述"击强之道"。

吴子"击强战"的假想敌几乎没有弱点：兵力众多，训练有素，作战勇敢，占据有利地形，防御工事完备，进退战术素养高超，物资储备充足。对付这种"超级"强敌，吴子提出了"示形惑敌，察明企图，有限交战，创造战机"的作战指导。

首先是示形惑敌。何谓示形？在《孙子兵法·计篇》总结了12种欺骗敌人的方法，后人称之为"诡道十二法"，如"故能而示之不能，用而示之不用，近而示之远，远而示之近"等，用一个词概括这些方法就是"示形"。一般来说，事物表象与本质是统一的，从表象推理得出本质，是人们习惯的思维方式。示形，就是利用这种思维惯性，隐真示假，把己方真实的军情企图隐藏起来，把假的展示给敌人，使其信以为真，上当受骗。简单地理解，示形就是欺骗。吴子指出，对付强敌，要将全军一分为五，五军分别在五个方向行动，强敌便难以判明己方企图和主力所在，也就难以做出有效应对，所谓"夫五军五衢，敌人必惑，莫之所加"。当然，从本节文意分析，吴子所说的"分为五军"强调的是将全军分成能够互相配合、协同作战的五个有机组成部分，而不是简单地分散兵力。

其次是察明企图。军事服从政治，战争是政治的继续。强敌意图是什么？其作战目标是不是我方部队？其作战目的是不是歼灭我方部队？都不是简单的问题。因此，吴子指出，如果发现敌军保持作战队形，约束和稳定它的部队，就要"急行间谍以观其虑"。这里的"间谍"，并不是《孙子兵法·用间篇》所总结的"乡间""内间""反间""死间"和"生间"等五种间谍中的任何一种，而是指使者。古代战争中，两军对阵，准备各自发起攻击，也就是所谓"交合而舍"（《孙子兵法·军争篇》）的临战状态时，经常会有派使者进行进一步、或最后交涉的做法。至于交涉的内容，则或宣扬己方军威，或指斥对方不义，或阐明利害关系，或约定决战日期，诸如此类，不一而足。吴子所谓"急行间谍以观其虑"，其涵义即令使者在与敌交涉过程中，通过内观敌阵和语言交锋，分析对方企图。从"彼听吾说，解之而去"一句分析，使者的责任应当包括表明己方没有与强敌交战之意图的内容，当然也有可能用虚张声势的办法使强敌有所顾忌而放弃会战。

再次是有限交战。吴子指出，当敌人"不听吾说，斩使焚书"，会战不可避免时，就要按"五军"的作战编成与敌交战。由于敌人强大，作战要注意把握"火候"，实施有限度的作战。要"战胜勿追"，不能被一些小胜冲昏头脑，以防止中敌佯败之计，或遭敌强力反击，转胜为败。还要"不胜疾归""知难而退"，不能死打硬拼，防止被敌人咬住，小败演变成大败。

最后是创造战机。会战开始后，吴子主张采取"佯北"战术，引诱强敌离开"背大阻险，右山左水；深沟高垒，守以强弩"的既设阵地，削弱其原有作战优势。"佯北"作战过程中，一要注意"安行"，即在撤退中随时保持好战斗队形；二要注意"疾斗",一旦被强敌追及,就需要通过激烈战斗将其击败或摆脱,否则"佯北"就会变成"真败"。然后以一军正面牵制或阻击,一军抄其后路,再以其他两军隐蔽迂回侧击强敌据守之地。"五军交至",强敌也会因穷于应付而露出破绽。这样,也就创造出了击败、或摆脱强敌的有利战机,即所谓"必有其利"。

(四)近迫战

【原文】

武侯问曰:"敌近而薄①我,欲去无路,我众甚惧,为之奈何?"

起对曰:"为此之术,若我众彼寡,各分而乘之。彼众我寡,以方从之②。从之无息③,虽众可服。"

【注释】

①薄:迫近。
②以方从之:方,集中,靠拢。以方从之,《通典》作"合阵从之",意指集中兵力袭击敌军。
③从之无息:息,停止。从之无息,即不间断地袭击敌人。

【译文】

魏武侯问道:"敌军临近胁迫我,想撤退没有路,部队甚为畏惧,这有什么办法呢?"

吴起回答说:"对付这种情况的战法,如果我众敌寡,就分兵几路合击它。如敌众我寡,就集中兵力攻击它。不断地袭扰它，敌军虽众也能被制服。"

【新解】

本节，吴子又借魏武侯之问构设了"敌近而薄我"的作战场景。

据《说文解字》，草木茂盛之地称为"薄"。清代段玉裁在《说文解字注》中进一步解释："林木相迫不可入曰薄"，也就是说草木茂盛，达到相互交错，没有缝隙可入的程度称为"薄"。由此引申出"没有空隙、距离近"之意，进而引申出"迫近、逼近"之意。

从魏武侯"欲去无路，我众甚惧"的想定条件分析，"敌近而薄我"是带有一定突然性的。因为，在道路通行条件不佳，缺乏作战准备，而突遭敌军迫近时，才会导致军心震恐；而在道路四通八达，预有准备的情况下，即便遭敌迫近，具备一定作战素养的军队应当不至于出现"甚惧"的情况。因此，吴子本节讨论的"近迫战"也就带有一定的遭遇战性质。

应对"近迫战"，从作战指挥角度来说，就要按本篇第一节"遭遇战"中提出的指挥原则行事。

从战法的角度来说，则可分为两种情况。一种是"我众彼寡"。这时候需要采取"分而乘之"的战法，即迅速利用兵力优势，以一部兵力钳制敌人，另以一部或多部兵力从其他一个或多个方向对敌实施打击，以击退乃至歼灭敌人。另一种是"彼众我寡"。这时候需要"以方从之""从之无息"，即迅速集中兵力，对敌实施集中不间断攻击，直至冲散敌军阵形，击败敌军，转危为安。

（五）峡谷战

【原文】

武侯问曰："若遇敌于溪谷之间，傍多险阻，彼众我寡，为之奈何？"

起对曰："诸丘陵、林谷、深山、大泽，疾行亟去，勿得从容。若高山深谷，卒然相遇，必先鼓噪而乘之。进弓与弩，且射且虏。审察其政，乱则击之勿疑。"

武侯问曰："左右高山，地甚狭迫，卒遇敌人，击之不敢，去之不得，为之奈何？"

起对曰："此谓谷战，虽众不用。募吾材士①与敌相当，轻足利兵以为前行，分车列骑隐于四旁，相去数里，无见②其兵，敌必坚陈，进退不敢。于是出旌列旆③，行出山外营之，敌人必惧。车骑挑之，勿令得休。此谷战之法也。"

【注释】

①材士：指精锐士卒。
②见：通"现"，显露。
③旆（pèi）：古代旗边上下垂的装饰品，泛指旗帜。

【译文】

魏武侯问道："如果与敌军遭遇在溪涧峡谷之间，两旁地形险峻，而且敌众我寡，应怎么办呢？"

吴起回答说："遇到丘陵、森林、谷地、深山、大泽等不利地形，必须急速通过，不能迟缓。如果在高山深谷之间，突然与敌遭遇,必须首先击鼓呐喊,乘势攻击敌军。指挥弓、弩手向前推进,一面射箭一面俘虏敌人。观察敌军指挥行动,如果混乱惊恐,就立刻攻击,不要迟疑。"

魏武侯问道:"左右都是高山,地形十分狭窄,与敌突然遭遇,进攻不敢,撤退又不行,这该怎么办呢?"

吴起回答说:"这叫做谷战,兵力虽多也用不上。在这种情况下,应挑选精锐士卒与敌对阵,以轻捷善走、使用锋利兵器的士卒为前队,把车兵骑兵分别荫蔽在四周,与前锋相距数里,不要暴露自己的兵力,这样敌军必然固守阵地,不敢前进也不敢后退。这时,我以一部兵力张列旌旗,整队走出山外,敌军必然惧怕。尔后,再派车兵骑兵向敌挑战,使敌不得休息。这就是谷战的战法。"

【新解】

战争是在一定空间进行的,地形条件势必对作战行动产生一定影响。吴子时代,战争规模不断扩大,战场波及地域越来越广,在江河、湖泊、山林、沼泽等复杂地形条件下作战,自然就成为兵家战将必须面对和研究的课题。吴子对军事地理有着较为深刻的认识。他有关于国家安危"在德不在险"(《史记·孙子吴起列传》)的名言千古传诵。他对河西地区的战略价值认识非常清楚,指出魏失西河于秦,则必将国势日削。历史证明他的判断十分准确。可惜的是,这些精彩的战略地理思想并未见诸《吴子》。《吴子》所讨论的主要是地形与作战之间的关系。

谷地多为水流穿切高地而形成,一般水源汇聚,平坦易行,常为交通要道。孙子将谷地地形称为"隘形",指出:"隘形者,我先居之，必盈之以待敌；若敌先居之，盈而勿从，不盈而从之"（《孙子兵法·地形篇》）。意思是：对于隘形，如果我军先到达，就要用重兵占领隘口，以等待敌军来犯；如果敌人先用重兵占据隘口，我军就不要去攻击；如果敌人没有用重兵据守隘口，那就迅速攻占它。但如果两军在谷地之中遭遇怎么办呢？显然，孙子没有给出答案，而吴子则回答了这个问题，名之为"谷战"。

吴子的谷战战术，一是要求应该迅速脱离不利地形。指出"遇诸丘陵、林谷、深山、大泽"，必须"疾行亟去，勿得从容"，尽量规避可能的危险。这与孙子的思想是一致的。《孙子兵法·九地篇》指出："行山林、险阻、沮泽，凡难行之道者，为圮地"，而"圮地则行"。吴蜀夷陵之战中，刘备便违反了这一原则，将大军驻扎于崇山峻岭之中，无法迅速通过，给了吴军以可乘之机。

二是发挥远射兵器的威力，先发制人。吴子主张，在山高谷深之地与敌遭遇，应当先发制人，率先发起攻击。在攻击时，要先声夺人，在气势上胜过敌人，"必先鼓噪而乘之"。要注重发挥远射兵器的效能，"进弓与弩"，大量杀伤敌人，并为进攻作战提供掩护。还要随时注意观察敌阵的整体情况，一旦发现敌阵松动混乱，就要"击之勿疑"。所谓"狭路相逢勇者胜"，说的正是这个意思。

三是精兵当前，"车骑挑之"，多方惑敌。吴子主张在"谷战"中，应选派精兵锐卒为前队与敌对阵，而把车兵骑兵分别荫蔽在四周，与前锋相距数里。这样，敌人摸不清我方部署，亦无法识别我方真实意图，欲战却又难以取胜，必然选择坚守阵地，"进退不敢"。这时，还可以再用一部兵力，大张旗鼓，整队走出山外，敌军必然因不知我之虚实而产生畏惧心理。与此同时，还应以精锐车骑不断向敌挑战，扰乱敌人，使敌人得不到休息，进一步疲弱敌人。显然，如果以上几个行动都能生效，就能陷敌于被动之中，而使己方立于不败之地了。

（六）遇水战

【原文】

武侯问曰："吾与敌相遇大水之泽，倾轮没辕，水薄车骑，舟楫不设①，进退不得，为之奈何？"

起对曰："此谓水战，无用车骑，且留其傍。登高四望，必得水情。知其广狭，尽其浅深，乃可为奇以胜之。敌若绝②水，半渡而薄之③。"

【注释】

①设：预设，准备。
②绝：横渡。
③半渡而薄之：渡过一半时打击敌人。

【译文】

魏武侯问道："我军在大的湖沼地带与敌遭遇，车轮倾陷，车辕淹没，大水逼近车兵骑兵，没有准备船只，进退两难，这该怎么办呢？"

吴起回答说："这叫做水战，不要使用车兵骑兵，暂时把它留在湖沼的旁边。登上高处四面瞭望，必须要掌握水情。查明水域的宽窄和水的深浅，才可以出奇制胜。敌军如果渡水来攻，就乘其半渡时予以攻击。"

【新解】

在河流湖沼地带作战，吴子名之为"水战"。对于水战，吴子强调，第一，要迅速察明水情，"知其广狭，尽其浅深"。第二，要求根据河流湖沼地带的地形特点，放弃车兵和骑兵，"无用车骑，且留其傍"，而以步兵为主力与敌较量。第三，结合天时，以特殊战法，"为奇以胜之"。如果敌军"居军下湿，水无所通"，恰逢"霖雨数至"，就"可灌而沈"。如果敌军"居军荒泽，草楚幽秽"，恰逢"风飙数至"，便"可焚而灭"（《吴子·论将》）。

当敌人渡水发动进攻时，则采取"半渡而薄之"的"半渡击"战术。"涉水半渡可击"（《吴子·料敌》），先人很早就对半渡击理论有所认识。公元前638年的宋楚泓水之战中，在楚军将横渡泓水对宋发起攻击之时，宋大司马公孙固便建议宋襄公趁楚军半渡而击之，可惜宋襄公并未予采纳，结果导致了宋军的失败。《孙子兵法·行军篇》已经有了"客绝水而来，勿迎之于水内，令半济而击之，利"的理论总结。之所以古人强调半渡而击，就是因为当敌人涉水渡河至一半时，兵力不整，阵形残缺，指挥困难，地形不利，进退两难，军情可谓极"虚"，乘此时机发起攻击最为有利。尽管孙、吴二子都对半渡击理论作出了清晰而深刻的阐述，但历史上仍有愚将不能实践这一理论。比如北宋与西夏的永乐城之战中，西夏军主力渡河准备发起进攻，宋将徐禧却抱定"王师不鼓不成列"的迂腐信条，拒绝半渡而击，导致战败，受到了违背避实击虚这一基本战争规律的惩罚。

（七）车马战

【原文】

武侯问曰："天久连雨，马陷车止，四面受敌，三军惊骇，为之奈何？"

起对曰："凡用车者，阴湿则停，阳燥则起①，贵高贱②下，驰其强车，若进若止，必从其道③。敌人若起，必逐其迹。"

【注释】

①起：行动。
②贱：轻视，引申为避开。
③必从其道：必须让战车沿道路行军。

【译文】

魏武侯问道："阴雨连绵，车马被陷，行动不便，四面受敌威胁，三军惊慌恐惧，这该怎么办呢？"

吴起回答说："通常使用战车作战，阴雨泥泞就停下来，天晴地干就行动，要选择高地避开洼地行动，让强固的战车驰行；不论前进还是停止，都必须顺着道路前进。敌军战车如果行动，就可以沿着它的车迹行动。"

【新解】

本节，吴子简要论述了车战问题。

战国时期的车战虽不及春秋鼎盛，但仍然是重要的作战形式之一。这一时期的战车较之商、西周、春秋有了一些变化，主要是车箱空间加大，更便于车上甲士挥舞兵器作战；车轴加粗，轮辐增多，车体更加坚固，战车载重量增大，可以携行的攻防武器装备增多；车轨轨宽缩短，露于左右两侧车轴轴头加长，增加了攻击时对敌步兵的冲击面和杀伤力，但编队行进时车辆互扰情况也增加了；还有的战车在两侧及后部加装了青铜甲片，增加防护力的同时，也增加了战车自重。（吴如嵩，《战国军事史》）

战车的优势在于冲击力强，缺点在于相对笨重，对作战地形要求高。有见于此，吴子提出了车战必须遵守的几条原则。一是根据天气情况，"阴湿则停，阳燥则起"。天雨连绵，地面泥泞，必将对车辆作战效能产生极大影响；反之，天气晴朗干燥，地面道路坚实，才利于战车快速行驶。二是根据地形情况，"贵高贱下"。吴子认为，战车应尽可能选择在高地行军，这主要是因为，战车行于高地，当转入作战时，可以获得由高到低的俯攻优势，充分释放战车的冲击力；而行于低地，转入作战时常为仰攻，战车作战效能会大打折扣。另外，行于高地视野会更加开阔，便于发现敌情。三是根据战车技术状态，"驰其强车"。如果令车况不佳的战车快速行驶，很可能会造成不必要的非战斗损毁，还有可能因车辆损毁堵塞道路，影响行军。四是"必从其道"，也就是尽量沿道路行军，以便尽可能发挥战车机动速度快的优势。古代战车越野能力不足，这也是车兵逐渐从战争舞台中央被边缘化的重要原因。五是"必逐其迹"，即根据车辙指引，跟踪追击敌军。车辙凌乱还是有序，是古代为将者判断敌军真败还是佯北的重要依据。

（八）反袭战

【原文】

武侯问曰："暴寇卒来，掠吾田野，取吾牛羊，则如之何？"

起对曰："暴寇之来，必虑其强，善守勿应。彼将暮去，其装必重，其心必恐，还退务速，必有不属①。追而击之，其兵可覆。"

【注释】

①属：相属，这里有联系，连接的意思。

【译文】

魏武侯问道："凶暴的敌人突然来袭，掠夺我的田野，抢劫我的牛羊，那该如何对付呢？"

吴起回答说："凶暴的敌寇来袭，必须想到它的来势凶猛，要好好坚守，避免应战。敌将在天黑撤走，它的装载必然沉重，军心必然恐惧，只想尽快撤走，队伍必定互不统属。这个时候发起追击，就可歼灭敌军。"

【新解】

本节，吴子对如何应对"暴寇卒来"的反袭扰作战进行了论述。

吴子时代，列国之间军事斗争十分激烈，派出小股部队对他国进行袭扰作战，掠夺对方的财物人口是常见情况。如何进行反袭扰作战呢？

从本节分析，吴子将反袭扰作战分为两个阶段，总的战法可总结为"先守后追"。

第一个阶段是防御作战阶段，应采取"善守勿应"的战法。遂行袭扰作战任务的"暴寇"往往是敌方精锐力量，准备充分，行动隐蔽，进攻突然。因此，吴子强调在这个阶段的敌情判断上"必虑其强"。如果简单地认为敌人数量少而贸然出击，就有可能被敌人打个措手不及，甚至有落入敌人调虎离山、佯北诱敌等计谋之中的可能。

"暴寇卒来，掠吾田野，取吾牛羊"，当然还可能"杀吾兵民"，给我方造成一定程度的损失。为将者要有一定的心理承受能力，要坚持"善守勿应"的既定战法，更不能因此影响对作战全局的判断和决心。孙子曰："爱民，可烦也。"（《孙子兵法·九变篇》）意思是，"爱民"固然是为将者的优点，但如果这种优点发展到极端，不能忍受军民生命财产安全受到一丁点儿威胁，就会变成缺点。利用敌将的这一缺点，采取"烦之"——也就袭扰作战的战法，就能使敌军因频繁出击而陷入疲惫之中，甚至动摇敌将决心。由此可见，孙、吴二子在这个问题的认识上是有一定共识的。

第二个阶段是追击作战阶段，应采取"追而击之"的战法。吴子指出，"暴寇"完成袭扰任务之后撤退时，会出现四个弱点。因为携带了大量"战利品"，自然"其装必重"；因为兵力少，自然会担心对方出动大部队反击，"其心必恐"；因为想保住既得利益，自然"还退务速"；因为存在前三个弱点，自然就无暇顾及相互间的协同配合，"必有不属"。这时再发起追击，就能战胜敌人，所谓"追而击之，其兵可覆"。

解放战争中，毛泽东在向老乡解释为什么要主动放弃延安时，有一个绝妙的比喻，可以借来说明吴子"先守后追"的反袭扰作战的道理。

"譬如有一个人，背个很重的包袱，包袱里尽是金银财宝，碰见了个拦路打劫的强盗，要抢他的财宝。这个人该怎么办呢？如果他舍不得暂时扔下包袱，他的手脚很不灵便，跟强盗对打起来，就会打不赢，要是被强盗打死，金银财宝也就丢了。反过来，如果他把包袱一扔，轻装上阵，那就动作灵活，能使出全身武艺跟强盗对拼，不但能把强盗打退，还可能把强盗打死，最后也就保住了金银财宝。"

（九）城市战

【原文】

吴子曰："凡攻敌围城之道，城邑既破，各入其宫①。御其禄秩②，收其器物。军之所至，无刊其木、发③其屋、取其粟、杀其六畜、燔④其积聚，示民无残心。其有请降，许而安之。"

【注释】

①宫：上古房屋的通称，此指官府。
②禄秩：俸禄和爵位，泛指官吏。
③发：拆毁。
④燔（fán）：焚烧。

【译文】

吴起说："通常攻敌围城的原则，就是城邑攻破后，部队分别进驻敌人的宫、府，控制和使用敌方有俸禄爵秩的官吏、贵族，没收他们的器皿和财物。军队所到之处，不准砍伐树木、拆毁房屋、抢夺粮食、宰杀牲畜、焚烧储存的财物，向民众表示没有残害之心。如有请求投降的，应予以准许并且安抚他们。"

【新解】

本节，吴子就城市进攻作战问题进行了论述。但吴子并没有谈攻城战术问题，而是就占领城市之后的问题进行了重点论述。

春秋时期，战争基本采取野战形式，攻城作战不受重视。当时，由于技术条件有限，攻城作战往往会付出较大代价。据《孙子兵法·谋攻篇》记载：攻城作战中，"修橹轒辒，具器械，三月而后成，距闉又三月而后已。将不胜其忿，而蚁附之，杀士三分之一而城不拔者，此攻之灾也"。因此，孙子反复强调"攻城之法为不得已"（《孙子兵法·谋攻篇》），将攻城作战视为不得已而为之的下策。随着经济的发展，到战国时期，春秋时期"三里之城，五里之郭"的景象发生了巨变，已经是"千丈之城，万家之邑相望"了。作为政治、经济、军事、文化中心的城市自然而然地成为列强争夺的主要目标。因此，战国时期，城邑攻防理论迅速发展起来。《墨子》《孙膑兵法》等著作中，都有论述城邑攻防问题的专篇，这些论述进一步丰富了我国古代军事思想的内容体系。

吴子是重视攻城作战的。他有着丰富的攻城作战实践。公元前409年，吴子刚来到魏国，被魏文侯任命为将不久，便率军攻下秦军占据的王城（今陕西大荔县东南）、元里（今陕西澄城县南）二城。次年，又攻取了洛阴（陕西大荔县西南）、郃阳（陕西合阳县东南）二城。两年之内，连下四城！在其兵法当中，吴子也提到了攻城问题，在《图国》篇即有"外入可以屠城"之语，在本篇最后一段，又专门讨论了这个问题。

攻城作为当时日益重要的一种作战形式，理应受到吴子理论上的重视，但事实上，他并没有讨论攻城战法，只是提到了破城之后应注意的一系列问题："城邑既破，各入其宫。御其禄秩，收其器物。军之所至，无刊其木、发其屋、取其粟、杀其六畜、燔其积聚，示民无残心。其有请降，许而安之。"吴子以此作为《应变》篇的结语，旨在告诫后人，不要只注重战场上的百战百胜，更要注重在战后恤民爱民，争取民心，唯其如此，才能获得真正的胜利。吴子朴素的人道主义精神跃然纸上。

战争是政治的继续。达成政治目的，是战争的出发点和落脚点。战争中一切行动、一切手段与方法的运用，都必须以是否有利于达成政治目标为最高遵循。如果不注意用政治的、社会的、道德的价值取向和标准来约束战争行动，即便能赢得军事上的胜利，也难以赢得人心，赢得真正的胜利。

公元前506年，吴楚柏举之战。吴王阖闾经过多年准备，在伯嚭、伍子胥、孙武等文臣武将的辅佐之下，指挥军队一举攻入了春秋时期的老牌强国——楚国的首都郢（今湖北江陵）。这场战争极大震惊了当时的诸国，阖闾也登上了自己争霸事业的最高峰。在接下来将近一年的时间里，吴军统帅们带领吴军在郢都内极尽烧杀抢掠之能事。阖闾为了满足私欲，也为了羞辱楚国君臣，竟下令"以班处宫"（《左传·定公四年》）。他自己进入楚昭王的宫殿，"尽妻其后宫"，尽情享乐。伍子胥、伯嚭等主要将领也分别入据大臣囊瓦、司马戌之府，尽占其财宝，奸淫其妻女。伍子胥还率兵掘开了楚平王的坟墓，鞭尸三百，并"左足践腹，右手抉其目"（《吴越春秋》卷二），大骂平王，以报当年杀父杀兄之仇。

吴军暴行，陷己于政治、外交等方面的极大被动之中。其暴行为春秋以来战胜国对战败国殊属罕见的现象，为"国际"社会所不能接受，一些诸侯国开始同情楚国的遭遇。更为严重的是，吴军暴行激起了楚国民众的极大愤慨。他们纷纷组织起来，强烈反抗吴军的蹂躏，"皆方命奋臂而为之斗""各致其死"（《淮南子·泰族训》），定要将吴军逐出国土。最终，吴军在秦、楚联军的反攻夹击和越国出兵袭吴的情况下，被迫放弃郢都，仓惶撤军回国，到手的胜利化为乌有。

孙子曰："夫战胜攻取，而不修其功者，凶，命曰'费留'"（《孙子兵法·火攻篇》）。这很可能是孙武对于吴军破楚入郢之后，"不修其功"而导致最终失败这一沉痛教训的总结。

柏举之战距吴子时代不到百年，以其影响之巨，自然会对吴子思想有所影响。吴子时代，《孙子兵法》业已问世百年，孙子"战胜修功"的警语也应该为吴子所知了。可以说，孙子的军事实践——孙子亲身参与了柏举之战——和理论，是吴子朴素的人道主义精神的重要来源。

吴子朴素的人道主义精神与儒家思想也密不可分。儒家反对争名夺利、戕害人命的"不义"之战，而支持吊民伐罪，救民于水火，为"仁政"开辟道路的"义战""仁战"。强调战争对政治的从属性，崇尚民本、重视民心归向对于战争成败的意义。在儒家看来，"义战"顺乎天道而应乎民心，必定是所向披靡，无敌于天下。如果能够将一切军事活动始终置于道德自觉和政治自律的基础之上，约束暴力，爱惜民命，"则天下之民皆引领而望之矣"（《孟子·梁惠王》）。这些价值观念，构成了中国古代人道主义的重要内涵。它们对曾在青年时代师事曾子的吴子，有着深刻的影响，吴子在其兵书中，强调"仁""义"、爱民即为明证。

在战国时期学术兼容的文化背景之下，战国兵家普遍地吸收了儒家"仁""义"等思想观念，重视战争的道德意义，强调"仁战""义战"，成为战国兵学的时代特色。《尉缭子·兵令上》说："兵者，凶器也；争者，逆德也；争必有本，故王者伐暴，乱本仁义焉。"《司马法·仁本》说："古者，以仁为本，以义治之之谓正。正不获意则权；权出于战，不出于中人。"这些人道主义的军事伦理观念，逐渐深入到具体的军事行动之中，为历代兵家战将所继承，使人道主义精神成为中国传统兵学的一大特色。

如"篇题解析"中所言，本篇论述了在相对不利条件下作战时的战法和作战指导问题。吴子关于在相对不利条件下作战的思想可名之为"击强之道"。在上述分析的基础上做进一步抽象，吴子"击强之道"主要包括：第一，迅速察明情况。要"急行间谍以观其虑""审察其政"，察明敌情；要及时察明战场环境，比如在"水战"时，要"登高四望，必得水情。知其广狭，尽其浅深"。第二，审时度势，活用攻守。如，"我众彼寡"则"分而乘之"；"彼众我寡"则"以方从之""从之无息"。又如，遇敌袭扰，应"先守后追"。第三，惑敌疲敌，先发制人。面对强敌可"分为五军，各军一衢"，"五军五衢，敌人必惑"；要"车骑挑之，勿令得休"；要先声夺人，"必先鼓噪而乘之"；要注重发挥远射兵器的效能，"进弓与弩"，大量杀伤敌人。吴子的击强之道洋溢着积极进攻的精神，即便在形势非常不利的情况下，吴子也主张以积极的进攻行动，摆脱不利局面，争取主动权。不畏困难、积极进取，正是吴起时代新兴封建地主阶级的共同性格特点。当然，《吴子》缺乏对防御作战的论述是令人遗憾的。

《料敌》《论将》两篇主要论述实施有利条件下作战时的战法和作战指导问题，相关思想可称之为"攻弱之道"。"攻弱之道"与"击强之道"两相结合，才能反映吴子作战思想全貌。吴子的"攻弱之道"主要包括：第一，针对敌人固有弱点采取相应战法。如，《料敌》篇吴子即分析了六国军队弱点，提出了相应战法。又如，《论将》篇总结了将帅德才弱点，提出了相应战法。第二，抓住敌阵混乱之机发起攻击。《料敌》篇总结了"十三可击"，其中就有多条都是属于利用敌人阵形未定、阵形不稳之机的"击弱之道"。第三，抓住敌将指挥失误发动攻击。如，"进退多疑，其众无依，可震而走""停久不移，将士懈怠，其军不备，可潜而袭"，等等。

总的来看，吴子的作战思想，是其所处时代的战争实践经验的总结，对冷兵器战争时代的作战具有较高的实践指导价值。其中一些观点和方法，对信息化智能化条件下作战也有一定启发意义。

六
"励士第六"
逻辑思路与精要新解

【篇题解析】

篇名"励士"二字出自本篇"此励士之功也"。励士，即激励军队士气之意。气为兵神，勇为兵本。战斗精神是左右战争胜败的关键因素之一。军队士气高昂，"发号布令而人乐闻，兴师动众而人乐战，交兵接刃而人乐死"，则"足以胜"。故《吴子》以《励士》为终篇。本篇可分为两节，由篇首至"著不忘于心"为第一节，主要讨论"有功飨之，无功励之"的励士原则，激励军队士气的原则；由"行之三年"至篇末为第二节，主要讨论激励军队士气的功效。关于励士的具体方法，需要综合《吴子》全书和吴子的军事实践进行归纳总结。

（一）有功飨之，无功励之

【原文】

武侯问曰："严刑明赏，足以胜乎？"

起对曰："严明之事，臣不能悉。虽然，非所恃①也。夫发号布令而人乐闻②，兴师动众而人乐战，交兵接刃而人乐死③。此三者，人主之所恃也。"

武侯曰："致之奈何？"

对曰："君举有功而进飨④之，无功而励之。"

于是武侯设坐庙廷⑤，为三行，飨士大夫。上功坐前行，肴席兼重器⑥、上牢⑦。次功坐中行，肴席器差减⑧。无功坐后行，肴席无重器。飨毕而出，又颁赐有功者父母妻子于庙门外，亦以功为差。有死事之家，岁使使者劳赐⑨其父母，著⑩不忘于心。

行之三年，秦人兴师，临于西河，魏士闻之，不待吏令，介胄⑪而奋击之者以万数。

【注释】

①恃：依仗，依靠。

②乐闻：此指乐于服从。

③乐死：乐于效死。

④飨：盛宴款待。

⑤庙廷：古代祖庙的大殿，此指宫廷。

⑥重器：贵重的餐具，一般指鼎。鼎在古时是一种祭器，也是一种贵重的餐具。

⑦上牢：也称"太牢"，指古代祭祀或宴席上备有整只的牛、羊、猪，是隆重的礼节。

⑧差减：按等级差别而相应递减。

⑨劳赐：慰劳，赏赐。

⑩著（zhuó）：表示，显示。

⑪介胄：介，甲；胄，头盔。介胄，即穿戴盔甲之意。

【译文】

魏武侯问道："严明刑赏，就能够打胜仗吗？"

吴起回答说："严明刑赏的事，我不能详尽说明。即便做到了严明刑赏，打仗也不能完全依靠它。发号施令而人们乐于听从，出兵打仗而军队乐于作战，两军交战而将士乐于拼死。这三条，才是君主可以依靠的。"

魏武侯问道："怎样才能做到这三条呢？"

吴起回答说："君主挑选有功的人而宴请他们，对没有立功的人就激励他们。"

于是魏武侯便在宫廷设宴，分前、中、后三排席位款待将士。立上等功的坐在前排，用上等酒席，使用贵重的器皿，有整只的牛、羊、猪三牲。立二等功的坐中排，酒席器皿则差一等。没有立战功的坐后排，只有酒席，没有贵重器皿。宴席结束后，武侯又在宫门外颁发赏赐有功人员的父母妻儿，也按战功大小而有所差别。对阵亡将士的家庭，每年派使者慰劳和赏赐死者的父母，表明没有忘记他们。

这个办法实行了三年，秦国出兵，临近西河，魏国的士卒听到这个消息，不等待将吏的命令，自动穿戴盔甲奋起抗敌的有上万人。

【新解】

按照《吴子》的逻辑，贯彻《图国》思想，则对内"文德"可修，对外"武备"可治；施行《料敌》思想则敌情可察；落实《治兵》思想，则军队可治；执行《论将》思想，则将帅德才兼备可期；运用《应变》思想，则可熟练应对各种样式的作战。最后，军队打胜仗，还需要振奋的精神，高涨的士气和顽强的斗志，这就是强大的精神力量。

吴子在《治兵》篇说："进有重赏，退有重刑。行之以信。审能达此，胜之主也"，提出了赏罚有信的治军原则。魏武侯继续追问："严刑明赏，足以胜乎？"古代人治社会，能否真正实现"严刑明赏",关键在最高统治者。所以,吴子回答道,"严明之事,臣不能悉",巧妙地避开了魏武侯的问题,进而强调,即便能够做到"严明刑赏",也不一定保证打胜仗。君主真正可以凭仗的,是"发号布令而人乐闻,兴师动众而人乐战,交兵接刃而人乐死"的"三乐"战斗精神。如何培育"三乐"战斗精神呢?吴子提出了"有功飨之,无功励之"的励士原则。结合《吴子》全书和吴子的军事实践具体分析,这一原则又包含了"励之以义""励之以誉""励之以利"和"励之以和"四种具体方法。本节主要涉及"励之以誉""励之以利"两种。

还是按照励士的内在逻辑,从"励之以义"谈起。

第一,励之以义。

《吴子·图国》提出了"励之以义"的思想。"励之以义"的一个重要内涵就是以战争的正义性鼓舞军心,激励士气,培育军队战斗精神。

在吴子看来,正义战争就是禁除暴政、挽救危亡的战争,所谓"禁暴救乱曰义"(《吴子·图国》)。中国先人很早就注重区分战争性质,支持正义战争,反对非正义战争,认为正义战争必胜。如《周易·师第七》认为:"师:贞,丈人吉,无咎"。大意是:战争正义,又有年长而有经验的老人做总指挥,战事一定顺利而无祸患的。《左传·僖公二十八年》:"师直为壮,曲为老"。春秋战国时期,儒家、墨家也都重视区分战争性质。儒家从人性与战争的冲突的角度,阐述他们的"非战"立场,认为战争是天下无道的表现,同时又肯定救民于水火,为实施仁政开辟道路的"义战",并主张在现实中推行"义战"。墨家把战争区分为"诛"和"攻"两类,"诛"是正义的,"攻"是非正义的,支持以吊民伐罪为宗旨的正义战争。吴子曾师事曾子，受儒家思想影响，同样支持正义之战。他认为，"成汤讨桀而夏民喜悦，周武伐纣而殷人不非"（《吴子·图国》），其根本原因就在于这两战都是"举顺天人"的正义之战。

吴子时代，以封建兼并为主题的战争越来越频繁，规模越来越大，越来越残酷，"争地以战，杀人盈野；争城以战，杀人盈城，此所谓率土地而食人肉，罪不容于死。"（《孟子》）真正"举顺天人"的正义战争离现实越来越远，几不可见。在这种情况下，吴子并没有被理想主义色彩和伦理道德意义浓厚的"义"所束缚，过分纠缠于"义"与"不义"之间，而是以兵家和法家现实主义的态度为"义"抹上了一层功利色彩，指出"义"是用来建立功业的，所谓"义者，所以行事立功"（《吴子·图国》）。从吴起丰富的军事实践来看，无论是率魏军与秦国争夺河西的一系列战争，还是率楚军"于是南平百越；北并陈蔡，却三晋；西伐秦"（《史记·孙子吴起列传》），都难与"禁暴救乱"挂上钩，而维护和拓展魏国、楚国的国家利益才是这些军事行动的根本目的。综上可见，在吴子思想中，正义战争的内涵并非仅限于"禁暴救乱"，为国家利益而战也属正义之举。这与《孙子兵法·地形篇》中所主张的将帅指挥作战不能求名避罪，而应将"唯民是保，而利合于主"作为决策依据，是有暗合之处的。

"励之以义"的思想远古先民早有践行，并非吴子首创。据《尚书·汤誓》记载，商汤伐桀时，在亳都誓师，当众揭露夏桀的暴虐罪恶，申明伐桀战争的正义性，说"有夏多罪，天命殛之"，以此鼓舞士气，坚定将士的必胜信心。周武王伐纣时，亦曾在孟津开誓师大会，揭露商纣无道，申明讨伐的正义性，"惟妇言是用，昏弃厥肆祀，弗答；昏弃厥遗王父母弟，不迪；

乃惟四方之多罪逋逃，是崇是长，是信是使，是以为大夫卿士，俾暴虐于百姓，以奸宄于商邑。"（《尚书·牧誓》）意思是："如今，商纣王为妇人迷惑，抛弃了对祖先的祭祖而不闻不问，抛弃了先王的后裔，昏庸无道，残暴不仁，在商国任意妄为。商纣王对同宗的长辈兄弟不加起用；反而对逃亡的罪人提拔信任，任用他们为士族大夫，让他们残暴百姓，在商任意作乱。""商纣恶贯盈天，上天命令我讨伐他。"经过这番鼓动，诸侯联军士气大振，同仇敌忾，一举取得了牧野之战的大胜。这两战一直被后世视为以"义"胜"不义"的典范而千古传诵。

秦汉以降，特别是到封建社会后期理学兴起并主宰了意识形态领域之后，"义"渐渐被赋予了另一层内涵——"忠"。如《草庐经略·忠义》认为："而军心之向背趋舍，事业之成亏兴废，实由此焉"。《草庐经略·将勇》又指出要培养将领勇敢善战的精神，有三个途径："一曰忠义，二曰利害，三曰见定"。以忠义培育战斗精神的事例更是不胜枚举。民族英雄岳飞不仅以"尽忠报国"（《宋史·岳飞传》）为己任，还经常以忠义教育部众，激励他们为国家、为民族而奋勇杀敌，"岳家军"的威名千古流传。戚继光效仿岳飞，教育士兵忠贞爱国，把"戚家军"锻造成为一支富有战斗精神的劲旅。

当然，"励之以义"仅靠宣传战争的正义性是不够的，还要有其他手段。吴子要求，首先要使"民安其田宅"。百姓平时能够安居乐业，一旦有事，应征入伍之后，才能出于保卫家园的朴素情感而奋勇作战。其次要"内修文德，外治武备"。国家强盛，政治清明，武备强大，军人百姓平时充满自豪感、幸福感、安全感，战时才能与国君将帅同心同德，才能军心稳固，士气高涨。在做好这两点的基础上，宣传己方的正义才真实可信，才能为百姓所接受。

第二，励之以誉。

荣誉，是支撑军人直面各种困难和危险，乃至鲜血和死亡的重要精神力量。军人个体的荣誉，始终与国家的兴衰、人民的安危、军队的荣辱紧密联系，是国家、人民和军队对军人个体价值的充分肯定。追求荣誉，崇尚荣誉，是军人这一特殊职业者的本能。通过精神奖励，以荣誉激励三军将士，是培育军队战斗精神的科学方法。

本节，吴子还向魏武侯建议了"举有功而进飨之"的具体操作办法，即在宫廷设宴，分前、中、后三排席位款待将士。从前至后，参与宴会的将士所享受的酒食器皿等待遇依次降低标准。并对功臣家属进行赏赐，其标准也依战功大小而有所差别。每年还要派人对阵亡将士家属进行慰问和赏赐，表明国君没有忘记他们。

显然，这些措施给予功臣们的，不仅仅是物质上的享受和待遇，更重要的是精神上的荣誉！在庄严隆重的筵席之上，在每年的慰问之中，将士们的功绩得到了国君的肯定。这必然使他们心灵深处那种强烈的成就感和归属感油然而生，在精神上获得极大满足。功绩不同，待遇不同，进一步强化了他们对荣誉的不懈追求，使之获得了继续为国家、为君主奋勇作战的澎湃动力。无功人员，自然也会从中获得精神激励，战斗精神得到鼓舞。三年之后，"秦人兴师，临于西河，魏士闻之，不待吏令，介胄而奋击之者以万数"，就是"励之以誉"的效用。

吴子认为，通过上述措施的激励，加上对礼、义、廉、耻等封建社会伦理道德的教育灌输，就能在军人百姓中间培育形成以"进死为荣，退生为辱"（《吴子·图国》）为核心内容的封建社会荣辱观。这种荣辱观一经形成，就能转化为战场上奋勇杀敌的行动自觉，军队战斗力自然会得到提升。

"励之以誉"为历代统治者和兵家战将所重视。据《尚书·甘誓》记载，早在夏启讨伐有扈氏的甘之战中，启就宣布了"用命，赏于祖"的战前命令。"赏于祖"，固然包括物质上的封赏，但同时也是一种荣誉的象征。吴子到魏国之后，用一番精彩的言论打动了魏文侯，魏文侯"身自布席，夫人捧觞，醮吴起于庙"（《吴子·图国》），以高规格的仪式立吴起为将。魏文侯的做法，同样包含着"励之以誉"的意思。其举动不仅是对吴起的激励和鞭策，同时也是在表达自己招贤纳士的诚意，是对天下贤能的一种暗示和激励。

唐代军事家李筌在其著作《神机制敌太白阴经》中对"励之以誉"也有所阐述，且其论与本篇吴子所述颇有相似之处，赘引如下，以飨读者，兼为佐证。

"木石无心，犹可危而动，安而静。况于励士乎？古先帝王伯有天下，战胜于外，班师校功，集众于中军之门。上功赐以金璋紫绶，赐以锦彩，衣以缯帛，坐以重裘，享以太牢，饮以醇酒；父母妻子皆赐纹绫，坐以重席，享以少牢，饮以酎酒。大将军捧赐，偏将军捧觞。大将军令于众曰：'战士某乙等奋不顾身，功超百万，斩元戎之首，搴大将之旗，功高于众，故赏上赏。子孙后嗣，长称卿大夫之家；父母妻子，皆受重赏。牢席有差，众士咸知。'次功赏以银璋朱绶、纹绫之衣，坐以重席，享以少牢，饮以酎酒；父母妻子赠以缯帛，坐以单席，享以鸡豚，饮以醹酒。偏将军捧赐，子将军捧觞。大将军令于众曰：'战士某乙等勇冠三军，功经百战，斩骁雄之首，搴虎豹之旗，功出于人，赐以次赏。子孙后嗣，长为勋给之家；父母妻子,皆受荣赏。牢席有差,众士咸知。'下功赏以布帛之衣,坐以单席,享以鸡豚,饮以酾酒;父母妻子立而无赏,坐而无席。子将军捧赐,卒捧觞。大将军令于众曰:'战士某乙等戮力行间,劬荣岁月,虽无搴旗斩将,实以跋涉疆场,赐以下赏。子孙后嗣,无所庇诸;父母妻子,不及坐享。众士咸知。'"

现代各国军队普遍重视精神奖励,以荣誉激励军心士气,培育军队战斗精神。"荣誉"是美国军人的七个价值观之一,美国人认为军人价值观是军人的精神支柱,是完成所肩负的使命的根本保证,是强化部队战斗力的思想基础,是养成军人性格的前提条件。俄军同样将"荣誉"作为军人核心价值观的一个内容。第二次车臣战争中,俄政府和国防部特别重视对参战军人的精神奖励,以此作为"体现军人荣誉""重振军队士气"的重要手段。党的十八大以来,人民军队荣誉体系逐步构建完善,军人荣誉感不断增强,军人日益成为全社会尊崇的职业,全体官兵备受鼓舞,建功强军事业的"精气神"越来越足。

第三,励之以利。

正义感和荣誉感一经形成,便会具有相当的稳定性和强烈的渗透性,影响到军人个体的一举一动,并会与他相伴一生而挥之不去。因此,励之以义、励之以誉都能够长久地发挥作用,在战斗精神的培育上起着基础性的作用。但献身正义、崇尚荣誉这样的价值观却不是一朝一夕能够树立起来的,必须经过长期的、有效的教育训练才行。而在阶级对立严重的古代社会,统治阶级在维持和不断加大对被统治阶级的压迫剥削的同时,却又要通过培育这样的价值观,使被统治阶级心甘情愿地为自己抛头颅、洒热血,就更加困难了。在这种情况下,如何鼓舞军心士气呢?就要"励之以利"。通过利益驱动来培育军队战斗精神。励之以义、励之以誉稳定、持久、可靠,但收效慢;励之以利,见效快,作用大,但效用不持久,三者的优缺点恰好可以互补。

需要说明的是,"利"和"誉"在某些情况下是互为表里,不易截然分开的。比如,古代对有功将士常常授以爵位官职,这既是一种精神奖励,也是一种物质奖励。我们不否认历史上有为国为民鞠躬尽瘁,死而后已,不计个人名利得失的兵家战将,对他们也是敬仰满怀。但历代王朝对他们不惜笔墨的大力宣传,恰恰说明了这种贤能之士的匮乏,更多人效命疆场只不过还是为了博个一官半职,封妻荫子罢了。因此,相对于前两种励士之法,励之以利更有其发挥效用的现实基础。吴子励之以利思想也可以从侧面证明这一点。

虽然吴子专设《励士》篇,探讨励之以誉的问题,但综合《吴子》全书和他的军事实践来看,吴子更为重视、运用更为娴熟的却是励之以利。如,吴子主张对于精锐的"虎贲之士","必加其爵列""厚其父母妻子"(《吴子·料敌》)。史料所载的几个小故事,也可以证明这一点。吴子初到西河之时,"南门置表",以长大夫的官职赏赐搬动杆表的百姓,从而取得了百姓的信任(事见《吕氏春秋·似顺论·慎小》)。在"取秦小亭"的过程中,吴子则用"上田上宅"和"国大夫"为"诱饵",激励民众的参战热情。(事见《韩非子·内储说上七术》)魏国在编练精锐常备军"武卒"的过程中,也使用了"励之以利"的办法。魏国规定,在应募者当中,"中试则复其户,利其田宅"(《荀子·议兵》),即免除符合条件的入选者的赋税,并给予条件便利的良田美宅,以优厚的报酬激励百姓应募。

励之以利发挥效果,关键在于赏罚。信赏明罚正是吴子治军所依奉的最重要的原则。古人的赏罚理论，首先，更加注重物质奖励。所谓"香饵之下，必有悬鱼；重赏之下，必有死夫"（《三略·上略》引《军谶》语），就形象、准确地反映出这一点。孙子还提出了"施无法之赏"的思想，即在敌人能以寡击众的围地，不拼死作战就难以生存的死地等不利地形上，要施行超出惯例的奖赏，以激励士卒拼死作战的精神。其次，更加重视惩罚。"军以赏为表，以罚为里。"（《三略·上略》）用惩罚的方式鼓舞战斗精神，符合励之以利的基本精神。从心理学角度来说，奖励是对人的某种行为的肯定，通过增加当事人利益，巩固和保持该行为，属于"正强化"；惩罚则是对某些行为的否定，通过减损当事人利益，使该行为弱化和消退，属于"负强化"。综合运用赏罚的强化手段，可以更加有效地将人的行为激发和引导到预期的最佳状态。吴子颇善此道，指出"进有重赏，退有重刑。行之以信。审能达此，胜之主也"（《吴子·治兵》）。他将擅自冲向敌阵，"获双首而还"的士卒立斩于阵前（事见《尉缭子·武议》），整肃军纪的同时也激励了三军的斗志。

第四，励之以和。

《图国》篇提出了"先和而造大事"的思想，强调必须搞好国内、军内的团结，才能成就大事，深刻揭示出内部团结对于战争制胜的重要性。"兵贵其和，和则一心"（《兵镜吴子十三篇》卷四《将职·将职条略》），内部团结必然战斗精神旺盛，战斗力自然强大。反之，军队内部不团结，必然导致内耗严重，离心离德，涣散软弱，丧失战斗精神和战斗力，不仅难以克敌制胜，甚至会不战自溃。《左传·桓公十一年》指出"师克在和，不在众"，意思是军队打胜仗，关键在于内部团结一致，而不在于兵力众多。《左传·定公五年》说:"不和不可以远征。"《司马法·严位》提出:"三军一人,胜。"可见,对于"和",历代兵家可谓是英雄所见略同。

团结与否是一支军队是否具有战斗精神的重要标志。增进团结,是培育军队战斗精神的重要途径。如何增进团结呢？吴子首先要求举国上下保持政治思想上的高度一致。吴子不论是在鲁国,还是在魏国、楚国,都是尽心尽力地为新兴的封建统治者服务,坚持与没落的奴隶主贵族斗争。他主张用符合封建统治者利益的"礼""义"来教化民众,也是为了使民众能够与封建统治者同心同德,上下一心。吴子在楚国被发动叛乱的奴隶主贵族所杀,根本原因也在于楚悼王未能在政治上将国内各派势力,尤其是传统奴隶主贵族们的思想统一到变法图强上来,导致一代名将成了这次变法的牺牲品。

历代兵家均重视保持内部政治思想上的一致。《孙子兵法》将"道"作为影响战争胜负的首要因素,指出,"道者,令民与上同意也。故可以与之死,可以与之生,而不畏危"。在《谋攻篇》中孙子再次指出帝王将相与民众士卒"上下同欲",在《行军篇》又要求"与众相得",真可谓是苦口婆心。《三略·上略》说:"故与众同好靡不成,与众同恶靡不倾",意思是上下同好、同恶,政治思想上保持高度一致,就没有做不成的事业,就没有击不败的敌人。

古人讲军队内部的团结,主要指将领与士卒之间的团结。作为军队的管理者和指挥者,在促进"和"的过程中,将领自然起着不可替代的主导作用。将领如何团结部属士卒呢？对这个问题,包括吴子在内的古代兵家颇有共识,认为主要办法就是爱兵。

一要体恤士卒疾苦。如《论将》篇所述，吴子要求将帅必须具备"仁"的道德品质，要能体恤他人疾苦，要有关爱他人之心。吴子言行一致，在实践中出色地践行了自己的理论，是我国历史上出名的爱兵模范。他为士卒吮疽的故事，流传千古，今天读来仍不免三叹，爱兵竟然能在如此程度上激励军队战斗精神！正如孙子所言："视卒如婴儿，故可与之赴深谿；视卒如爱子，故可与之俱死。"（《孙子兵法·地形篇》）

二要与士卒同甘共苦。据《史记·孙子吴起列传》记载，吴子为将，能够与最下级的士卒穿一样的衣服，吃一样的食物，睡觉时不铺席子，行军时不骑马，亲自携带行装军粮，能与士卒分担劳苦。吴子的所作所为，在历史上并不鲜见，如据《左传·哀公元年》记载，吴王阖闾带兵时，必然等到煮熟的食物士兵们都得到了，他才去吃；他享用的一些山珍海味，士兵们也各有一份。《尉缭子·战威》还做了理论上的初步总结，说："夫勤劳之师，将必先己。暑不张盖，寒不重衣，险必下步，军井成而后饮，军食熟而后饭，军垒成而后舍，劳逸以身同之。如此，师虽久，而不老，不弊"。《六韬》中的说法也颇为类似："士未坐勿坐，士未食而食，寒暑必同。如此，则士众必尽死力。"（《六韬·龙韬·立将》）这些古代兵家的理论和实践，反映了朴素的封建社会的官兵平等思想。官兵平等，部队就能保持高昂的士气和强大的战斗力。当然，从根本上说，古代军队中将领和士卒分属相互对立的不同阶级，是不可能像人民军队一样，真正做到官兵平等的。

三要与士卒安危与共。将帅在战场上与士兵安危与共，甚至身先士卒，就能极大地鼓舞士气，激励部下舍生忘死，勇往直前。对这一点，吴子很重视。他认为，"与之安，与之危"，将帅与士卒能够安危与共，则"其众可合而不可离，可用而不可疲。投之所往，天下莫当，名曰父子之兵"（《吴子·治兵》）。吴子在《论将》篇提出将帅需要具备"五慎"的基本素养，即"理、备、果、戒、约"，其中"果者，临敌不怀生"，同时还主张将帅应该自"师出之日"起，就下定决心，"有死之荣，无生之辱"。这些都包含着要求将帅与士卒共安危的思想。

四要爱与罚相结合。吴子既是爱兵模范，能为士卒吮疽；同时又铁面无私，立斩不听号令的士卒于阵前。这说明吴子已经能正确看待"爱"与"罚"的辩证关系，并能在实践中运用自如。

必须指出，古人谈爱兵，不过是将其作为赏罚的辅助手段而已，其最终目的是使士卒甘于为剥削阶级卖命，吴子爱兵也不例外。这与人民解放军强调的建立在共同理想信念和官兵平等基础之上的爱兵理念有质的不同。尽管如此，古人主张的爱兵对加强军队内部团结，融洽统治者与被统治者之间的关系，培育军队战斗精神，增强军队的战斗力还是大有裨益的，而普通士卒也能从中得到些许好处。

（二）令而不烦，威震天下

【原文】

武侯召吴起而谓曰："子前日之教行矣。"

起对曰："臣闻人有短长，气有盛衰。君试发无功者五万人，臣请率以当之。脱①其不胜，取笑于诸侯，失权于天下矣。今使一死贼伏于旷野，千人追之，莫不枭视狼顾②。何者？忌其暴起而害己。是以一人投命③，足惧千夫。今臣以五万之众，而为一死贼，率以讨之，固难敌矣。"

于是武侯从之，兼车五百乘，骑三千匹，而破秦五十万众。此励士之功也。

先战一日，吴起令三军曰："诸吏士当从受敌。车骑与徒④，若车不得车⑤，骑不得骑，徒不得徒，虽破军，皆无功。"故战之日，其令不烦而威震天下。

【注释】

①脱：通"倘"，倘若，如果。
②枭视狼顾：枭，猫头鹰一类的猛禽。枭视，像枭觅食那样注视。狼顾，像狼行走时那样，常因害怕而回头看。
③投命：拼命。
④车骑与徒：指车兵、骑兵和步兵。
⑤若车不得车：指如果车兵不能缴获敌人的战车。

【译文】

魏武侯召见吴起，并对他说："你以前的指教，如今已行之有效了。"

吴起回答说："我听说人有短长，士气也有盛衰。您不妨试派没有立过战功的五万人，由我率领去抵抗秦军。如果不能取胜，就会被诸侯耻笑，在天下诸侯中失去权势。譬如，有一个亡命之徒隐伏在旷野里，上千人追捕他，没有一个不瞻前顾后的。这是什么原因呢？因为怕他突然出来伤害自己。所以一人拼命，能使上千人害怕。现在我用五万人，使每个人都像一个亡命之徒，率领他们征讨敌人，必定使敌人难以抵挡。"

魏武侯听从了他的意见，并给他加派了战车五百辆、战马三千匹，打败了秦军五十万。这是励士的功效。

在作战的前一天，吴起向三军发布命令说："各位将士都要跟着我去迎击敌军。不论车兵、骑兵还是步兵，如果车战的不能缴获敌人的战车，骑战的不能擒获敌人的骑兵，步战的不能俘获敌人的步兵，即使打败敌人，都不算立下战功。所以在作战的那一天，他发布的命令不多，却战绩辉煌，威震天下。

【新解】

上一节主要论述励士的原则方法，本节主要论述励士的功效。

本节记载，吴子指挥士气高涨的5万魏军，加强500乘战车和3000骑兵，击败了50万秦军。是役，在长期执行励士政策的基础上，吴子进一步运用"励之以利"的方法进行战前动员，"骑与徒，若车不得车，骑不得骑，徒不得徒，虽破军皆无功"，魏军士气可想而知。因此在作战当天，吴子"令不烦而威震天下"。

励士能有如此功效的底层逻辑是战斗精神在很大程度上决定着战争胜负。人是战争的主体，其精神状态会对军队战斗力产生巨大影响，进而影响战争行动及结果。一支人心涣散、士气萎靡的军队，必定缺乏战斗力。正因为励士有如此之功效，所以得到古往今来兵家的充分重视。

三代时期，先人就已经认识到军心士气对战争制胜的重要作用，在战争实践中注重激励士气。商汤伐夏桀和周武王伐纣的战争中，商汤、周武都曾通过深刻揭露对手的暴虐，激发军队士气，并最终以相对弱小却士气高昂的军队灭掉了暴君。

《孙子兵法·军争篇》指出,"三军可夺气,将军可夺心",进一步强调:"故善用兵者,避其锐气,击其惰归,此治气者也。以治待乱,以静待哗,此治心者也。以近待远,以佚待劳,以饱待饥,此治力者也。无邀正正之旗,勿击堂堂之阵,此治变者也"。把掌握军心士气变化规律的"治气""治心",置于掌握运用军队力量方法的"治力"、掌握机动应变方法的"治变"之前,凸显出一代兵圣对战斗精神的重视。《吴子·论将》认为用兵打仗有四个关键问题,而部队的军心士气是最重要的,所谓"兵有四机:一曰气机,二曰地机,三曰事机,四曰力机"。《司马法·严位》讲了许多稳定与提高军心士气的方法,指出:"凡战,以力久,以气胜""本心固,新气胜",认为军心动摇、士气低迷是战争中的"战患"。李靖在《唐李问对》中提出兵有三势:"一曰气势,二曰地势,三曰因势","良将用兵,审其机势而用兵气",认为三军之众,如能志厉青云,气贯长虹,便可战胜守固。

被誉为西方兵学之父的克劳塞维茨同样重视军心士气在战争中的作用,并将其提高到战略高度来认识。他认为战略通常由五种要素构成,即精神要素、物质要素、数学要素、地理学要素和统计学要素。(克劳塞维茨,《战争论》)精神要素,主要指精神素质及其作用所引起的一切,包括统帅的才能、军队的武德和民族精神,此外还包括政府的智慧、作战地区的民心等等。克劳塞维茨认为精神要素"是战争中最重要的问题之一",将其排在战略诸要素之首。强调,"物质的原因和作用几乎只是以武器木柄的形象出现,而精神的原因和作用才是贵金属,才是真正的锋利的武器"。在克劳塞维茨之前,西方军事理论界长期片面强调军队数量、枪炮射程等物质方面、可量化计算的因素，而忽视精神因素在战争中的作用。克劳塞维茨却认为，整个军事行动不仅涉及物质因素，并且涉及精神力量及其作用；战争不是单方面的活动，而是双方发生相互作用的过程，在战争中绝对不能排斥精神因素。这些观点充分体现出他对战争的深刻观察和独到见解。

现代军事理论家和各国军队对战斗精神也是倍加重视。英国军事家蒙哥马利指出："没有高涨的士气，则不论战略、战术计划以及其他一切工作如何完善，也不能取得任何胜利"。美军名将巴顿认为，战时军事指挥员百分之八十的任务都在于激发他的士兵的士气。美军各军种都有高度凝炼的"军种核心价值观"，要求每名军人将其内化为精神追求。俄军条令文件和学术文章、领导讲话中常用"军心士气""永恒的高尚品质"等概念强调"战斗精神"。日本自卫队强调"大和魂""武士道精神"和"自卫官精神"等。印度则要求其军队"能为印度的自由、幸福和繁荣死而无怨"。

人民军队向来以"一不怕苦、二不怕死"的战斗精神闻名于世。革命战争年代，党领导人民军队靠这种战斗精神，完成了世所罕见的万里长征，以小米加步枪打败了美式装备的国民党军队，在朝鲜战场打败了武装到牙齿的世界头号强敌，打出了新中国的大国地位。"狼牙山五壮士""白刃格斗英雄连""刘老庄连"、董存瑞、邱少云、黄继光等无数英雄群体和革命先烈，创造了一个个惊天地、泣鬼神的英雄壮举，用鲜血和生命一次次诠释了人民军队战斗精神。当前，人工智能技术、航空航天技术、深海探测技术、激光技术、纳米技术、生物技术、量子技术等高新技术迅猛发展，世界新军事革命加速推进。但是，人类军事史战争史已经无可辩驳地说明，一支军队无论它的军事技术发展到什么程度，没有战斗精神，终究是不能打胜仗的。新的时代条件下，人民军队必须传承发扬老一辈革命军人的战斗精神，才能完成好党和人民赋予的光荣使命。

附录一：
《孙子兵法》与《吴子》比较

孙子、吴子及其著作在中国军事史上具有相伯仲的历史地位，世以孙吴并称。如，《韩非子·五蠹》记载战国时"藏孙、吴之书者家有之"。司马迁《史记》将二人合传。汉武帝曾想教霍去病以孙吴兵法。(《史记·卫将军骠骑列传》)北宋编纂颁刻的武学教材《武经七书》，《孙子兵法》《吴子》均被收录其中。陈毅元帅在《祝刘伯承将军五十诞辰》中赞刘帅用兵如神，曰："用兵新孙吴"。因此，孙、吴两位大军事家的思想是具有可比性的。对二人军事思想的比较研究，不但会使我们对中国古代军事思想的发展有一个更为全面和辩证的了解，也将有利于我们更好地继承和发展古代军事文化遗产。

学界前辈时贤从《吴子》对《孙子兵法》的继承和发展这个角度，对《孙子兵法》和《吴子》的思想进行了一些比较，如李硕之、王式金《吴子浅说》、于汝波《孙子兵法研究史》、徐勇《〈吴子〉的成书、著录及其军事思想》、孟祥才《孙武、吴起兵法之比较》等著作、论文都是如此。李硕之、王式金在《吴子浅说》中深刻指出："学习和研究《吴子》的军事思想，要与《孙子》兵法联系起来加以研究，才能系统理解、领会其思想的来龙去脉"。（李硕之，《吴子浅说》）基于此，笔者愿意在前辈时贤的基础上再谈一点浅见，以就教于方家。

孙子大约出生于公元前545年，吴子大约出生于公元前440年，两人相差约一百年。吴子开始著书立说的时候，《孙子兵法》应该已经流诸于世。戎马一生的军事家吴子，认真研读《孙子兵法》，继承其中某些思想是理所当然的。《吴子》中不少语言都明显地师承《孙子兵法》之意，即足以为证。如，《孙子兵法·势篇》说："凡治众如治寡，分数是也"，《吴子·论将》则云："理者，治众如治寡"；《孙子兵法·虚实篇》言：

"兵之形,避实而击虚",《吴子·料敌》曰:"用兵必审敌虚实而趋其危",等等。同时,从孙子到吴子的短短一百年间,整个中国社会在政治、经济、军事、文化等各方面都向前大大发展了,这必然为《吴子》带来新的思想,新的内容。因此,《吴子》对《孙子兵法》的继承是创造性的,而绝非简单地改头换面。非但如此,《吴子》还对一些《孙子兵法》没有涉及的问题进行了创新性的深入研究,在中国古代军事思想史上留下了特色鲜明的印记。

《吴子》对《孙子兵法》的继承和发展主要体现在以下五个方面。

(一)从"重战慎战"到"五兵五服"

如何看待战争,对战争持什么样的态度,是一切军事理论必须首先回答的问题,是研究战争中其他一切问题的出发点。关于这个问题,孙子的观点是重战和慎战,也就是重视战争和慎重地对待战争。春秋时期战争频繁,鲁史《春秋》记载的240多年的时间里,军事行动达480余次,详细记载的也有380多次。"《春秋》之中,弑君三十六,亡国五十二。诸侯奔走不得保其社稷者不可胜数"。(《史记·太史公自序》)这种残酷的现实迫使人们不得不重视战争,提出了"国之大事,在祀与戎"(《左传·成公十三年》)等观点。在历史现实和前人认识的基础上,《孙子兵法》第一篇《计篇》第一句便开宗明义地指出:"兵者,国之大事,死生之地,存亡之道,不可不察也",号召人们重视战争,研究战争,将其重战思想十分醒豁地呈现在世人面前。吴子无疑也是重视战争的,他以出色的军事才能见用于鲁穆公,后来身着儒生服饰却以"兵机"见魏文侯,并以对战争和军事问题的鞭辟近里的分析得到赏识，被任命为将，随后在魏国大展宏图，再后来在楚国主持改革，迅速提升了楚军战斗力，使楚国获得了一系列军事斗争的胜利。这些实践生动地反映出吴子对战争和军事的重视。

孙子重视战争，同时又主张以十分慎重的态度对待战争。春秋时期的战争耗费已经相当惊人。孙子算了一笔帐，一支十万人规模的军队要"日费千金"，因为要参战支前，运送后勤物资，还会造成七十万户民众无法从事正常的生产。(《孙子兵法·用间篇》)因此，从经济上看，对待战争不能不慎。从政治上看，对待战争也不能不慎。春秋时期，列国并立，相互之间争霸兼并，形成了多极竞争的"国际"战略格局。在激烈的争战中，国君将帅的战争决策稍有不慎就会导致丧军失势，乃至亡国。如公元前627年，秦国劳师袭远去攻打郑国，企图落空后，在撤军回国途中，秦军统帅草率决策，灭掉了小国滑国。滑国与强国晋国是同姓国家，且晋国正处在晋文公去世的国丧之中。在晋国看来，秦军的行动无异于对自己的轻视和侮辱。因此，晋襄公决定惩罚秦军。于是，晋军在秦军回国的必经之路——崤山地域设伏，当秦军经过时，一举将其全歼，报了一箭之仇。秦军为其决策不慎付出了代价。而崤之战直接导致了长期以来颇为巩固、亲密的秦晋联盟破裂，晋随后便陷入了西秦南楚，两面受敌的不利战略环境之中，晋文公创下的辉煌霸业随之崩解，晋襄公同样因其缺乏战略眼光，决策不慎付出了沉重代价。因此，孙子告诫说"主不可以怒而兴师，将不可以愠而致战"，主张"非利不动，非得不用，非危不战"，强调这是"故明君慎之，良将警之"的"安国全军"之道。(《孙子兵法·火攻篇》)吴子虽然戎马一生，但却并非"好战分子"，而是继承了孙子慎战思想，对战争持非常慎重的态度，反对穷兵黩武。他深刻指出："天下战国，五胜者祸，四胜者弊，三胜者霸，二胜者王，一胜者帝。是以数胜得天下者稀，以亡者众。"（《吴子·图国》）

在重战、慎战的基础上，孙子还强调要"备战"，以充分的战备，使敌人不敢对我有所觊觎，他在《九变篇》提出要"无恃其不来，恃吾有以待也；无恃其不攻，恃吾有所不可攻也"。吴子同样重视备战，他要求在"内修文德"的基础上"外治武备"（《吴子·图国》），指出"夫安国家之道，先戒为宝"（《吴子·料敌》）。

在基本继承了孙子战争观的基础上，吴子还对战争起因和战争性质，这两个战争观方面的重要问题进行了探讨。

吴起通过对战争实践的研究，将战争起因总结为五点："一曰争名，二曰争利，三曰积恶，四曰内乱，五曰因饥"。"争名"，指诸侯列国争夺霸主之名。"争利"，指争夺土地、人口之利。"积恶"，指诸侯列国交恶成仇。"内乱"，指列国内部势力的争权夺利。"因饥"，指由于饥荒而引发战争。在对战争起因进行探讨的基础上，吴子又将战争性质区分为五种："一曰义兵，二曰强兵，三曰刚兵，四曰暴兵，五曰逆兵"，具体来说就是"禁暴救乱曰义，恃众以伐曰强，因怒兴师曰刚，弃礼贪利曰暴，国乱人疲、举事动众曰逆"。显然，吴起已经注意到了战争的正义性与非正义性问题，而他支持正义战争，反对非正义战争的态度，也在字里行间流露无遗。更为难能可贵的是，吴子还针对"五兵"提出了相应对策，"五者之服，各有其道：义必以礼服，强必以谦服，刚必以辞服，暴必以诈服，逆必以权服"。（《吴子·图国》）笔者在《图国》篇新说中进行了粗浅的分析,读者可以参看,不赘。

今天我们知道,战争是社会生产力和生产关系发展到一定阶段的产物,是阶级之间、民族之间、国家之间、政治集团之间互相斗争的最高形式。显然,吴子由于受时代和阶级的局限,尚未能认识到引发战争的阶级根源和社会根源,尚未能揭示战争的阶级实质,科学地看待战争的社会作用。但"判断历史的功绩,不是根据历史活动家没有提供现代所要求的东西,而是根据他们比他们的前辈提供了新的东西"。(《列宁全集》)吴子的"五兵五服"之论,较为系统地研究了战争起因和战争性质这两个孙子未曾涉及的问题,充实了中国古代军事思想宝库,是对《孙子兵法》思想最为重要的发展。同时,吴子的"五兵五服"之论,是中国军事学术史上对战争起因和战争性质问题的第一次探讨,具有里程碑式的意义。

(二)从"修道保法"到"内修文德"

战争是政治的继续。中国先人很早就对这个经典命题有所认识。如孔子曾指出:"有文事者,必有武备;有武事者,必有文备"(《孔子家语·相鲁》《史记·孔子世家》)。兵家由于直接同战争和军事打交道,对战争与政治的关系更是体会深刻。孙子在《形篇》指出"修道而保法,故能为胜败之政",意思是修明政治,就能够主宰战争的胜负。孙子把"道",放在决定战争胜负的五个要素(道、天、地、将、法)的第一位,把"主孰有道"放在预判战争胜负的七个考察内容(主孰有道,将孰有能,天地孰得,法令孰行,兵众孰强,士卒孰练,赏罚孰明)的第一位,(《孙子兵法·计篇》)这些都充分说明了孙子对战争中政治因素的重视。

吴子在《图国》中提出了"内修文德"的思想,"文德"即政治,"内修文德"的基本含义即修明政治。吴子认为,政治清明则"百姓皆是吾君而非邻国,则战已胜矣"。"内修文德"在理论上大大发展了"修道保法"的思想。

第一,吴子非常明确地阐述了"文德"的具体内容,即"道、义、礼、仁"四德,强调此四德"修之则兴,废之则衰",指出"绥之以道,理之以义,动之以礼,抚之以仁"是圣人安邦定国的根本途径。相比之下,孙子的"道"的概念是笼统和抽象的,其具体内容是模糊的。

第二,吴子提出了"和"的概念,将其视为"内修文德"的理想境界。指出用"四德""教百姓而亲万民",就能使民众"皆是吾君而非邻国",就能使全军全国团结和谐,上下一心,从而奠定战必胜、守必固的政治基础。因此,吴子强调贤明的君主"将用其民,先和而造大事"。同时,又列举出四种"不和"的情况,反复说明"不和"则不能进行战争。(以上《吴子·图国》)孙子对内部和谐团结的重要性也有所认识,提出了"上下同欲者胜"(《孙子兵法·谋攻篇》)的思想,要求帝王将相要做到"与众相得"(《孙子兵法·行军篇》)。显而易见,在理论的深度、系统性及借鉴价值上,吴子"和"的思想都是远超"修道保法"的。

第三,吴子对如何"内修文德"进行了探讨。一是"教之以礼,励之以义",用新兴封建地主阶级的"四德"去引导、治理和安抚民众,培育军人百姓"进死为荣,退生为辱"的封建社会荣辱观。二是要做到使"贤者居上,不肖者处下",重用德才兼备的优秀人才,让他们担任要职,把那些缺少德行、没有真才实学的人安排在不重要的下层岗位上,以利治国安民。三是使"民安其田宅,亲其有司"(以上《吴子·图国》),百姓安居乐业,官民和睦,既是修明政治的途径,也是政治清明的重要标准。四是要求国君谦逊待人,善于倾听劝谏,防止唯我独尊,自我陶醉,成为听不进任何意见的孤家寡人。孙子虽然提出了"修道保法"的思想,但对如何"修道"却未涉及。

第四,吴子将"内修文德"与"外治武备"相结合,清晰地揭示了战争与政治的辩证关系。吴子认识到,政治清明只是取胜战争的前提基础,而要在刀光剑影中克敌制胜,将政治上的优势真正转化为军事上的胜势,还必须"外治武备"。一是居安思危,树立牢固的战备观念,所谓"夫安国家之道,先戒为宝"(《吴子·料敌》)。二是"要在强兵"(《史记·孙子吴起列传》),组建和训练强大的军队。孙子虽然也认识到了战争与政治相辅相成的辩证关系,却未能做出鲜明、精辟的理论总结,吴子则弥补了他的不足。

吴子"内修文德"能对"修道保法"取得如此的发展,得益于儒家思想的熏陶。对此我们在《图国》篇新说中已经做了分析,读者可以参看。《吴子》对儒家思想的创造性继承,在军事学术史上有着相当重要的意义。春秋时期,各学派均力争保持自己思想的主体性,相互之间以思想对峙为主。《孙子兵法》便属于典型兵法,受其他学派思想影响不明显。但随着时代的发展,一些有识之士开始汲取其他学派的某些思想,来丰富和发展自己的学说,学术兼容逐渐蔚然成风。在学术兼容的时代文化背景之下,战国兵家普遍注重博采诸子学说之长,借鉴儒家思想以规范自身理论的政治品格和价值取向,借鉴道家辩证法思想为自身理论提供方法论上的指导,借鉴法家思想以为制国治军提供可靠的法治保障，同时继承和发展兵家思想为克敌制胜提供理论利器。《吴子》便是这种学术兼容之风孕育出的最早成果，可以视之为最早的综合性兵书。在《吴子》的影响之下，《尉缭子》《六韬》等典型的综合性兵书相继问世，极大丰富了中国古代兵学宝库。

（三）从"知彼知己"到"审敌虚实"

吴子在孙子"知彼知己"和"避实击虚"两种思想的基础上，提出了"审敌虚实而趋其危"（《吴子·料敌》）的著名观点。总的来看，对于孙子"避实击虚"思想，吴子主要以继承为主，提出了"见可而进，知难而退"的思想，"趋其危"的过程实质上就是避实击虚的过程，不复细言。"审敌虚实"的过程就是"知彼知己"的过程，从思想层面看，"审敌虚实"对"知彼知己"是有所发展的。

《孙子兵法·谋攻篇》指出："知彼知己者，百战不殆；不知彼而知己，一胜一负；不知彼，不知己，每战必殆"。作为最基本的一条战争指导规律和进行一切军事行动的客观基础，知彼知己有着非常丰富的思想内涵。从"知"的时间性上看，它强调在战前就把各种情况掌握起来，做到"先知"。《孙子兵法·用间篇》："故明君贤将，所以动而胜人，成功出于众者，先知也。"从"知"的内容上看，它强调对与战争相关的各种客观情况的全面掌握，要求不仅要了解敌情（知彼）、我情（知己），还要了解天时、地利等战场环境情况，所谓"知天知地，胜乃不穷"（《孙子兵法·地形篇》）。从思想外延上看，知彼知己还要求"知道"，即掌握战争规律，比如《孙子兵法·地形篇》指出"故战道必胜，主曰无战，必战可也；战道不胜，主曰必战,无战可也","战道"就是战争规律。孙子还强调指挥员要掌握战争规律,"知敌之可击,知吾卒之可以击"(《孙子兵法·地形篇》),如此才能百战百胜。

毛泽东对孙子"知彼知己,百战不殆"这句话的理解和评价,结合了自身对战争的深刻认识与伟大实践,可以说达到了前无古人的高度。他在《中国革命战争的战略问题》中指出:

"中国古代大军事学家孙武子书上'知彼知己,百战不殆'这句话,是包括学习和使用两个阶段而说的,包括从认识客观实际中的发展规律,并按照这些规律去决定自己行动克服当前敌人而说的,我们不要看轻这句话。"(《毛泽东选集》)

在这篇光辉著作中,毛泽东深刻总结、并发展了知彼知己思想:

"指挥员的正确的部署来源于正确的决心,正确的决心来源于正确的判断,正确的判断来源于周到和必要的侦察,和对于各种侦察材料的联贯起来的思索。指挥员使用一切可能的和必要的侦察手段,将侦察得来的敌方情况的各种材料加以去粗取精,去伪存真,由此及彼,由表及里的思索,然后将自己方面的情况加上去,研究双方的对比和相互的关系,因而构成的判断,定下决心,作出计划,——这是军事家在作出每一个战略、战役或战斗的计划之前的一个整个的认识情况的过程。粗心大意的军事家,不去这样做,把军事计划建立在一厢情愿的基础上,这种计划是空想的,不符合于实际的。"(《毛泽东选集》)

结合毛泽东的论述,我们便可以比较方便和清晰地看到吴子"审敌虚实"思想对孙子"知彼知己"思想的继承和发展了。

第一,孙子知彼知己思想充分论证了"知"的重要性,对

"知"的内容作出了阐释,吴子"审敌虚实"思想则突出了"对于各种侦察材料的联贯起来的思索",明确强调了"知"的重点在于"研究双方的对比和相互的关系",找出敌方的强弱虚实之所在。《吴子·料敌》篇所总结的"不卜而与之战"的八种情况,十三种"必可击"的情况,都凸显了"审敌虚实"思想的这一特点。"虚"和"实"本身就是相对性概念,只有在特定时间、特定地点,通过敌对双方的比较,"虚"和"实"的概念才有意义。"知"而不"审",是不能真正摸清敌人虚实的。

第二,"审敌虚实"思想更加重视对敌人战略虚实的分析。如上所述,孙子"知彼知己"思想要求"全知",即全面掌握敌情、我情、战场环境等情况。对于这些,吴子"审敌虚实"思想虽未明言,但同样是给予了充分重视的。比如,《吴子·应变》篇针对不同情况,提出了许多相应战法,这些战法显然都是建立在对敌情、我情、战场环境的充分了解的基础之上的。不仅如此,"审敌虚实"思想还要求对敌国的经济、政治、文化等方面的情况进行全面深入的分析和研究。如,当魏武侯提出对魏国西有秦、南有楚、北有赵、东有齐、后有燕、前有韩,"六国兵四守"的不利战略环境表示担忧时。吴子站在战略的高度冷静地进行了分析,指出魏国的长处和强点在于做好了充分的战争准备,同时一针见血地指出了六国军队的弱点,并提出了战胜他们的相应战法。吴子归纳的"不占而避之"的六种情况,也多是从战略角度立言的。

(四) 从"合文齐武"到"以治为胜"

孙子对治军问题十分重视,在他预判战争胜负的"七计"之中,"法令孰行,兵众孰强,士卒孰练,赏罚孰明"等四计都与此有关。孙子治军思想的核心是"令之以文,齐之以武"(《孙子兵法·行军篇》),通常简称为"令文齐武"。吴子同样重视治军问题,《治兵》篇就是关于这一问题的专篇。吴子治军思想的核心是"以治为胜",也就是以法治军。通过比较可以清晰地看到,吴子"以治为胜"思想,涉及面更广,论述更为详尽,所提出的理论更具操作性,从多个角度、在较大程度上发展了孙子"合文齐武"思想。

在军队建设方面,孙、吴二子都主张建立精锐部队。《孙子兵法·地形篇》指出:"兵无选锋曰北",这里的"选锋"即指精锐部队。孙子所效力的吴国曾将"多力者五百人"、善于奔走的三千人组建成一支精锐部队,在公元前506年的吴楚柏举之战中担任前锋,为吴军五战入郢起到了重要作用。(《吕氏春秋·仲秋季·简选》)这也从一个侧面反映了孙子建立精锐部队的思想。但总的来看,孙子对此问题论述甚为简单,以致后人不能窥其相关思想的全貌。吴子将精锐部队称为"练锐",视为"军命",相关思想比较丰富。一是强调了精锐部队在作战中的重要性,认为有精锐三千,即可"内出可以决围,外入可以屠城"(《吴子·图国》)。二是提出了简选"练锐"的标准,即"民有胆勇气力者,聚为一卒。乐以进战效力、以显其忠勇者,聚为一卒。能逾高超远、轻足善走者,聚为一卒。王臣失位而欲见功于上者,聚为一卒。弃城去守、欲除其丑者,聚为一卒"(《吴子·图国》)。三是强调对于精锐部队要"选而别之,爱而贵之",对其中优秀的还要"加其爵列""厚其父母妻子"(《吴子·料敌》),以激励其战斗精神。

孙、吴二子均高度重视军队的教育训练。孙子将"士卒孰练"作为"七计"之一,吴子则明确指出"用兵之法,教戒为先"。总的来看，吴子的相关论述也比孙子更加全面和系统。吴子重视对百姓和军队的思想政治教育，而孙子则几乎没有涉及这个问题。吴子提出要用符合新兴封建地主阶级利益的伦理道德和行为规范教育、引导百姓军人，"教之以礼，励之以义"。在此基础上，吴子还重视用各种手段激励军心士气，既主张"励之以义"，又主张励之以誉、励之以利，还主张励之以和，读者可以参看《励士》篇新说。孙子重视军心士气在战争中的作用，并提出了"故三军可夺气，将军可夺心""避其锐气，击其惰归"（《孙子兵法·军争篇》）等名言。在如何激励军心士气的问题上，孙子一方面主张利用厚赏重罚强化官兵战斗意志；另一方面，主张"聚三军之众，投之于险"，利用作战环境来激发官兵战斗精神，即所谓"投之亡地然后存，陷之死地然后生"（《孙子兵法·九地篇》）。相比之下，孙、吴二子的励士之论各具特色，而吴子之论显得更加稳健可行。

吴子对军事训练有较为深入的研究，思想甚为丰富。首先，吴子主张因材施训。认为训练作战的法令应使"短者持矛戟，长者持弓弩，强者持旌旗，勇者持金鼓，弱者给厮养，智者为谋主"（《吴子·治兵》）。在训练内容上，他主张一要进行单兵技战术训练，二要进行战斗队形的训练，三要进行战法谋略训练。在训练方法上，吴起主张要由点到面，由单兵到多兵，由小分队到大部队，逐步推广；要由浅入深，循序渐进，先技术后战术，先分队战术后全军战术。因材施训和将谋略纳入训练不仅仅是对孙子思想的发展，也是中国古代军事训练思想的一大突破。

在军队管理方面，孙、吴二子都重视利用赏罚维护军纪，确保政令军令的畅通。孙子将"赏罚孰明"视为"七计"之一，强调处理好赏与罚、恩与威、仁与严的辩证关系，反对"卒未亲附而罚之"和"卒已亲附而罚不行"（《孙子兵法·行军篇》）的错误做法。吴子不但在理论上基本继承了孙子军队管理思想，将信赏明罚作为治军的基本原则，而且在实践上也能够积极践行之，赏罚并行，恩威并施。吴子对孙子军队管理思想的发展之处主要在于，提出了指挥员作战指挥艺术会影响军队管理的思想，指出指挥部队行军作战必须符合"行军之道"，保证官兵对上级命令的客观执行力，在此基础上，再施以赏罚，反对不负责任，专任赏罚的错误做法。吴子对赏罚问题的这一独到理解，至今也具有一定的借鉴意义。

　　吴子能够在治军思想方面，较之孙子取得很大发展，从根本上说，是由战争实践的发展造成的。由春秋末期至战国前期，战争规模不断扩大。吴楚柏举之战中，吴国出动了几乎是全国的军队攻楚，也不过三万多人。（黄朴民，《春秋军事史》）孙子亲自参与这场战争。而在吴子率魏军与秦军争夺河西的战争中，秦国出动的总兵力竟达 50 万之众。（《吴子·励士》）战争规模的扩大，需要更多的兵源，而更多的兵源需要相应的兵役制度来保障。战国前期，列国普遍实行了郡县征兵制，按一定标准从每个家庭中抽取丁壮，再以郡县为单位，编成大规模军队。参军者的真正身份是农民，"三时务农，一时讲武"，临战征聚。这就要求必须有一整套教育训练的制度和办法，使之形成战斗力。为了弥补征兵制成军速度慢，战斗力有限等先天缺陷，列国还用选募的办法组建常备军，对于常备军就更需要科学合理的教育训练了。另外，在学术兼容的背景之下，"以治为胜"也受到了法家的影响。从整体上看，法家提倡耕战，强调法治，注重赏罚，这些思想对建军治军都有一定的指导意义，我们在

《吴子》中也可以寻觅到它们的影子。

（五）从"因敌制胜"到"因形用权"

孙子在《虚实篇》提出了"因敌制胜"的著名思想，曰："水因地而制流，兵因敌而制胜。故兵无常势，水无常形；能因敌变化而取胜者，谓之神"。"因敌制胜"是孙子作战指导思想的重要内容，讲的是用兵作战的灵活性问题，突出强调一个"变"字，要求指挥员必须根据敌情，机动灵活地指挥作战，做到"战胜不复，而应形于无穷"。但孙子并没有因为强调"变"而陷入战争问题上的神秘主义和不可知论，恰恰相反，他认为指挥作战是有规律可循的，并在其兵法中总结了大量"常"法——用兵作战的一般规律，如"圮地无舍，衢地交合，绝地无留，围地则谋，死地则战"（《孙子兵法·九变篇》）等。在波谲云诡的战场上，"变"是永恒的，"常"则是相对的。吴子在《论将》篇提出的"因形用权"的作战指导思想，与孙子"因敌制胜"思想一脉相通，同样在强调"变"的基础上对指挥作战的一般规律进行了探索，是"常"与"变"的结合。读孙吴之书，只盯着"常"，不领悟"变"，就近于纸上谈兵了。

孙子谈"变"，以水为喻，说理通俗透彻，且文采斐然，字字珠玑。而吴子关于"变"的理论阐述却几近于无，或许吴子认为孙子之言已尽其意了吧，他将研究重点放在了"常"的方面。"因形用权"对"因敌制胜"的发展不在"变"，而在"常"。主要体现在以下两点。

从思想上看，"因形用权"显得更为积极。这主要表现在孙、吴二子对在复杂地形环境中作战的不同态度上。对在复杂地形上作战，孙子一般强调尽快脱离不利地形，尽量避免同敌人的接触。比如，《孙子兵法·九地篇》指出："行山林、险阻、沮泽，凡难行之道者，为圮地"，"圮地则行"。吴子也主张迅速脱离不利地形，指出"遇诸丘陵、林谷、深山、大泽"，必须"疾行亟去，勿得从容"。但同时，吴子也主张积极利用复杂地形，力争以少击众，以劣胜优，战胜敌人，指出"用少者，务隘"，"以一击十，莫善于厄；以十击百，莫问于险；以千击万，莫善于阻"（《吴子·应变》）。

战国时期，随着生产力的发展，封建制生产关系逐渐在各诸侯国确立起来，代表着当时先进生产力的封建地主阶级逐步成为历史舞台上的主角。在这个过程中，新兴封建地主阶级既要同旧贵族、旧势力殊死搏斗，又要积极探索中央集权的封建专制政治之下治国理政的基本规律，还要力争在封建兼并战争中生存发展，这些复杂艰巨的任务造就了新兴封建地主阶级不怕困难、积极进取、勇往直前的时代精神。吴子积极进攻的作战思想，正是这种时代精神在军事领域的具体体现。

从形式上看，吴子针对不同情况，总结出一些具体的战法。这些战法，都是极具可操作性的。比如，对于谷战，吴子提出的战法是："募吾材士与敌当，轻足利兵以为前行，分车列骑隐于四旁，相去数里，无见其兵，敌必坚阵，进退不敢。于是出旌列旆，行出山外营之，敌人必惧。车骑挑之，勿令得休"。《孙子兵法》中则没有类似的具体总结。

总的来看，《吴子》在创造性继承《孙子兵法》思想的基础上，对一些问题进行了创新性研究，发展了《孙子兵法》思想。两书各具特色，《孙子兵法》"诡谲奥深，穷幽极渺"，《吴子》"醇正简要，恕己近情"；(《武经七书汇解》序)《孙子兵法》舍事而言理，理论性更强，偏重论"体"，《吴子》由事及理，可操作性更强，偏重论"用"；《孙子兵法》是典型兵法，《吴子》则更像综合性兵书。两书都是经历了两千年战火考验的兵学奇葩，都值得今人深入学习和借鉴。

附录二：

吴子与《吴子》史料汇编

【一】

吴起者，卫人也，好用兵。尝学于曾子，事鲁君。齐人攻鲁，鲁欲将吴起，吴起取齐女为妻，而鲁疑之。吴起于是欲就名，遂杀其妻，以明不与齐也。鲁卒以为将。将而攻齐，大破之。

鲁人或恶吴起曰："起之为人，猜忍人也。其少时，家累千金，游仕不遂，遂破其家。乡党笑之，吴起杀谤己者三十余人，而东出卫郭门。与其母诀，啮臂而盟曰：'起不为卿相，不复入卫。'遂事曾子。居顷之，其母死，起终不归。曾子薄之，而与起绝。起乃之鲁，学兵法以事鲁君。鲁君疑之，起杀妻以求将。夫鲁小国，而有战胜之名，则诸侯图鲁矣。且鲁卫兄弟之国也，而君用起，则是弃卫。"鲁君疑之，谢吴起。

吴起于是闻魏文侯贤，欲事之。文侯问李克曰："吴起何如人哉？"李克曰："起贪而好色，然用兵司马穰苴不能过也。"于是魏文侯以为将，击秦，拔五城。

起之为将，与士卒最下者同衣食。卧不设席，行不骑乘，亲裹赢粮，与士卒分劳苦。卒有病疽者，起为吮之。卒母闻而哭之。人曰："子卒也，而将军自吮其疽，何哭为？"母曰："非然也。往年吴公吮其父，其父战不旋踵，遂死于敌。吴公今又吮其子，妾不知其死所矣。是以哭之。"

文侯以吴起善用兵，廉平，尽能得士心，乃以为西河守，以拒秦、韩。

魏文侯既卒，起事其子武侯。武侯浮西河而下，中流，顾而谓吴起曰："美哉乎山河之固，此魏国之宝也！"起对曰："在德不在险。昔三苗氏左洞庭，右彭蠡，德义不修，禹灭之。夏桀之居，左河济，右泰华，伊阙在其南，羊肠在其北，修政不仁，汤放之。殷纣之国，左孟门，右太行，常山在其北，大河经其南，修政不德，武王杀之。由此观之，在德不在险。若君不修德，舟中之人尽为敌国也。"武侯曰："善。"

（即封）吴起为西河守，甚有声名。魏置相，相田文。吴起不悦，谓田文曰："请与子论功，可乎？"田文曰："可。"起曰："将三军，使士卒乐死，敌国不敢谋，子孰与起？"文曰："不如子。"起曰："治百官，亲万民，实府库，子孰与起？"文曰："不如子。"起曰："守西河而秦兵不敢东乡，韩赵宾从，子孰与起？"文曰："不如子。"起曰："此三者，子皆出吾之下，而位加吾上，何也？"文曰："主少国疑，大臣未附，百姓不信，方是之时，属之于子乎？属之于我乎？"起默然良久，曰："属之子矣。"文曰："此乃吾所以居子之上也。"吴起乃自知弗如田文。

田文既死，公叔为相，尚魏公主，而害吴起。公叔之仆曰："起易去也。"公叔曰："奈何？"其仆曰："吴起为人节廉而自喜名也。君因先与武侯言曰：'夫吴起贤人也，而侯之国小，又与强秦壤界，臣窃恐起之无留心也。'武侯即曰：'奈何？'君因谓武侯曰：'试延以公主，起有留心则必受之，无留心则必辞矣。以此卜之。'君因召吴起而与归，即令公主怒而轻君。吴起见公主之贱君也，则必辞。"于是吴起见公主之贱魏相，果辞魏武侯。武侯疑之而弗信也。吴起惧得罪，遂去，即之楚。

楚悼王素闻起贤，至则相楚。明法审令，捐不急之官，废公族疏远者，以抚养战斗之士。要在强兵，破驰说之言从横者。于是南平百越，北并陈、蔡，却三晋，西伐秦。诸侯患楚之强。故楚之贵戚尽欲害吴起。及悼王死，宗室大臣作乱而攻吴起，吴起走之王尸而伏之。击起之徒因射刺吴起，并中悼王。悼王既葬，太子立，乃使令尹尽诛射吴起而并中王尸者。坐射起而夷宗死者七十余家。

太史公曰：世俗所称师旅，皆道《孙子》十三篇，《吴起兵法》，世多有，故弗论，论其行事所施设者。语曰："能行之者未必能言，能言之者未必能行。"孙子筹策庞涓明矣，然不能蚤救患于被刑。吴起说武侯以形势不如德，然行之于楚，以刻暴少恩亡其躯。悲夫！

（《史记·孙子吴起列传》）

【译文】

吴起，卫国人，喜好用兵。曾经求学于曾申，后来侍奉鲁国国君。齐国攻打鲁国时，鲁国打算由吴起统领军队，但由于吴起娶齐国的女子为妻，因而鲁国怀疑他的忠心。吴起为了成就功名，就杀害了自己的妻子，以此表明不会效忠齐国。最终鲁国任命吴起为将军。他率军攻打齐国，大破敌军。

鲁国有些人憎恶吴起说："吴起生性猜疑残忍。他年轻的时候家境富裕累积千金，但由于他外出游仕谋职求官没有得到任何国家的任用，结果家道中落。乡亲邻里都因此讥笑诽谤他，吴起一气之下杀掉了三十余个诽谤侮辱自己的人，然后向东逃出卫国城门。在与母亲诀别时，吴起咬破自己的手臂向母亲发誓，说：'做不到卿、相一级的大官，决不再回卫国家乡。'于是开始求学于曾申门下。不久，母亲去世，吴起始终没有回家奔丧。曾子鄙视吴起的行为，与他断绝了师生关系。于是，吴起来到鲁国，研习兵法以来侍奉鲁国国君。鲁国国君怀疑他，为了求得将军的职位他杀掉了自己的妻子。鲁国是一个小国，却因为有了打胜仗的名声后，其余诸侯国就要图谋鲁国了。况且鲁国和卫国是关系良好的兄弟之国，国君重用吴起，那么，就是抛弃卫国了。"由此，鲁国国君心存疑虑，辞退了吴起。

这时吴起听说魏文侯贤德，打算去侍奉他。文侯问李克说："吴起的为人如何？"李克说："吴起贪慕功名而且好色，但是指挥军队连司马穰苴都比不上他。"于是魏文侯任命吴起为将，进攻秦国，攻克了五座城池。

吴起在领军作战的过程中，他坚持与最下级的士卒穿一样的衣服，吃一样的饭菜，宿营时从不铺设席子，行军时不骑马，亲自背着行装和军粮，与士卒共同分担劳苦。一次，有个士卒生了毒疮，吴起亲自给他吸吮脓血。这个士卒的母亲听说后哭了起来。别人就问她："你儿子是士卒，将军亲自为他吸吮病疽，你为何啼哭呢？"这位母亲说："不是因为这个啊！以前，也是吴将军为他的父亲吸吮过病处，他父亲在打仗时勇猛直前，毫无退却，结果战死沙场。如今，吴将军又为他的儿子吸吮病处，我不知道他会葬身何地。于是就痛哭起来。"

魏文侯由于吴起擅长用兵，作风廉洁公允，得到士卒的衷心拥戴，于是任命他为西河郡守，来抵御秦国和韩国。

魏文侯死后，吴起便侍奉他的儿子武侯。武侯乘船沿西河顺流而下，行至中段，回头对吴起说："山河牢固太好了，这是魏国最为珍贵的啊！"吴起回答说："（国家的珍宝）在于德政，而不在于山河的险固。从前，三苗氏的部落左邻洞庭湖，右滨彭蠡湖，由于部落首领不修德行、不讲仁义，被大禹所灭。夏桀统治的地区，左临黄河、济水，右靠泰山、华山，伊阙山在南，羊肠在北，桀不修仁政，被成汤流放。殷纣王的国家，左傍孟门山，右依太行山，常山在北，黄河流经其南，因他不修仁政，被武王所杀。由此看来，在于推行德政而不于地势险峻。如果君王不修仁德，船上的人都会成为敌国的人。"武侯说："讲得好。"

（立即任命）吴起继任西河郡守，声名远播。魏国设立宰相一职，任田文为相。吴起十分不悦，对田文说："我想与您评论一下功劳，可以吗？"田文说："可以。"吴起说："统帅三军，使士卒甘愿献身，敌对的国家不敢来犯，您比得上我吗？"田文说："我不如您。"吴起说："治理百官，亲和万民，充实国库，您比得上我吗？"田文说："我不如您。"吴起说："镇守西河使秦国的军队不敢向东觊觎，使韩国、赵国听从于我国，您比得上我吗？"田文说："我不如您。"吴起说："这三点，您都在我之下，而职位却在我之上，这是什么原因呢？"田文说："国君刚刚即位，年纪尚轻，国家尚不稳定，大臣们尚未真心归附，还没有取得百姓们的信任，在这种情况下，是任你为相呢？还是任我为相呢？"吴起沉默良久，说："应该任您为相。"田文说："这就是我位居你之上的原因。"吴起才知道自己不如田文。

田文死后，公叔担任宰相，娶魏国公主为妻，很妒忌吴起。公叔的仆人说："要吴起离开很容易。"公叔说："有什么办法？"仆人说："吴起为人节俭、清廉且喜好功名。您先对武侯说：'吴起是贤达之人，而魏国是一个小国，又与强大的秦国接壤，我担心他没有长久留在魏国的想法。'武侯马上会问：'那怎么办呢？'您就对武侯说：'由公主来引见吴起，试探他是否愿意留在魏国，他若想留下就会接受，不想留下就一定会谢辞。用这个办法就可以推断他有无留心。'您可以召见吴起一起回到家中，然后让公主发怒，表现出对您的轻视。吴起看到公主看不起自己的丈夫，就必然会辞去。"于是，吴起看到公主瞧不起魏国的宰相，果然辞别了魏武侯。武侯也因此怀疑吴起，不再信任他。吴起害怕降罪于他，便离开魏国，随即去了楚国。

楚悼王早就听说吴起贤达，到了楚国后就任命他为宰相。吴起申明法规，令出必行，裁减无关紧要的官吏，废除远房公族宗室的供养，以来安抚休养打仗的士卒。首要的是使楚国的军队强大，斥退那些假借合纵连横来游说的人。于是，楚国向南平定百越之地，向北兼并陈、蔡二国，打败三晋，向西讨伐秦国。诸侯国们都以楚国的强盛为患。因此，楚国的皇族贵戚都想加害吴起。等楚悼王死后，宗室大臣们发动叛乱围攻吴起，吴起逃到停放楚悼王尸首的地方，伏在上面。攻击吴起的人因为用箭射吴起，就一并射中悼王。悼王下葬后，太子即位，于是派令尹处死射吴起同时射中悼王尸首的人。连坐处死在射杀吴起时击中王尸而获罪的官员亲属达七十多家。

太史公说：世上的人，凡谈论军旅战法的，都称道《孙子》十三篇和《吴起兵法》，此二书世上多有流传，所以我不再对它们予以讨论，只论述孙、吴二子的事迹和谋略。常言道："能做的未必能说，能说的未必能做。"孙膑设计定谋击败庞涓是明智的，但却不能在受刑之前及早自脱祸患。吴起向魏武侯讲巩固国防靠山河形势的险固不如靠修治德政。但他为政于楚，却不修德政，因刻薄、暴虐、寡恩而断送了自己的性命。可悲啊！

【二】

魏武侯与诸大夫浮于西河，称曰："河山之险，岂不亦信固哉！"王钟侍王，曰："此晋国之所强也。若善修之，则霸王之业具矣。"吴起对曰:"吾君之言,危国之道也;而子又附之,是重危也。"武侯忿然曰:"子之言有说乎?"

吴起对曰:"河山之险,信不足保也,是伯王之业,不从此也。昔者,三苗之居,左彭蠡之波,右有洞庭之水,文山在其南,而衡山在其北。恃此险也,为政不善,而禹放逐之。夫夏桀之国,左天门之阴,而右天谿之阳,庐、峰在其北,伊、洛出其南。有此险也,然为政不善,而汤伐之。殷纣之国,左孟门而右漳、釜,前带河,后被山。有此险也,然为政不善,而武王伐之。且君亲从臣而胜降城,城非不高也,人民非不众也,然而可得并者,政恶故也。从是观之,地形险阻,奚足以霸王矣!"

武侯曰:"善。吾乃今日闻圣人之言也!西河之政,专委之子矣。"

(《战国策·魏一》)

【译文】

魏武侯和大夫们在西河上乘船游览,赞叹说:"河山如此险要,难道不是山河永固吗!"王错陪侍在武侯身边附和说:"这就是我国强大的原因。如果再好好地整修一下,那么成就霸王的大业就条件具备了。"吴起回答说:"我们君主的话,是危害国家的言论;而你又附和他,这是很危险的。"武侯十分不满地说:"你这话怎么讲啊?"

吴起回答说:"河山的险要,实在不值得依仗;成就霸王的大业,也不能凭借这自然条件。从前,三苗的居住地,左边有彭蠡的波涛,右边有洞庭湖的洪水,汶山在它的南面,衡山在它的北面。仗着这样的天险,不肯施行善政,因而大禹把他们驱逐出去。夏桀的国家，左至天井关的北坡，右至黄河、济水的北岸，庐山、罿山在它的北边，伊水、洛水出自它的南边。据有这样的天险，却不施行善政，因而商汤讨伐他。殷纣的国家，左边是孟门关，右边是漳水、釜水，前面以黄河为带，后面以太行山为被。据有这样的天险，却不实行善政，因而武王讨伐他。再说您亲自率领臣下战胜收降敌人的城邑，城墙不是不高，人民不是不多，这样还能兼并它，就是因为政治腐败的缘故。由此可见，地理形势的险要阻塞，怎么能靠它称霸称王呢？"

武侯说："好，我今天才聆听到圣人的哲言！西河的政事，我就把它全部委托给您了。"

【三】

魏公叔痤为魏将，而与韩、赵战浍北，禽乐祚。魏王说，迎郊，以赏田百万禄之。公叔痤反走，再拜辞曰："夫使士卒不崩，直而不倚，挠拣而不辟者，此吴起余教也，臣不能为也。前脉形地垄之险阻，决利害之备，使三军之士不迷惑者，巴宁、爨襄之力也。县赏罚于前，使民昭然信之于后者，王之明法也。见敌之可也鼓之不敢怠倦者，臣也。王特为臣之右手不倦赏臣，何也？若以臣之有功，臣何力之有乎！"王曰："善。"于是索吴起之后，赐之田二十万。

(《战国策·魏一》)

【译文】

魏人公叔痤做了魏国的将领，同韩国、赵国在浍水北岸作战，活捉了乐祚。魏惠王很高兴，到郊外去迎接他，奖励他一百万亩赏田。公叔痤小步迅速倒退，拜了两拜谢绝说："能使士卒没有溃散，勇往直前而不邪行，敌人压上而不躲避，这是吴起的遗教，臣下是无能为力的。事先察看险恶阻塞的地形，采取有利无害的措施，使全军战士不被迷惑，这是巴宁、爨襄的力量。事先宣布奖赏惩罚的条例，事后使民众对它确信不疑，这是大王英明的法度。发现敌人可以攻击，便击鼓指挥不敢怠慢的，这才是臣下。大王只为臣下的右手不曾怠惰就奖赏臣下，为什么？如果认为臣下有功，臣下有什么功呢？"魏王说："好。"于是寻访吴起的后人，赐给他们二十万亩赏田。

【四】

吴起事悼王，使私不害公，谗不蔽忠，言不取苟合，行不取苟容，行义不固毁誉，必有伯主强国，不辞祸凶。

(《战国策·秦三》)

【译文】

吴起辅佐楚悼王，使私不得害公，谗不得蔽忠，直言而不苟合别人，正行而不取得别人苟容，行义而不顾旁人的毁誉，一定要使主霸国强，而自身不避祸灾凶险。

【五】

吴起为楚悼罢无能，废无用，损不急之官，塞私门之请，壹楚国之俗，南攻杨越，北并陈、蔡，破横散从，使驰说之士无所开其口。功已成矣，卒支解。

(《战国策·秦三》)

【译文】

吴起为楚悼王罢黜无能，废止无用，减少冗员，杜绝私门请托之弊，统一楚国的风俗，南攻扬越之地，北并陈蔡之国，打破连横，拆散合纵，使游说之士不能开口。大功已经告成了，卒被斩断四肢。

【六】

食人炊骨，士无反北之心，是孙膑、吴起之兵也。能以见于天下矣！

（《战国策·齐六》）

【译文】

以人肉为食，以白骨为炊，士卒却无背叛之心，用兵可以比得上孙膑、吴起了。您的才能已被天下所知啦！

【七】

魏武侯谋事而当，群臣莫能逮，退朝而有喜色。吴起进曰："亦尝有以楚庄王之语，闻于左右者乎？"

武侯曰："楚庄王之语何如？"吴起对曰："楚王谋事而当，群臣莫逮，退朝而有忧色。申公巫臣进问曰：'王朝而有忧色，何也？'庄王曰：'不穀谋事而当，群臣莫能逮，是以忧也。其在中蘬之言也，曰：诸侯自为得师者王，得友者霸，得疑者存，自为谋而莫己若者亡。今以不穀之不肖，而群臣莫吾逮，吾国几于亡乎？是以忧也。'楚庄王以忧，而君以喜。"武侯逡巡再拜曰："天使夫子振寡人之过也。"

（《荀子·尧问》）

【译文】

魏武侯谋划政事得当,大臣们没有谁能及得上他,因此他退朝后面带喜色。吴起上前说:"曾经有人把楚庄王的话报告给您了吗?"

武侯说:"楚庄王的话怎么说的?"吴起回答说:"楚庄王谋划政事得当,大臣们没有谁能及得上他,退朝后他面带忧色。申公巫臣上前询问说:'大王被群臣朝见后面带忧虑的神色,为什么呀?'庄王说:'我谋划政事得当,大臣们没有谁能及得上我,因此我忧虑啊。那忧虑的原因就在仲虺的话中,他说过,"诸侯获得师傅的称王天下,获得朋友的称霸诸侯,获得解决疑惑者的保存国家,自行谋划而没有谁及得上自己的灭亡。"现在任我这样的无能,而大臣们却没有谁及得上我,我的国家接近于灭亡啦!因此我忧虑啊!'楚庄王因此而忧虑,而您却因此而高兴!"

武侯后退了几步,拱手拜了两次说:"是上天派先生来挽救我的过错啊!"

【八】

昔者吴起教楚悼王以楚国之俗,曰:"大臣太重,封君太众,若此,则上逼主而下虐民,此贫国弱兵之道也。不如使封君之子孙三世而收爵禄,绝灭百吏之禄秩,损不急之枝官,以奉选练之士。"悼王行之期年而薨矣,吴起枝解于楚。商君教秦孝公以连什伍,设告坐之过,燔诗书而明法令,塞私门之请而遂公家之劳,禁游宦之民而显耕战之士。孝公行之,主以尊安,国以富强,八年而薨,商君车裂于秦。楚不用吴起而削乱,秦行商君法而富强,二子之言也已当矣,然而枝解吴起而车裂商君者何也？大臣苦法而细民恶治也。

（《韩非子·和氏第十三》）

【译文】

曾经吴起以楚国的风气为例子来开导楚悼王说："大臣权势太重，有封邑的贵族太多，这样就会上逼迫君主，下虐待百姓，这是使国家贫穷、军队衰弱的政策。不如让有封邑的贵族的子孙至三代就收回爵禄，取消或减少百官的俸禄，裁减不紧要的官员，以供养选拔出来进行训练的战士。"楚悼王按其建议施行，过了一年就死了，吴起在楚被肢解而死。商君建议秦孝公组织什伍的户籍制度；设立了告密连坐的法律；焚烧《诗》、《书》等典籍而申明法令；杜绝了私人的请求而进用对公家有功劳的人；禁绝到处游说求取官职的人，使参加农耕战斗的人得到奖赏。孝公实行了这些建议，君主获得尊敬安定，国家得到富强。过了八年，孝公死了，商君在秦国被车裂了。楚国不使用吴起而陷入削弱内乱，秦国实行商君的法律而富强。两个人的话都是很适当的，但是吴起被肢解，而商君遭到车裂，原因是什么呢？大臣苦于法治，百姓厌恶法治啊！

【九】

吴起为魏武侯西河之守，秦有小亭临境，吴起欲攻之。不去，则甚害田者；去之，则不足以征甲兵。于是乃倚一车辕于北门之外而令之曰："有能徙此南门之外者，赐之上田上宅。"人莫之徙也，及有徙之者，还，赐之如令。俄又置一石赤菽东门之外而令之曰："有能徙此于西门之外者，赐之如初。"人争徙之。乃下令曰："明日且攻亭，有能先登者，仕之国大夫，赐之上田宅。"人争趋之，于是攻亭，一朝而拔之。

（《韩非子·内储说上》）

【译文】

吴起在魏武侯当政时担任西河郡守，秦国在邻近魏国边境的地方设立了一个小据点，吴起打算攻下它。如果不拔掉它，则对魏国耕田的百姓威胁甚大；进攻它，又不值得征发调动军队。于是，吴起命人将一个车辕倚在北门之外，发布命令说："谁能将这个车辕搬到南门之外，就奖励给他上好的田地和住宅"。开始没有人行动，后来终于有一个人按要求做到了，当他回到北门时，吴起立即按宣布的命令赏赐了他。不久，吴起又命人将一石红豆置于东门之外，发布命令说："谁能将这石红豆搬到西门之外，仍像上次一样奖励他。"结果，百姓们都抢着去搬。吴起于是下令说："明天要进攻秦国的据点，谁能第一个登上去，就任命他为国大夫，并奖励他上等田宅。"第二天的作战中，百姓争先恐后，一个早上就把秦国据点拔除了。

【十】

吴起为魏将而攻中山，军人有病疽者，吴起跪而自吮其脓。伤者之母立泣。人向曰："将军于若子如是，尚何为而泣？"对曰："吴起吮其父之创而父死，今是子又将死也，今吾是以泣。"

（《韩非子·外储说左上》）

【译文】

吴起担任魏国将军，率兵进攻中山国，军队中有一个人患了毒疮，吴起亲自跪在地上为他吮吸脓血。伤者的母亲听说这件事哭泣起来。有人问这位母亲:"将军如此对待你的儿子,还有什么好哭的呢?"这位母亲回答说:"吴起曾吮吸孩子父亲伤口中的脓血,孩子的父亲便战死了,现在我的儿子又将要战死了,所以我才会哭啊!"

【十一】

吴起出,遇故人而止之食,故人曰,"诺,今返而御。"吴子曰:"待公而食。"故人至暮不来,起不食待之,明日早,令人求故人,故人来方与之食。

(《韩非子·外储说左上》)

【译文】

吴起外出遇到故人而留他用饭,故人说:"行。"约定返回时来吃。吴起说:"等您回来再吃饭。"故人到晚上还不来,吴起就到晚上也不吃等他。第二天早晨,派人去找故人,故人来了,吴起这才和他一块儿吃饭。

【十二】

吴起,卫左氏中人也。使其妻织组而幅狭于度,吴子使更之,其妻曰:"诺。"及成,复度之,果不中度,吴子大怒。其妻对曰:"吾始经之而不可更也。"吴子出之,其妻请其兄而索入,其兄曰:"吴子,为法者也。其为法也,且欲以与万乘致功,必先践之妻妾然后行之,子毋几索入矣。"其妻之弟又重于卫君,乃因以卫君之重请吴子,吴子不听。遂去卫而入荆也。

一曰。吴起示其妻以组曰:"子为我织组,令之如是。"组已就而效之,其组异善。起曰:"使子为组,令之如是,而今也异善，何也？"其妻曰："用财若一也，加务善之。"吴起曰："非语也。"使之衣归。其父往请之，吴起曰："起家无虚言。"

(《韩非子·外储说右上》)

【译文】

吴起，是卫国左氏人。他让妻子织丝带，可是织出的丝带比要求的尺寸窄。吴起让妻子改变织法，她答应了。等到织成，吴起又量了量，结果还是不符合要求的尺寸，吴起不由得大发脾气。吴妻顶撞道："我开头就把经线确定好了，不可以改动了。"吴起马上休了妻子。过了一段时间，妻子请自己的哥哥说情，想回到吴家。哥哥说："吴起是制定法令的人。他制定法令，是想为万乘之国建功立业的。必须首先在家对妻子实践，然后才能推行，你就别想着回去了。"吴起妻子的弟弟受到卫君的重用，便凭着这一有利条件去替姐姐求情。吴起断然拒绝，打点行装离开卫国到楚国去了。

还有一种说法。吴起拿丝带给他妻子看，说："你为我织丝带，叫你照这个样子做。"妻子织好丝带献给吴起，比样品还好。吴起说："让你织丝带，叫它像样品一样，但你现在织的这个比样品好，为什么？"妻子说："用的材料是一样的，加工使它更好一些。"吴起说："没有按我说得做。"随即休掉妻子，让她带上衣服回娘家去了。妻子的父亲去请求吴起原谅，吴起说："吴起家向来说一不二。"

【十三】

今境内之民皆言治，藏商、管之法者家有之，而国愈贫，言耕者众，执耒者寡也；境内皆言兵，藏孙、吴之书者家有之，而兵愈弱，言战者多，被甲者少也。

(《韩非子·五蠹》)

【译文】

现在国内的人民都在谈论治国的方法，家家户户收藏着商鞅、管仲的著作，可是国家越发贫困，这是因为空谈耕种的人多，实际拿家具耕种的人少。国内的人都在谈论军事，家家户户收藏着孙武、吴起的兵书，可是国家的兵力越发削弱，这是因为谈论战争的人多，实际披甲上阵的人少。

【十四】

有提七万之众而天下莫当者，谁？曰：吴起也。

(《尉缭子·制谈第三》)

【译文】

有统率七万军队而天下无敌的，是谁呢？是吴起。

【十五】

吴起临战，左右进剑。起曰："将专主旗鼓尔，临难决疑，挥兵指刃，此将事也。一剑之任，非将事也。"

(《尉缭子·武议第八》)

【译文】

吴起临战的时候，左右的人把剑呈送给他。吴起说："将帅的任务是用旗鼓发号施令，在危难的情况下做出决策，指挥全军作战。这才是将帅的职责,直接拿起武器与敌人格斗,不是将帅的职责。"

【十六】

吴起与秦战,未合,一夫不胜其勇,前获双首而还,吴起立斩之。军吏谏曰:"此材士也,不可斩。"起曰:"材士则是矣,非吾令也。"斩之。

(《尉缭子·武议第八》)

【译文】

吴起率军与秦军交战,两军尚未交锋,有一人自恃其勇,独自冲向前去,斩获敌人两个首级返归本阵,吴起却立刻要将他斩首。军吏建议吴起说:"这是有本领的人啊,不要杀他吧。"吴起说:"他固然有本领,但他违背了我的命令。"最终还是把他杀了。

【十七】

吴起相魏,西河称贤;惨礉事楚,死后留权。

(《史记·孙子吴起列传》"索隐述赞")

【译文】

吴起辅助魏国,因治理西河而被赞为贤能;以残酷严苛的法令为楚国服务,死后留下了善于权变的名声。

【十八】

吴起治西河之外,王错谮之于魏武侯。武侯使人召之。吴起至于岸门，止车而望西河，泣数行而下。其仆谓吴起曰："窃观公之意，视释天下若释。今去西河而泣，何也？"吴起抿泣而应之曰："子不识。君知我，而使我毕能西河，可以王。今君听谗人之议，而不知我，西河之为秦取不久矣，魏从此削矣！"吴起果去魏入楚。有间，西河毕入秦，秦日益大。此吴起之所先见而泣也。

（《吕氏春秋·仲冬纪·长见》）

【译文】

吴起治理西河在外，王错在魏武侯面前讲吴起的坏话，武侯派人召吴起回朝。吴起到了岸门，停车而望西河，流下数行眼泪。他的仆从对吴起说："我私下看您的意思，把舍弃天下像舍弃鞋子一样，现在您离开西河而流泪，为什么呢？"吴起揩拭眼泪回答说"你不了解我。如果国君了解我而让我竭尽全力治理西河，那就可以帮助君王成就王业。现在国君听信坏人的议论，而不了解我，西河被秦国攻取为时不久了，魏国从此削弱了。"吴起果然离开魏国去楚国。不久，西河全部落入秦人之手，秦国日益强大，这就是吴起之所以有先见而哭泣的原因。

【十九】

吴起谓商文曰："事君果有命矣夫？"商文曰："何谓也？"吴起曰："治四境之内，成训教，变习俗，使君臣有义，父子有序，子与我孰贤？"商文曰："吾不若子。"曰："今日置质为臣，其主安重，今日释玺辞官，其主安轻，子与我孰贤？"商文曰："吾不若子。"曰："士马成列，马与人敌，人在马前，援桴一鼓，使三军之士乐死若生，子与我孰贤？"商文曰："吾不若子。"吴起曰:"三者子言不吾若也,位则在吾上,命也夫事君!"商文曰:"善。子问我,我亦问子。世变主少,群臣相疑,黔首不定,属之子乎?属之我乎?"吴起默然不对。少选,曰:"与子。"商文曰:"是吾所以加于子之上矣。"吴起见其所以长,而不见其所以短;知其所以贤,而不知其所以不肖;故胜于西河,而困于王错,倾造大难,身不得死焉。

(《吕氏春秋·审分览·执一》)

【译文】

吴起对商文说:"侍奉君主真是靠命运吧!"商文说:"什么意思?"吴起说:"治理整个国家,完成教化,改变习俗,使君臣之间有道义,父子之间有次序,你与我谁强?"商文说:"我不如你。"吴起说:"假如有一天献身君主为臣子,君主的地位就尊贵;假如有一天交出印玺辞官,君主的地位就轻微;你与我谁强?"商文说:"我不如你。"吴起说:"将士战马摆成行阵,马与人相配合,人在马前,拿起鼓槌擂响,使三军将士乐于死如乐于生,你与我谁强?"商文说:"我不如你。"吴起说:"这三样,你都不如我,而地位却在我之上,侍奉君主真是靠命运啊!"商文说:"好。你问我,我也问问你。世道变化,君主年少,群臣相疑,百姓不安,在这种时候,政权是托付给你呢,还是托付给我?"吴起沉默不语,过了一会儿,吴起说:"托付与你。"商文说:"这就是我地位之所以在你之上的原因。"吴起看到自己的长处,却看不到自己的短处;知道自己的优点,却不知道自己的不足。所以他能在西河打胜仗,却被王错弄得处境困难,不久就身临大祸,自身不得善终。

【二十】

吴起谓荆王曰:"荆所有余者,地也;所不足者,民也。今君王以所不足益所有余,臣不得而为也。"于是令贵人往实广虚之地,皆甚苦之。荆王死,贵人皆来。尸在堂上,贵人相与射吴起。吴起号呼曰:"吾示子吾用兵也!"拔矢而走,伏尸,插矢而疾言曰:"群臣乱王,吴起死矣。"且荆国之法,丽兵于王尸者,尽加重罪,逮三族。吴起之智,可谓捷矣。

(《吕氏春秋·开春论·贵卒》)

【译文】

吴起对楚王说:"楚国多余的是土地,不足的是人民。现在您用所不足的人民去作战以便增加本来就多余的土地,我是不能治理好国家的。"于是楚王命令显贵们去充实宽广荒芜之地,大家都很苦。楚王一死,迁去的显贵们都回来了,楚王尸体还停放在堂上,显贵们一齐射杀吴起。吴起呼叫着说:"我让你们看看我是如何用兵的!"讲完,拔下众人射来的箭跑到堂上,伏在楚王尸体上,并把箭也插在尸体上,大声说道:"群臣们作乱射王尸。"吴起被射死了。根据楚国的法令,将兵器挨着王尸的全都要加以重罪,且要连及三族。吴起的智慧,可说是敏捷的了。

【二十一】

吴起治西河,欲谕其信于民,夜日置表于南门之外,令于邑中曰:"明日有人偾南门之外表者,仕长大夫。"明日日晏矣,莫有偾表者。民相谓曰:"此必不信。"有一人曰:"试往偾表,不得赏而已,何伤?"往偾表,来谒吴起。吴起自见而出,仕之长大夫。夜日又复立表，又令于邑中如前。邑人守门争表，表加植，不得所赏。自是之后，民信吴起之赏罚。赏罚信乎民，何事而不成，岂独兵乎？

（《吕氏春秋·似顺论·慎小》）

【译文】

吴起治理西河，想要使人民知道自己守信用，当夜立木柱于南门之外，向城邑中百姓下令说："明天有谁扳倒了南门外的木柱，可任他为长大夫。"第二天天晚了，没有去扳倒木柱的人。人民互相议论说："这一定不是真的。"有一个人说："让我前去试试把木柱扳倒，不得赏赐官职便算了，又有什么伤害呢？"于是他去把木柱扳倒，去告诉吴起。吴起亲自出来接见他，任命他为长大夫。当夜重新立了木柱，又像前次一样命令城中百姓。城邑中人都守候在南门争着去扳倒木柱，然而木柱已经埋得更深了，没人能扳倒它，因此也没人得到赏赐。从这以后，人民相信了吴起的赏罚。赏罚得到人民的信任，何愁其他的事情，不止是用兵之法。

【二十二】

水浊者鱼噞，令苛者民乱，城峭者必崩，岸崝者必陀。故商鞅立法而支解，吴起刻削而车裂。

（《淮南子·缪称训》）

【译文】

河水混浊鱼儿就会口露出水面喘气，法令苛繁百姓就会混乱，城墙陡峭必定会崩溃，堤岸高峻必定崩塌。所以，商鞅制定苛法而招致自己被肢解,吴起施行酷法而遭车裂。

【二十三】

吴起为楚令尹,适魏,问屈宜若曰:"王不知起之不肖而以为令尹,先生试观起之为人也。"屈子曰:"将奈何?"吴起曰:"将衰楚国之爵,而平其制禄;损其有余,而绥其不足;砥砺甲兵,时争利于天下。"屈子曰:"宜若闻之,昔善治国家者,不变其故,不易其常。今子将衰楚国之爵,而平其制禄,损其有余,而绥其不足。是变其故,易其常也。行之者不利。宜若闻之曰:'怒者,逆德也;兵者,凶器也;争者,人之本也。'今子阴谋逆德,好用凶器,始人之所本,逆之至也。且子用鲁兵,不宜得志于齐,而得志焉。子用魏兵,不宜得志于秦,而得志焉。宜若闻之,非祸人不能成祸,吾固惑吾王之数逆天道、戾人理;至今无祸,差须夫子也。"吴起惕然曰:"尚可更乎?"屈子曰:"成形之徒,不可更也。子不若敦爱而笃行之。"《老子》曰:"挫其锐,解其纷,和其光,同其尘。"

(《淮南子·道应训》)

【译文】

吴起任楚国的令尹,一次到魏国去,对流亡魏国的屈宜咎说:"君王还认为我很贤能,任用我作楚国令尹。先生试试看我吴起怎么样来做好这个令尹。"屈宜咎问道:"你打算怎样做呢?"吴起说:"我打算削减楚国贵族的爵位,平抑法定的俸禄制度,损有余以补不足;精心训练军队,等待机会和各国争霸天下。"屈宜咎说:"我屈宜咎听说过,以前善于治国的人是不改变原有的制度和常规的,你吴起今天要削减楚国贵族的爵位和平抑法定的俸禄制度，损有余以补不足，这实际上是改变了原有的制度和常规。我还听说，'激怒是违逆天德的事；兵器则是杀人的凶器；而争斗又是该抛弃的。'你现在阴谋策划违逆天德的事，又好用兵器，并挑起人们之间的争斗，这就是最大的倒行逆施。再说，你先前任鲁国的将领，不应该动用鲁军打齐国，而你却以打败齐国来满足你的意愿。你又指挥过魏军，做过魏国西河郡守，本不应该动秦国的脑筋，而你却使秦国不敢东犯魏界，这样又实现了你的志愿。我听说过，不危及别人，也就不会给自己带来祸害。我现在就感到纳闷，我们的君王屡次违逆天道，背弃人理，怎么至今还没遭受灾祸。唉！这灾祸可能正等着你呢！"吴起听了后惊惧地问："还可以改变吗？"屈宜咎说："已经形成的局势无法改变。你不如现在真心实意地做些敦厚仁慈的事，或许能有所改观。"《老子》中曾说："不显露锋芒，则可避免纠纷，潜藏住光芒，混于尘埃之中。"

【二十四】

商鞅为秦立相坐之法而百姓怨矣，吴起为楚减爵禄之令而功臣畔矣。商鞅之立法也，吴起之用兵也，天下之善者也。然商鞅之法亡秦，察于刀笔之迹，而不知治乱之本也；吴起以兵弱楚，习于行陈之事，而不知庙战之权也。

（《淮南子·泰族训》）

【译文】

商鞅在秦国设立连坐之法招致百姓的怨恨，吴起在楚国削减大臣的爵禄而导致功臣反叛。商鞅立法定制，吴起用兵作战，都是天下最好的。然而，商鞅的法制却最终导致秦国灭亡，这是由于商鞅过于依赖法制的精细严苛，却不懂天下治乱的根本。吴起指挥楚军作战却最终导致楚国衰落，这是由于吴起只是精通排兵布阵，却不懂得庙堂之上的战略谋划和权变。

【二十五】

魏武侯问"元年"于吴子。吴子对曰："言国君必慎始也。""慎始奈何？"曰："正之。""正之奈何？"曰："明智。""智不明何以见正？""多闻而择焉，所以明智也。是故古者君始听治，大夫而一言，士而一见，庶人有谒必达，公族请问必语，四方至者勿距，可谓不壅蔽矣。分禄必及，用刑必中，君心必仁。思民之利，除民之害，可谓不失民众矣。君身必正，近臣必选，大夫不兼官，执民柄者不在一族，可谓不（擅）权势矣。此皆《春秋》之意，而'元年'之本也。"

（《说苑·建本》）

【译文】

魏武侯向吴起问关于国君即位第一年称作"元年"是什么意思，吴起回答说："'元年'讲的就是国君主政一开始就必须小心谨慎。"魏武侯问："怎样才能一开始就小心谨慎？"吴起说："必须端正自身。"魏武侯又问："怎样才能端正自身？"吴起说："要明智。"魏武侯又问："心智不明又怎么能正己呢？"吴起说："那就应该广采博闻并从中选择，以此来使自己心智聪明。因此古时候的国君一开始处理政务，大夫如有进言，士人如有请见，百姓如有请求，都一定满足他们，公族有人来请安问候，也一定与他们接谈，四方来投奔的人都不拒绝他们，这可算是不遭壅塞不受蒙蔽了；分赏爵禄必须周到，施用刑罚一定要适当,君王的心地一定要仁慈,常想着百姓的利益,解除百姓的祸害,这可说是不会失去民众了;君王自身必须正派,亲近的大臣一定要经过挑选,大夫不能兼任其他官职,掌握管理百姓权利的不能集中在一家一姓,这可以说是不失权势了。这些都是《春秋》的旨意,也是国君即位第一年的根本大事。"

【二十六】

吴起为魏将,攻中山。军人有病疽者,吴子自吮其脓,其母泣之,旁人曰:"将军于而子如是,尚何为泣?"对曰:"吴子吮此子父创,而杀之于泾水之战,战不旋踵而死。今又吮之,安知是子何战而死,是以哭之矣。"

(《说苑·复恩》)

【译文】

吴起担任魏国的将军,率军进攻中山国。军中有个人患了毒疮,吴起便亲自用嘴将脓血吸了出来。患者母亲听说这件事,哭了起来。旁边有人问:"将军这样对待你的儿子,为什么还要哭呢?"这位母亲回答说:"吴将军曾经为孩子的父亲吸吮过伤口的脓血,后来孩子父亲在泾水之战中,一味向前冲杀,最终战死沙场。现在吴将军又为我的儿子吸脓,不知我的儿子又将战死何方,我正是因此而哭啊!"

【二十七】

吴起为苑守,行县,适息。问屈宜臼曰:"王不知起不肖,以为苑守,先生将何以教之?"屈公不对。居一年,王以为令尹,行县,适息。问屈宜臼曰:"起问先生,先生不教,今王不知起不肖，以为令尹，先生试观起为之也。"屈公曰："子将奈何？"吴起曰："将均楚国之爵而平其禄，损其有余而继其不足，历甲兵以时争于天下。"屈公曰："吾闻昔善治国家者，不变故，不易常。今子将均楚国之爵而平其禄，损其有余而继其不足，是变其故而易其常也。且吾闻：兵者，凶器也；争者，逆德也。今子阴谋逆德，好用凶器，殆人所弃，逆之至也。淫泆之事也，行者不利。且子用鲁兵，不宜得志于齐，而得志焉。子用魏兵，不宜得志于秦，而得志焉。吾闻之曰，非祸人不能成祸，吾固怪吾王之数逆天道，至今无祸，嘻，且待夫子也。"吴子愀然曰："尚可更乎？"屈公曰："不可。"吴起曰："起之为人谋。"屈公曰："成刑之徒，不可更已。子不如敦处而笃行之，楚国无贵于举贤。"

（《说苑·指武》）

【译文】

吴起作了宛邑郡守，他巡视各县，到了息县。他问屈宜臼说："楚王不知道我不贤，让我作了宛邑郡守，先生打算用什么来教诲我呢？"屈公没有回答。过了一年，楚王让吴起作了楚相，吴起巡视各县，到了息县。他又问屈宜臼说："我曾请教先生，先生不教诲我。现在大王不知道我不才，又让我作了楚相，请先生试看我怎么当楚相吧！"屈宜臼问他："你准备怎么做？"吴起说："我准备均平楚国的爵位，使它的俸禄公平。减损那富余的人来补充那不足的人。修缮武器装备，等待时机以争夺天下。"屈公说："我听说从前善于治理国家的人，不改变成法，不变换常规。现在你打算均平楚国的爵位来使俸禄公平，减损那富余的人来补充那不足的人，这就是改变成法并变换常规。况且我听说武力是凶器；战争是违背道德的。现在你策划战争违背道德，好用武力，是人们所唾弃的，倒行逆施到了极点。过分放纵的事情，做了的人都会不利。再说你曾使用鲁国的军队，不应在攻打齐国时取胜，但仍在齐国取胜了；你曾使用过魏国的军队，不应在攻打秦国时取胜，但你仍在秦国取胜了。我听说过：'不是制造祸乱的人不能造成灾祸。'我本来就奇怪我们大王多次违背上天的意旨，到现在未发生灾祸，咦！原来将等待你啊！"吴起吃惊地问："还可以更改吗？"屈公说："不能了！"吴起说："我将通过人力谋划而改变。"屈公说："你是属于已经定型的那一类人，是不可更改的了。你不如勤勉地处事，忠厚地做人，楚国没有比推举贤能更重要的事了。"

【二十八】

雄桀之士，因势辅时，作为权诈，以相倾覆。吴有孙武，齐有孙膑，魏有吴起，秦有商鞅，皆禽敌立胜，垂著篇籍。当此之时，合纵连横，转相攻伐，代为雌雄。齐愍以技击强，魏惠以武卒奋，秦昭以锐士胜。世方争于功利，而驰说者以孙、吴为宗。

(《汉书·刑法志》)

【译文】

英雄豪杰，顺应时代大势，促进时局发展，以权谋诡诈之术，互相倾轧颠覆。吴国有孙武，齐国有孙膑，魏国有吴起，秦国有商鞅，他们都曾在战场上擒敌制胜，因此而名垂青史。当时，列国间合纵连横，相互攻伐，交替称雄。齐湣王以名技击的部队而称强，魏惠王以名为武卒的部队而振兴，秦昭王以名为锐士的部队取胜天下。整个社会都在追求争取功利，游士说客都以孙、吴为效法的对象。

【二十九】

吴起者，卫人，仕于鲁。齐人伐鲁，鲁人欲以为将，起取齐女为妻，鲁人疑之，起杀妻以求将，大破齐师。或谮之鲁侯曰："起始事曾参，母死不奔丧，曾参绝之。今又杀妻以求为君将。起，残忍薄行人也。且以鲁国区区而有胜敌之名，则诸侯图鲁矣。"起恐得罪，闻魏文侯贤，乃往归之。文侯问诸李克，李克曰："起贪而好色，然用兵，司马穰苴弗能过也。"于是文侯以为将，击秦，拔五城。

起之为将，与士卒最下者同衣食，卧不设席，行不骑乘，亲裹赢粮，与士卒分劳苦。卒有病疽者，起为吮之。卒母闻而哭之。人曰："子，卒也，而将军自吮其疽，何哭为？"母曰："非然也。往年吴公吮其父疽，其父战不旋踵，遂死于敌。吴公今又吮其子，妾不知其死所矣，是以哭之。"

（《资治通鉴·周纪一》）

【译文】

吴起，卫国人，在鲁国担任官员。齐国出兵伐鲁，鲁国想任命吴起为将抵抗齐军，但吴起之妻是齐国人，鲁国人因此不信任他。吴起便杀死自己的妻子，以此求得了鲁国将军的职位，率军大胜齐军。有人无中生有地在鲁侯面前诽谤吴子说："吴起早先拜曾参为师，他母亲去世也不回家奔丧，曾参因此与他断绝了师生关系，现在他又杀妻求将。可以看出，吴起不过是个性格残忍,刻薄寡恩之人罢了!鲁国区区小国,却取得了战胜强齐的声名,其他诸侯肯定会来算计鲁国了。"吴起担心鲁侯会治他的罪,又听说魏文侯贤明,便离开鲁国去投奔魏文侯。魏文侯向李克询问吴起的情况,李克回答说:"吴起贪财好色,但说到用兵打仗,连古代名将司马穰苴也比不过他!"于是,魏文侯任命吴起为将。吴起率军与秦军作战,夺占五城。

吴起为将,能与地位最低的士兵穿一样的衣服,吃一样的食物,睡觉不铺席子,行军也不骑马,亲自携带行装和军粮,能与士兵分担劳苦。一次有一个士兵患了毒疮,吴起亲自为他吮吸脓血。士兵的母亲听说这件事,不禁哭泣起来。有人问这位母亲:"您的儿子不过是个普通士兵,而吴将军亲自为他吮吸脓血,您为什么还要哭呢?"这位母亲回答:"不是这样啊!当年吴将军曾为孩子的父亲吮吸脓血,从那以后,孩子的父亲作战时就再也不知后退,最后战死沙场。现在,吴将军又为我孩子吮吸脓血,我不知道他又将死于何方了,因此才会哭啊!"

【三十】

吴子曰:"凡行师越境,必审地形,审知主客之向背。地利若不悉知,往必败矣。故军有所至,先五十里内山川形势,使军士伺其伏兵,将必自行视地之势,因而图之,知其险易也。"

(《太平御览·兵部·据要》)

【译文】

吴子说:"但凡行军打仗,越过国境,必须详细察明地形,谨慎地判断地形对敌我双方的利弊。如果不能深入透彻地了解地形，出兵作战必遭失败。军队将要抵达某一区域，要先了解五十里之内的山川形势，派出士兵侦察是否有敌人的伏兵，将领必须亲自勘察地形，绘制成图，以掌握地形的险易情况。

【三十一】

《吴子》三卷，右魏吴起撰。言兵家机权法制之说。唐陆希声类次为之说，《料敌》《治兵》《论将》《变化》《励士》凡六篇云。

（晁公武：《郡斋读书志》）

【译文】

《吴子》三卷，战国时期魏国吴起著。主要谈论兵家的计谋权变和法令制度等内容。唐代陆希声排定篇目次序，有《料敌》《治兵》《论将》《变化》《励士》等六篇。

【三十二】

《吴子》一卷，周吴起撰。起事迹见《史记》列传。司马迁称起兵法世多有，而不言篇数。《汉艺·文志》载吴起四十八篇。然《隋志》作一卷，贾诩注。《唐志》并同。郑樵《通志略》又有孙镐注一卷，均无所谓四十八篇者。盖亦如孙武之八十二篇，出于附益，非其本书，世不传也。晁公武《读书志》则作三卷，称唐陆希声类次为之，凡《说国》《料敌》《治兵》《论将》《变化》《励士》六篇。今所行本虽仍并为一卷，然篇目并与《读书志》合。惟《变化》作《应变》，则未知孰误耳。

起杀妻求将，啮臂盟母，其行事殊不足道。然尝受学于曾子，耳濡目染，终有典型，故持论颇不诡于正。如对魏武侯则曰在德不在险；论制国治军则曰教之以礼，励之以义；论为将之道则曰所慎者五：一曰理，二曰备，三曰果，四曰戒，五曰约。大抵皆尚有先王节制之遗。高似孙《子略》谓其尚礼义，明教训，或有得于《司马法》者，斯言允矣。

(《四库全书总目提要》)

【译文】

《吴子》一卷，周朝吴起著。吴起的事迹见于《史记》列传。司马迁记载，《吴子》在社会上多有流传，但没有说明篇数。《汉书·艺文志》记载，《吴子》有四十八篇。但《隋书·经籍志》著录的《吴子》为一卷，贾诩曾对其进行注释。《新唐书·艺文志》的记载一样。郑樵的《通志略》又有孙镐注一卷的记载。都没有所谓四十八篇的记载。大概像孙武著书八十二篇一样，出于后人的附益，而并非其本来面目，因此世间没有流传。晁公武《读书志》记载《吴子》三卷，说唐代陆希声排定篇目次序，凡《说国》《料敌》《治兵》《论将》《变化》《励士》六篇。现在的通行本虽然仍旧并为一卷，然而篇目与《读书志》的记载相吻合，只有《变化》作《应变》，不知谁对谁错。

吴起杀妻求将，啮臂盟母，其行事不足称道。但吴起曾跟随曾子学习，耳濡目染，终归是受到了经典的影响，因此其思想观点并没有违背正道。比如，吴起对魏武侯说："在德不在险"；关于管理国家、治理军队的问题，说："教之以礼，励之以义"；关于为将之道，说："一曰理，二曰备，三曰果，四曰戒，五曰约"。这些都有先王有节制，讲法度的遗风。高似孙《子略》称《吴子》崇尚礼义，明教训，也许是受到了《司马法》的影响，这种说法是对的。

【三十三】

《吴子》一卷，伪，周魏吴起撰。

《汉书·艺文志·兵家》有《吴起》四十八篇。《隋书·经籍志·兵家》有《吴起兵法》一卷，贾诩注。《唐书·艺文志·兵家》同。《宋史·艺文志》有《吴子》三卷，朱服校定《吴子》二卷。

姚际恒曰："《汉志》四十八篇，今六篇，其论肤浅，自是伪托。中有屠城之语，尤为可恶。或以其有礼义等字，遂以为正大，非武之比，误矣。"

《四库提要》曰：司马迁称起兵法世多有，而不言篇数。《汉艺志》载《吴起》四十八篇。然《隋志》作一卷，贾诩注，《唐志》并同。郑樵《通志》又有孙镐注一卷，均无所谓四十八篇者。盖亦如孙武之八十二篇，出于附益，非其本书，世不传也。晁公武《读书志》则作三卷，称唐陆希声类次为之，凡《说国》《料敌》《治兵》《论将》《变化》《励士》六篇。今行本虽然并为一卷，然篇目并与《读书志》合，惟"变化"作"应变"，则未知孰误耳。

姚鼐要曰："魏晋以后，乃以笳笛为军乐，彼吴起安得云'夜以金鼓笳笛以节'乎？苏明允言'起功过于孙武，而著书颇草略不逮武'，不悟其书伪也。"

（张心澂：《伪书通考》）

【译文】

《吴子》一卷，伪书，东周时期魏国吴起著。

《汉书·艺文志·兵家》记载《吴起》四十八篇。《隋书·经籍志·兵家》记载《吴起兵法》一卷，贾诩为之作注。《唐书·艺文志·兵家》同《隋书》记载相同。《宋史·艺文志》记载《吴子》三卷，朱服校定《吴子》二卷。

姚际恒说："该书思想肤浅，是后人伪托吴起之名而作。书中有'屠城'的话，尤其可恶。有人因为书中有"礼"、"义"等字眼，便认为该书思想正统，是孙武所不能比的，这种看法是错误的。"

《四库提要》说："司马迁曾记载吴起兵法在社会上多有流传，但没有记载《吴子》的篇数。《汉书·艺文志》记载《吴起》有四十八篇。然而《隋书·经籍志》记载一卷，贾诩为之作注，《唐书·艺文志》的记载相同，郑樵《通志》略记载有孙镐作注一卷，都没有所谓四十八篇的记载。大概也像所谓《孙子》八十二篇一样，是后人附会增加的，而并非本书原貌，因此没有流传下来。晁公武《读书志》记载有三卷，说唐代陆希声按篇目次序排列，有《说国》《料敌》《治兵》《论将》《变化》《励士》等六篇。今本《吴子》虽然将六篇合为一卷，但篇目与《读书志》记载相吻合，只有'变化'今本作'应变'，不知谁对谁错。"

姚鼐概括说："魏、晋之后，才用笳笛作为军队乐器，他吴起怎么会有'夜以金鼓笳笛以节'的说法呢？苏明允说'吴起的功绩大过孙武，但其著作却颇粗糙简略，比不上孙武'，这是因为苏明允没有认识到《吴子》是伪书的缘故。"

【三十四】

今本《吴起兵法》乃伪物，非史迁所见之旧。胡应麟以为"战国人掇其议论成编，非后世伪作"。姚际恒则曰："其论肤浅，自是伪托，中有屠城之语，尤为可恶。或以其有礼义等字，遂以为正大非武之比，误矣。"姚鼐亦云："魏、晋以后，乃以笳笛为军乐，彼吴起安得云'夜以金鼓笳笛以节'乎？苏明允言'起功过于孙武，而著书颇草略不逮武'，不悟其书伪也。"《汉志·兵书略》录《吴起》四十八篇，《隋志》仅一卷，亡佚已多。《旧唐书》不录，《新唐书》亦仅一卷。至《宋史·艺文志》忽增至三卷，即今之伪书三卷六篇。

（金德建：《司马迁所见书考》）

【译文】

今本《吴起兵法》是伪作，不是司马迁所看到的版本。胡应麟认为该书是"战国人搜集吴起的言论编纂而成，不是后世人的伪作"。姚际恒则说："该书思想肤浅，是后人伪托吴起之名而作。书中有'屠城'的话，尤其可恶。有人因为书中有"礼""义"等字眼，便认为该书思想正统，是孙武所不能比的，这种看法是错误的。"姚鼐也说："魏、晋之后，才用笳笛作为军队乐器，他吴起怎么会有'夜以金鼓笳笛以节'的说法呢？苏明允说'吴起的功绩大过孙武，但其著作却颇粗糙简略，比不上孙武'，这是因为苏明允没有认识到《吴子》是伪书的缘故。"《汉书·艺文志·兵书略》记载《吴起》有四十八篇，《隋书·经籍志》记载仅有一卷，可见该书很多内容已经佚失了。《旧唐书》没有相关记载，《新唐书》的记载也只有一卷。《宋史·艺文志》的记载，忽然增加到三卷，即现在的伪作三卷六篇。

【三十五】

《吴子》，称魏吴起撰。《汉志》载四十八篇，今六篇。其论肤浅，自是伪托。中有屠城之语，尤为可恶。或以其有礼义之字，遂以为正大非武之比，误矣。

（黄云眉：《古今伪书考补证》）

【译文】

《吴子》，所说是魏国吴起所著。《汉书·艺文志》记载，《吴子》有四十八篇，现在仅存六篇。该书思想肤浅，是后人伪托吴起之名而作。书中有'屠城'的话，尤其可恶。有人因为书中有"礼""义"等字眼，便认为该书思想正统，是孙武所不能比的，这种看法是错误的。

【三十六】

吴起在中国历史上是不会磨灭的人物，秦以前作为兵学家是与孙武并称，作为政治家是与商鞅并称的。然而在班固的《古今人表》上，把商鞅列为中上等，孙武列为中中等，吴起列为中下等，这不知道是以什么为标准。其实在这三个人物里面，吴起的品格要算最高，列为上下等的所谓"智人"，应该是不会过分的。

……

吴起是一位兵学家，这是古今来的定评。他不仅会带兵，会打仗，而且还是一位军事理论家。他的著作在战国末年和汉初是很普及的。

《韩非·五蠹》："境内皆言兵，藏孙、吴之书者家有之。"

《史记·吴起传》："世俗所称师旅，皆道《孙子》十三篇，《吴起兵法》，世多有。"

《汉书·艺文志·兵书略》有"《吴起》四十八篇"，属于

"兵权谋"类,"权谋者,以正守国,以奇用兵,先计而后战,兼形势、包阴阳,用技巧者也。"但可惜这书是亡了。现存的《吴子》,仅有《图国》、《料敌》、《治兵》、《论将》、《应变》、《励士》,共六篇,总计不上五千字,半系吴起与魏文、武二侯之问答,非问答之辞者率冠以"吴子曰"。辞义浅屑,每于无关重要处袭用《孙子兵法》语句;更如下列数语,则显系袭用《曲礼》或《淮南子·兵略训》。

"无当天灶,无当龙头。天灶者,大谷之口;龙头者,大山之端。必左青龙,右白虎,前朱雀,后玄武,招摇在上,从事在下。"(《治兵》第三)

"行,前朱鸟而后玄武,左青龙而右白虎,招摇在上,急缮其怒。"(《曲礼上》)

"所谓天数者,左青龙,右白虎,前朱雀,后玄武。"(《淮南子·兵略训》)

四兽本指天象,即东方之角亢为青龙,西方之参井为白虎,南方之星张为朱雀,北方之斗牛为玄武,而《吴子》所说则似乎已转而为地望。像这样的含混不明,则语出剿袭,毫无可疑。且此四兽之原形始见《吕氏春秋·十二纪》,所谓:

"春……其虫鳞。"

"夏……其虫羽。"

"秋……其虫毛。"

"冬……其虫介。"

《墨子·贵义篇》言五方之兽则均为龙而配以青黄赤白黑之方色。此乃墨家后学所述,当是战国末年之事。若更演化而为四兽,配以方色,则当更在其后。用知四兽为物,非吴起所宜用。故今存《吴子》实可断言为伪。以笔调觇之,大率西汉中叶时人之所依托。王应麟云:"《隋志·吴起兵法》一卷。今本三卷六篇,《图国》至《励士》,所阙亡多矣。"王所见者已与今本同,则是原书之亡当在宋以前了。

又《艺文志》杂家中有《吴子》一篇,不知是否吴起,然其书亦佚。或者今存《吴子》即是此书,被后人由一篇分而为六篇的吧?

(郭沫若:《青铜时代·述吴起》)